Q&A
営業秘密をめぐる実務論点

TMI総合法律事務所【編】

【編集委員】 五十嵐敦　波田野晴朗　佐藤力哉　海野圭一朗

中央経済社

はしがき

　秘密情報の保護や技術流出防止は日本の長年に亘る課題とされ，不正競争防止法（不競法）における「営業秘密」の保護規定の創設とその保護強化のための改正の一途を辿ってきたが，近年になって特に大規模な情報漏洩事件が相次いだこともあり，昨年には，営業秘密管理指針の全面的な改訂が行われるとともに，営業秘密に関する不競法の規定も大幅に改正され，営業秘密の保護はさらに拡大した。

　不競法によって秘密情報は「営業秘密」として保護される。したがって，営業秘密保護の拡大は秘密情報の保護にとってプラスであることは間違いない。しかし，不競法改正や営業秘密管理指針の改訂で，秘密情報の保護に関する問題がすべて解決したのだろうか。
　編集担当の波田野，佐藤，海野はいずれも不競法を所管する経済産業省経済産業政策局知的財産政策室での勤務経験を有し，法改正作業等を通じて，不競法について，裁判例を分析し，学者，裁判官，弁護士等の法律専門家と議論を交わしてきた。しかし，実務に戻って，実際に秘密情報保護をめぐる多数の問題に接し，現場にいる法務・知財担当者らの問題意識に多く接する機会が増えるにつれ，秘密情報を保護するために重要な法律は不競法だけではないことを実感するようになった。
　例えば"秘密情報を「営業秘密」以外で保護する法律としてどのようなものがあるか"，"秘密情報を保護する措置は労働法や競争法の観点から法的にどこまで許容されるのか"，といった論点は，不競法の解釈に留まるものではないが，実務上は頻繁に問題になる。多くの場合，関連する裁判例は少なく（または存在せず），営業秘密を解説する書籍や論文も不競法の解説に留まるものが多い。このため現行法における秘密情報の保護の範囲・限界を明らかにするためには，秘密情報に関連する法的論点を一度整理してみる必要がある。これが本書の問題意識であり，出発点である。

本書の目的は，秘密情報の保護に関して実務で生じ得る様々な法的問題について，最新の裁判例や学説を参照して，整理することにある。秘密情報の保護に関し，不競法は重要ではあるが他にも重要な法律はある。本書では，実務において秘密情報に関連する法的論点をできる限り幅広く扱うべく，不競法に加え，民法，労働法，独占禁止法，下請法，特許法，著作権法，民事訴訟法，刑法，刑事訴訟法等の他の法律に関連する問題についても整理を試みている。本書のタイトルを「営業秘密をめぐる実務論点」としたのは，本書が，不競法の「営業秘密」を中心としつつもこれに留まるものではない，という意味を込めたものである。

　本書は，実務において秘密情報の管理や侵害対応等に携わる法律実務家に，秘密情報の法的保護に関する現行法の最先端かつ一歩先の議論（または一歩前の議論）を整理して紹介することを企図している。実務で生じる法的論点の全てを網羅し切れてはいないかもしれないが，それでも，秘密情報に関連して法的問題が生じたときに，何か書いていないか，と本書を手に取っていただければ幸いである。

　最後に，本書執筆の度重なる遅延にも笑顔で耐えて下さった中央経済社の木村寿香氏に心よりのお礼を申し上げたい。また，本書執筆の機会を与えてくださった土肥一史・一橋大学名誉教授にも，この場を借りて厚く感謝を申し上げたい。

2016年7月

編集委員
五十嵐　敦
波田野晴朗
佐藤　力哉
海野圭一朗

目　次

はしがき

第1章　営業秘密

1　総論 ―――――――――――――――――――――― 2
　Q1　営業秘密とは ………………………………………………… 2
　Q2　平成27年不競法改正 ………………………………………… 7

2　秘密管理性 ―――――――――――――――――― 13
　Q3　秘密管理性判断の考慮要素 ………………………………… 13
　Q4　秘密管理性は誰を基準に判断されるか …………………… 31
　Q5　営業秘密管理指針の内容と位置付け ……………………… 36

3　有用性 ―――――――――――――――――――― 39
　Q6　有用性判断の考慮要素 ……………………………………… 39

4　非公知性 ――――――――――――――――――― 45
　Q7　非公知性判断の考慮要素 …………………………………… 45
　Q8　非公知性の喪失 ……………………………………………… 52

第2章
契約に基づく秘密保持義務

1 総論 ― 56
- Q9　秘密保持義務の発生 ……………………………………………… 56
- Q10　秘密保持契約で保護される情報の範囲 ……………………… 62

2 秘密保持契約の内容 ― 68
- Q11　秘密保持期間 ……………………………………………………… 68
- Q12　秘密保持契約違反に対する金銭的救済 ……………………… 71
- Q13　秘密保持契約に基づく差止請求権 …………………………… 74
- Q14　秘密管理措置の義務付けと競争法 …………………………… 77
- Q15　取引制限と競争法 ………………………………………………… 85
- Q16　共同開発成果の取扱いと競争法 ……………………………… 92
- Q17　競争事業者・取引先への非公開情報の開示と競争法 ……… 98
- Q18　リバースエンジニアリングの禁止 …………………………… 104

3 秘密情報管理と従業員 ― 109
- Q19　就業規則における秘密保持義務 ……………………………… 109
- Q20　従業員が自ら取得した情報 …………………………………… 115
- Q21　退職後の秘密保持義務 ………………………………………… 119
- Q22　秘密保持のための従業員管理 ………………………………… 127
- Q23　退職後の競業避止義務 ………………………………………… 134
- Q24　退職後の引抜き行為 …………………………………………… 141
- Q25　秘密保持休暇（ガーデンリーブ） …………………………… 145
- Q26　秘密保持義務と退職金 ………………………………………… 150
- Q27　秘密情報管理と偽装請負 ……………………………………… 154

第3章

不正競争防止法

1 営業秘密の帰属 ─────────────── 162
　Q28　従業員が創出した営業秘密の帰属………………………… 162
　Q29　取引に伴う営業秘密の帰属………………………………… 168

2 不正競争行為 ─────────────── 173
　Q30　第三者による営業秘密の不正取得への救済……………… 173
　Q31　従業員による営業秘密侵害への救済……………………… 182
　Q32　営業秘密の転々取得………………………………………… 187

3 刑　事　罰 ─────────────── 199
　Q33　営業秘密侵害罪……………………………………………… 199

第4章

その他関連問題

　Q34　特許と営業秘密……………………………………………… 208
　Q35　他人の営業秘密の出願……………………………………… 213
　Q36　著作権法による営業秘密の保護…………………………… 218
　Q37　一般不法行為の成否………………………………………… 225

第5章

営業秘密と裁判

1 民事裁判 ──────────────────────── 232
  Q38 民事裁判による請求 ························· 232
  Q39 営業秘密侵害の立証 ························· 236
  Q40 損害賠償額 ································· 244
  Q41 差止請求の範囲 ····························· 250
  Q42 訴訟手続における営業秘密の保護 ············· 257
  Q43 秘密保持命令 ······························· 261
  Q44 秘密保持命令以外の保護 ····················· 268
  Q45 閲覧等制限の申立て ························· 271
  Q46 判決に含まれる営業秘密 ····················· 275

2 刑事裁判 ──────────────────────── 279
  Q47 刑事訴訟手続と被害企業の役割 ··············· 279
  Q48 刑事裁判の非公開 ··························· 284

3 管轄・準拠法 ─────────────────────── 290
  Q49 営業秘密侵害の国際裁判管轄 ················· 290
  Q50 営業秘密侵害の準拠法 ······················· 297

事項索引／303

判例索引／307

凡　　例　（本文中の略語は**太字**で示しています。）

不正競争防止法
私的**独**占の**禁**止及び公正取引の確保に関する**法律**
下請代金支払遅延等防止**法**
法の適用に関する**通則法**
民事訴訟法
労働者派遣事業の適正な運営の確保及び派遣労働者の保護等に関する**法律**

大審院（最高裁判所）**民**事判例**集**　　　　**知的**財産権関係民事・行政**裁**判例**集**
最高裁判所裁判**集民**事　　　　　　　　　　**無体**財産権関係民事・行政裁判例**集**
下級裁判所**民**事判例**集**　　　　　　　　　労働関係**民**事裁判例**集**

判例**時報**　　　　　　　　　　　　　　　　Law&Technology
判例**タイムズ**　　　　　　　　　　　　　　ジュリスト
労働**判例**
労働経済判例**速報**

営業秘密－逐条解説　通商産業省知的財産政策室監修『営業秘密―逐条解説改正不正競争防止法』（有斐閣，1990年）
逐条21年改正版　経済産業省知的財産政策室編著『逐条解説不正競争防止法平成21年改正版』（有斐閣，2010年）
逐条23・24年改正版　経産省知的財産政策室編著『逐条解説不正競争防止法平成23・24年改正版』（有斐閣，2012年）

菅野　菅野和夫『労働法（第11版）』（弘文堂，2016年）
田村　田村善之『不正競争防止法概説（第2版）』（有斐閣，2003年）

小野・新・注解（上／下）　小野昌延編『新・注解　不正競争防止法（第3版）上巻／下巻』（青林書院，ともに2012年）
中山＝小泉・新・注解　中山信弘＝小泉直樹編『新・注解　特許法【下巻】』（青林書院，2011年）

第1章

営業秘密

1 総　論

Q1　営業秘密とは

不競法における営業秘密とは，どのような意義を有し，法的にどのように位置付けられるか。

1．営業秘密の意義

(1) 営業秘密とは，不競法2条6項において，以下のとおり定められた定義に該当する一定の情報である。

「この法律において『営業秘密』とは，秘密として管理されている生産方法，販売方法その他の事業活動に有用な技術上又は営業上の情報であって，公然と知られていないものをいう」

そこで，一般に，営業秘密は，「秘密として管理されている」（秘密管理性），「事業活動に有用な」（有用性），「公然と知られていない」（非公知性）情報として，これら①秘密管理性，②有用性，および③非公知性を備えるものであるとされている（これら①～③の詳細については，Q2～8を参照）。

(2) 不競法は，このような「営業秘密」に関する一定の不正取得・使用・開示を「不正競争」とし（法2条1項4号～10号），不正競争に対する差止請求および損害賠償請求等の規定を設けている（3条，4条等。なお19条1項6号）。

また，不正競争による営業上の利益の侵害に係る訴訟において開示される当事者の営業秘密を保護するため，秘密保持命令等の措置に係る規定（10条～12条）や，当事者尋問等の公開停止措置に係る規定（13条）が設けられている。

さらに，営業秘密に対する一定の侵害行為に対しては罰則（営業秘密侵害罪）が設けられ（21条1項，3項），上記秘密保持命令の違反に対しても罰則が設けられる（21条2項6号）とともに，営業秘密侵害罪に係る刑事訴訟手続において営業秘密を保護するための刑事訴訟手続の特例規定が設けられている

(23条~31条)。

(3) 以上のほか，不競法以外の法律においても，個別に，営業秘密に関して，上記秘密保持命令等に関する規定やその他の営業秘密の保護等のための規定が設けられている場合がある（著作権法，特許法，意匠法，商標法，独禁法，民訴法等）。

(4) また，不競法における営業秘密保護規定は，国際的には，TRIPS協定[1]39条（第7節 開示されていない情報の保護）を担保する性質を持つ[2]。

(5) なお，「営業秘密」という用語に関しては，これに似た用語として「ノウハウ」，「トレード・シークレット」，「企業秘密」，「機密情報」ないし「秘密情報」等があるところ，例えば「ノウハウ」という用語は技術上の情報のみを意味しがちであったり，「トレード・シークレット」という用語は米国法

---

1 TRIPS協定（「知的所有権の貿易関連の側面に関する協定」）は，昭和62年から交渉が行われ，WTO設立協定付属書1Cとして平成7年に発効（我が国加入）したものであって，知的財産権について，加盟国間の最低限の保護水準を定めるものである。
2 TRIPS協定39条は，以下のように定めている（特許庁訳）。
「(1) 1967年のパリ条約第10条の2に規定する不正競争からの有効な保護を確保するために，加盟国は，開示されていない情報を(2)の規定に従って保護し，及び政府又は政府機関に提出されるデータを(3)の規定に従って保護する。
(2) 自然人又は法人は，合法的に自己の管理する情報が次の(a)から(c)までの規定に該当する場合には，公正な商慣習に反する方法（注）により自己の承諾を得ないで他の者が当該情報を開示し，取得し又は使用することを防止することができるものとする。
（注）この(2)の規定の適用上，「公正な商慣習に反する方法」とは，少なくとも契約違反，信義則違反，違反の教唆等の行為をいい，情報の取得の際にこれらの行為があったことを知っているか又は知らないことについて重大な過失がある第三者による開示されていない当該情報の取得を含む。
(a) 当該情報が一体として又はその構成要素の正確な配列及び組立てとして，当該情報に類する情報を通常扱う集団に属する者に一般的に知られておらず又は容易に知ることができないという意味において秘密であること
(b) 秘密であることにより商業的価値があること
(c) 当該情報を合法的に管理する者により，当該情報を秘密として保持するための，状況に応じた合理的な措置がとられていること
(3) 加盟国は，新規性のある化学物質を利用する医薬品又は農業用の化学品の販売の承認の条件として，作成のために相当の努力を必要とする開示されていない試験データその他のデータの提出を要求する場合には，不公正な商業的使用から当該データを保護する。更に，加盟国は，公衆の保護に必要な場合又は不公正な商業的使用から当該データが保護されることを確保するための措置がとられる場合を除くほか，開示されることから当該データを保護する。」
このうち上記(2)の(a)，(b)，および(c)は，それぞれ不競法上の「非公知性」，「有用性」，および「秘密管理性」にそれぞれ相当し，それらより成る「営業秘密」の不正取得，不正使用等が，不競法上，不正競争行為として定められているといえる。

の法理における概念として強固であったりすることから、立法に当たっては、あえて「営業秘密」という用語が選ばれたとのことである[3]。

(6) 以上のような「営業秘密」は、知的財産の創造、保護および活用について基本理念を定めその施策の推進を目的とする知的財産基本法2条1項において「知的財産」として位置付けられるに至っている[4]。

2.「営業秘密」保護規定の創設とその後の改正の経緯[5]

(1) 営業秘密保護規定の創設

不競法において営業秘密の保護規定が設けられる前には、秘密保持契約等の契約関係にある当事者間においては、損害賠償請求(民法415条)のほか履行請求(同414条)としての差止請求が認められ得るものの、契約関係にない者との間においては、不法行為に基づく損害賠償が可能であったとしても、差止請求は認められていなかった(東京高決昭和41・9・5下民集17巻9＝10号709頁〔ワウケシヤ事件〕参照[6])。そこで、契約関係がない者(ないし明確な契約関係を認めることが困難な当事者)との間において、企業秘密の保護の必要性が指摘されていた。

かかる法制上の問題や国内外の要請を背景とし、我が国の法体系や外国の法制を踏まえ、不競法の改正という形でこれに対応することが適切であるとされ、通商産業省産業構造審議会[7]における議論を経て、平成2年の法改正により、

---

3 もっとも、営業秘密－逐条解説7頁注(5)は、「『営業秘密』を英訳すれば、「Trade Secret」あるいは「Business Secret」となるし、米国法におけるトレード・シークレット概念と差異は見られないと考えられる」としている。なお、立法作業の検討段階では、「英米法におけるトレード・シークレットの法理等、特定の法制度にプレジャッジされないようにという趣旨等」から、「財産的情報」という用語が用いられていた(同5頁以下)。

4 すなわち同条は、「『知的財産』とは、発明、考案、植物の新品種、意匠、著作物その他の人間の創造的活動により生み出されるもの(発見又は解明がされた自然の法則又は現象であって、産業上の利用可能性があるものを含む。)、商標、商号その他事業活動に用いられる商品又は役務を表示するもの及び営業秘密その他の事業活動に有用な技術上又は営業上の情報をいう。」と定めている。

5 営業秘密－逐条解説8頁〜49頁。

6 なお、GATTウルグアイ・ラウンドにおけるTRIPS交渉が終わろうとする1980年代の末に、特にアメリカなどの交渉国から、同事件を指摘されたことなどの経緯について、土井輝生「TRIPS協定の交渉によってもたらされた営業秘密保護規定の整備」高林龍ほか編集代表『現代知的財産法講座Ⅳ 知的財産法学の歴史的鳥瞰』(日本評論社、2012年)357頁以下参照。

7 平成元年10月12日開始、全9回を経て平成2年3月16日に建議取りまとめ。取りまとめ建議は「財産的情報に関する不正競争行為についての救済制度のあり方について」。

営業秘密の保護規定が創設された。

(2) **改正の経緯**

営業秘密の保護規定は，平成2年の創設以降，以下のとおり度重なる改正が行われた。

ア 平成5年改正では，不競法のひらがな表記への改正に加えて，定義規定（当時4項）を設けるなどしての現行法の形となった[8]。

イ 平成15年改正では，営業秘密侵害罪が導入された。なお，損害の立証容易化や書類提出命令規定の拡充も図られた。

ウ 平成16年改正では，「裁判法等の一部を改正する法律」により，秘密保持命令等の措置，当事者尋問等における公開停止に係る規定が設けられた。

エ 平成17年改正では，営業秘密侵害罪に関して，国外犯および退職者処罰に関する規定および両罰規定に関する規定が設けられるとともに，不競法上の罰則が一般に強化された[9]。

オ 平成18年改正では，営業秘密侵害罪の罰則を引き上げた。

カ 平成21年改正では，営業秘密侵害罪に関して，目的要件の変更，従業者等による営業秘密の領得自体への刑事罰導入等の改正が行われた。

キ 平成23年改正では，営業秘密侵害罪に係る刑事訴訟手続における刑事訴訟法の特則規定が設けられた[10]。

ク 平成27年改正については，Q2参照。

3. 知的財産としての営業秘密

不競法は，不法行為法の特則としての位置付けと，知的財産法の一環としての位置付けを有するなどとされるが，いずれにせよ，特許権等のような「物権的構成」ではなく，あくまで一定の行為を禁ずるという「行為規制構成」によ

---

8 ただし，一般的に不正競争に係る損害額の推定規定や損害計算書類の提出命令等の規定が設けられた。
9 なお「会社法の施行に伴う関係法律の整備等に関する法律」により営業秘密侵害罪の対象となる役員の範囲を改める改正も行われている。
10 平成24年改正では，「不正アクセス行為の禁止等に関する法律の一部を改正する法律」による不正アクセス行為の定義規定の引用条文を改める改正を行った。

るものである。そして，営業秘密の法的性質に関しては，「営業秘密は特許権のような絶対的な排他権ではなく，特定の不法行為を行った者に対して救済を求めることができる相対的な権利という意味で債権的な権利であるということができる」とされている[11]。もっとも，他方で，営業秘密という法的保護に値する利益が「知的財産」とされていることは上述のとおりであり，また営業秘密が法律上物権的構成とされていないとしても，営業秘密が当事者間において売買の対象とされたり，担保の対象とされたり，ライセンスの対象とされたりすること自体を否定するものでないことはもちろんであり，ノウハウライセンスなどは実務上一般的であるといえる。

4. 設問に対する考え方

　営業秘密は，平成2年に不競法によって創設された法律上の特定の概念であり，不競法に定められた要件を充たす情報である。営業秘密は，幾多の改正によってその保護が強化され，また，法律上，知的財産としての位置付けを与えられるものであるが，いわゆる絶対的な排他権ではなく，相対的な債権的な権利である。

11　営業秘密-逐条解説34頁。

Q2　平成27年不競法改正

平成27年不競法改正により，営業秘密侵害に関する規制はどのように変わったか。

1．概要

　不競法による営業秘密の保護に関しては，平成15年改正で刑事罰が追加され，その後も平成21年改正等によりその強化が図られてきたところであるが，昨今のいわゆる「オープン・クローズ戦略」の広まりに伴う意識の高まり，新日鐵住金・ポスコ事件等に代表される海外への不正流出事案・大型事案の発覚に伴う産業界からの要請に応えるべく，諸外国の営業秘密保護法制をも踏まえつつ，第189回通常国会に提出されたのが，平成27年改正に係る法案である。

　なお，同法案は，平成27年7月3日に可決成立し（平成27年法律54号），同月10日に公布され，平成28年1月1日から（ただし，後述2(2)イの除斥期間の延長に関する部分のみ，公布の日から）施行されている。

2．具体的な内容
(1)　営業秘密侵害品の譲渡等の「不正競争」への追加

　営業秘密の（不正）使用を立証することは容易ではないことが少なくないが，平成27年改正前の不競法（以下「旧法」という。）では，そのような不正使用行為によって製造等された製品を譲渡等する行為それ自体は「不正競争」として位置付けられていなかった（別途「侵害生成物」として差止請求の対象とはなり得る。）。また，旧法下では，営業秘密侵害品につきいわゆる水際措置が講じられておらず，例えば，海外で生産された営業秘密侵害品が国内で流通してしまう事態に対して対抗する手段がなかった。

　平成27年改正後の不競法（以下「新法」という。）では，営業秘密侵害品の流通それ自体を規制すべく，技術上の営業秘密を使用する行為により生じた物の譲渡，輸出入等を「不正競争」と位置付けた（2条1項10号として新設。以降号ズレが生じる。）。なお，上記のような譲渡，輸出入等の行為であっても，他者から

譲り受ける時に侵害品であることにつき故意または重過失があった場合に限られる。

(2) 民事救済
　ア　立証責任の軽減
　営業秘密の不正使用等がなされたことについての立証責任は原告にあるのが原則であるが、特に、技術上の秘密の不正使用については、被告内部で行われることが多く、また、当該営業秘密の使用によって製造された製品からは当該使用の事実が明らかでないからこそ原告において当該営業秘密が秘密として管理されてきたのであり、原告が不正使用の十分な証拠を得ることが非常に困難であることが少なくない。この点、不競法上の具体的態様の明示義務（6条）や民訴法上の文書提出命令制度（220条ないし225条）等もあるが、その実効性には限界があると言われているところである。
　そこで、新法では、以上のような原告の立証責任の軽減を図るべく、技術上の秘密（生産方法その他政令で定める情報）について2条1項4号、5号または8号の不正取得があった場合に、その者が当該技術上の秘密の使用により生ずる物の生産その他技術上の秘密を使用したことが明らかな行為として政令で定める行為をしたときは、それぞれ上記各号の不正使用を行ったものと推定するものとして、立証責任の転換がなされた（新法5条の2）。
　かかる立証責任の転換においては、営業秘密が、公開されて独占的な特許権を取得し得る発明とは異なることを踏まえ、企業の正当な事業活動を不当に制限するものとして機能しないよう留意する必要があると考えられるところ、新法5条の2では、まず、その対象が技術上の秘密のうち生産方法（および政令で定める情報）に限定されており、営業情報や個別具体的な製品と結びつかないような情報は想定されていないと考えられるため、その限りで被告の反証可能性が確保されていると言える。また、2条1項4号、5号または8号の不正取得があった者による使用に限定されており（正当取得後に不正取得・開示につき悪意重過失となる場合等は含まれない。）、従業員の転職を阻害しないよう配慮されている。加えて、技術上の秘密の使用により生ずる物の生産（または、技術上の秘密を使用したことが明らかな行為として政令で定める行為）に限定されており、被告が

当該技術と関連する事業を実施していることが前提となっていると考えられるため、その限りで立証責任の転換を踏まえた濫訴の防止がなされていると言える。

本条については、実務上の運用の蓄積を待つところが大きいが、今後、検討を得た上で必要十分な範囲にて政令による指定がなされることが期待される。

なお、本条の推定規定は、改正法施行後に不正取得がなされた場合にのみ適用される（平成27年改正法附則2条）。

イ　除斥期間の延長

旧法では、営業秘密の使用をめぐる法律関係の早期安定を図る観点から、契約上の守秘義務の履行請求権の消滅時効期間（10年。民法167条1項）を踏まえて、営業秘密侵害に対する差止請求権の除斥期間を、民法の原則である20年ではなく、10年とする特則が設けられていた（旧法15条）。

しかしながら、例えば、長期間にわたって侵害行為が継続していたが、侵害の事実が発覚しなかったような事案でも、被害者の救済を図る必要性はなお高いといえ、新法では、除斥期間につき、民法の原則に戻り20年とすることとされた（新法15条）。

本条の改正については、平成27年改正法公布の日から施行されている（平成27年改正法附則1条ただし書）。

(3) 罰則の見直し

ア　転得者処罰

旧法では、営業秘密の不正開示を通じて当該営業秘密を取得した者（いわゆる二次取得者）が、さらに当該営業秘密を不正に使用または開示する行為については、刑事罰の対象としていたが（旧法21条1項7号）、当該二次取得者から当該営業秘密を取得した三次取得者以降の者の行為については刑事罰の対象とされていなかった（民事上は、不正競争として差止め・損害賠償請求の対象となり得る。）。

しかしながら、情報の多くが電子化され、大容量データを媒体に保存して持ち運んだり送信したりすることが容易となっている現状では、漏えいした営業秘密が転々流通して被害が拡大するリスクが非常に大きいと考えられるところである。

新法では、三次以降の取得者（転得者）であっても、図利加害目的で、営業秘密の不正開示によって（または不正開示が介在したことを知って）取得し、これを使用または開示した者については、刑事罰の対象とされた（新法21条1項7号、8号）。

　イ　営業秘密侵害品の譲渡等に対する刑事罰

上記(1)のとおり新設された技術上の営業秘密を使用する行為により生じた物の譲渡、輸出入等（新法2条1項10号）との行為類型について刑事罰の対象とされた（新法21条1項9号）。

税関における輸出入差止め（いわゆる水際措置）についても、上記の刑事罰規定を踏まえて、導入に向けた検討が進められることが見込まれる。

　ウ　国外犯処罰

旧法による刑事罰の対象となる地理的範囲の限界は、「日本国内において管理されていた営業秘密」の国外における使用・開示行為までであったところ（旧法21条4項）、例えば、日本に事業所を有する企業が海外サーバにて保有する営業秘密が不正取得された場合には、刑事罰の対象となるか否か明らかではなく、少なくとも「国外で管理されていた」営業秘密については刑事罰の対象とならない状況であった。

新法では、「日本国内において事業を行う保有者の営業秘密」について、これを日本国外において不正に取得・領得する行為等も刑事罰の対象とされた（新法21条6項）。

　エ　未遂処罰

営業秘密侵害罪は、旧法では、既遂犯のみが刑事罰の対象であったが、ITの高度化等から、営業秘密がいったん漏えいしてしまうと瞬時に拡散してしまうおそれがあることを踏まえ、新法では、営業秘密侵害罪（3号に定める領得による営業秘密侵害罪を除く。）につき、その未遂行為が刑事罰の対象とされた（新法21条4項）。

　オ　罰金刑引上げ、海外重課

新法では、抑止力強化のため、罰金刑の上限が1000万円から2000万円へ（法人両罰については3億円から5億円へ）引き上げられるとともに、海外重課を導入している諸外国の立法例も踏まえて、日本国外において使用する目的がある場

合等については，さらに3000万円（法人両罰については10億円）へと引き上げられた（新法21条1項，3項，22条1項1号，2号）。

　カ　非親告罪化

　旧法では，営業秘密侵害罪は告訴がなければ公訴を提起することができない親告罪とされていたが（旧法21条3項），これは，刑事訴訟の過程において営業秘密が開示されるおそれが否定できないことによるものであった。この点については，平成23年改正により設けられた刑事訴訟手続の特例によって保護が図られたが，なお親告罪については維持された。

　新法では，平成23年改正による整備のほか，個人情報，共同開発に係る秘密等，営業秘密の保有者と実質的に被害を受ける者とが必ずしも一致しないケースなど，公益的見地からの営業秘密の保護の必要性が高まっていることを踏まえ，非親告罪とされた。

　キ　犯罪収益の没収等

　とりわけ技術上の秘密に係る不正取得事例では，被害額が莫大な規模となることがあり，そうした営業秘密侵害罪の遂行によって得られる不正な収益との関係で，罰金刑の強化による抑止の有効性には限界があり得ると考えられるところである。

　新法では，営業秘密侵害によって得た犯罪収益を個人やその所属する法人から没収できることとされた（任意的没収。新法21条10項ないし12項）。

3．設問についての考え方

　以上のとおり，平成27年改正では，諸外国における立法例も参考に，営業秘密侵害品の譲渡等の「不正競争」への追加のほか，民事救済に関する規定の整備，種々の罰則の見直し等，多岐にわたる営業秘密の保護強化が行われた。

　平成27年改正の国会の審議においては，警察庁より，「今警察といたしましては，今まで以上に企業との連携に努めまして，事件として取り上げるべき事案につきましては，着実に検挙してまいる所存であります。」[1]と述べられるな

1　平成27年6月5日衆議院経済産業委員会における警察庁長官官房審議官島根悟氏発言。

どしているが，民事・刑事の両面で，十分な活用およびそれに向けた実践の積み重ねが期待される。

2 秘密管理性

Q3 秘密管理性判断の考慮要素

秘密管理性の判断には，どのような要素が考慮されるのか。

1. 秘密管理性とは

不競法上の営業秘密の定義における「秘密として管理されている」こと（不競法2条6項）という要件は，秘密管理性要件などと呼ばれるが，その趣旨，内容については議論がある。

(1) 趣旨

秘密管理性要件の趣旨については，「秘密として管理されていないような情報は遅かれ早かれ他に知られるところとなり，企業の優位性は失われることになる」こと等から「かかる情報に対して何らかの法的保護を受けたいのであれば，保護を受けるべき情報と保護を受けない情報とを截然と区別させることが必要である」[1]という点や「客観的に秘密として管理されていない情報は，その情報にアクセスする人間に自由に使用・開示できる情報という認識を抱かせる蓋然性が高いため，秘密として管理されていない情報までも保護することは情報取引の安定性を阻害すると考えられる」[2]という点などをあげて説明されることが多い[3]が，経済産業省の営業秘密管理指針（平成27年1月28日に全面改訂。詳しくはQ5参照）は，上記の後者の点，すなわち，従業員等の予見可能性，経済活動の安定性という点こそが秘密管理性要件の趣旨であると説明している。

---

[1] 田村328頁。
[2] NBL447号，25頁。
[3] その他，産業構造審議会財産的情報部会「財産的情報に関する不正競争行為についての救済制度のあり方について」。

(2) 意義，内容

　秘密管理性要件の内容については，旧営業秘密管理指針やこれまでの裁判例においては，①当該情報にアクセスできる者が制限されていること（アクセス制限），および，②当該情報にアクセスした者に当該情報が秘密であることを認識できるようにされていること（認識可能性）という2つの要件を掲げるものが少なくないが，経済産業省の営業秘密管理指針は，最低限の秘密管理措置がとられることを前提としつつ，前者の「アクセス制限」は，後者の「認識可能性」を担保する1つの手段であると説明している。

　この点，不競法は，知的財産法という観点からみれば，一定の事実状態（周知著名表示，資本投下して作出された商品形態など）について，一定の行為との関係で，これを法的保護に引き上げる性質をもっているところ，情報は自由利用が原則である，という考えを強調すれば，単に予見可能であれば秘密管理性が認められるということにはならず，自由利用を禁ずる情報として区別されているという事実状態（要保護性）についても軽視することはできないであろう。他方で，不競法は不法行為法の特則であるという観点からみれば，競争行為として許される行為か否かの線引きとしては，予見可能性は十分なメルクマールであるといい得る。

　要保護性と予見可能性が秘密管理性の趣旨であるとすれば，その内容としては，従来の多くの裁判例や学説のとおり，アクセス制限および認識可能性の2要件に結びつきやすいといえ，他方で，予見可能性が秘密管理性の趣旨であるとすれば，営業秘密管理指針のとおり，秘密管理性の内容の本体は認識可能性として捉えることができる。

　もっとも，要保護性を正面から問題とする場合，何をもって要保護性が満たされたとするかの評価基準は不明確となりやすいとも考えられる。この点で，仮に，秘密管理性要件の認定が厳しい傾向にあると評価されている従来の裁判例の判断要因に要保護性の観点があるとみるならば，経済産業省の営業秘密管理指針は，これへのカウンターパートとみることもできよう。ただし，従来の裁判例の評価，その判断要因等については議論のあるところであって，いずれにせよ，今後の裁判例を注視していく必要があることはいうまでもない。

2．秘密管理性の判断要素

上述のとおり，秘密管理性の趣旨や，その具体的内容については，議論があるものの，以下では，裁判例において，秘密管理性の判断に当たって考慮されている要素を検討することとする（経済産業省の考え方として，営業秘密管理指針における秘密管理措置の例等参照。）。秘密管理性については，これまでにも多数の優れた論考があることから[4]，詳細な裁判例の分析についてはそれらを参照して頂くとして，本書は，代表的と考えられる裁判例と近時の平成24年〜26年のいくつかの裁判例を例に，裁判所の判断におけるポイントを検討することとする。なお，以下の記述において，「①」等の丸数字は，秘密管理性を肯定する方向の事実に関すると思われる事項を示し，「❶」等の白抜きの丸数字は，秘密管理性を否定する方向の事実に関すると思われる事項を示す。

(1) 従来の代表的な裁判例

ア　大阪地判平成8・4・16知的裁集28巻2号300頁〔男性用かつら事件〕（肯定）

男性用かつらの販売を業とする原告が，原告の元従業員に対して，原告の顧客名簿[5]を不正に持ち出して使用しているとして差止めおよび損害賠償請求をした事案において，①同社が顧客名簿の表紙にマル秘の印を押捺し，これを店舗のカウンター内側の顧客からは見えない場所に保管していたこと，②男性用かつら販売業は，路上勧誘などが困難であり，多額の宣伝広告費を投じる等して顧客からの自発的申込みを待つ以外なく，顧客名簿はその集積であること，③かつら販売後も定期的な調髪等同一顧客による需要も多く，大きな収益源となっていること，を認定した上で，「原告は，原告顧客名簿の表紙にマル秘の

---

[4] 田村善之「営業秘密の秘密管理性要件に関する裁判例の変遷とその当否（その1）（その2・完）」知財管理64巻5号・6号，同「営業秘密の不正利用行為の規律に関する課題と展望」知的財産法政策学研究Vol. 47，41頁。
末吉亙「営業秘密−保護の経緯と秘密管理性」東京大学法科大学院ローレビューVol. 9，157頁。

[5] 受注した順序に，顧客番号，受注日，氏名，年齢，電話番号，住所，来店のきっかけとなった媒体（新聞広告，紹介等），かつらの価格および手付金・残金の内訳，納品時期に関する事項（予定日・入庫日・納品日），各顧客の頭髪の状況等を記載したもの。約400名分。

印を押捺し，これを原告心斎橋店のカウンター内側の顧客からは見えない場所に保管していたところ，右のような措置は，顧客名簿，それも前記のような男性用かつら販売業における顧客名簿というそれ自体の性質，及び証拠（証人丁，原告代表者）により認められる原告の事業規模，従業員数等（従業員は，本店及び三支店合わせて全部で七名。心斎橋店は店長一人）に鑑み，原告顧客名簿に接する者に対しこれが営業秘密であると認識させるのに十分なものというべきであるから，原告顧客名簿は，秘密として管理されていたということができる。」と判示した[6]。

イ　名古屋地判平成11・11・17裁判所HP〔コンベヤーライン事件〕（否定）

コンベヤーのラインシステム装置の設計等を目的とする原告が，競業会社である被告に対して，原告の元従業員であって被告へ転職したCが守秘義務に反して被告に開示した原告製品の販売情報（掛け率表，直送先リスト）の使用の差止請求等を求めた事案において，「原告の主張は，本件情報を知ることができない外部者がそれを取得したことを理由とするものではなく，本件情報を知る者がそれを漏らしたことを理由とするものであるから，本件情報の管理状況も，単に外部の者がそれを知ることができないような措置を講じていたというのでは不十分であり，本件情報に接している者がそれを漏らしてはならない秘密であると認識できるような措置を講じていたことが必要である。」とした上で，本件情報について，①Cを含む販売担当社員にのみ開示されていたこと，②Cに従業員としての守秘義務があることを前提に開示されたこと，③本件情報の性格およびCの仕事上の経験からして，Cは，本件情報を対外的に公表してはならないことを十分承知していたこと，④原告の掛け率表および直送先リストは，これを持ち出さないよう常に従業員が相互に監視しており，かつ，社長自ら持ち出しの有無を管理できる場所に置いてあったから，内部者といえども持ち出すことはできなかったこと，を前提としても，❶本件情報は，その内容からして，販売を担当しない者が見る必要はないものであって，原告主張の事実は，本件情報が販売担当社員以外が見ることのできないものであることを意味するものではないこと，❷この守秘義務は，当該情報が秘密であることを認

---

[6]　なお，被告は主に不正取得・使用行為を争っているようであり，秘密管理性について具体的にどのような反論を行ったかは不明である。

識し又は認識しうることを前提とするものであるところ，原告がCに本件情報が秘密であることを伝えていた，あるいは，本件情報が秘密であることを認識できるような記載があったなどの主張はないこと，❸「法は，営業秘密のうち，法の保護に値するものを判別するための要件として，秘密として管理されていたことを特に要求しているのであるから，本件情報の性格や【C】の仕事上の経験から，本件情報が原告の秘密であることを当然認識できたはずであるというだけでは，法の保護を求めるための要件としては不十分である」こと，❹相互に監視していたといっても，全従業員と社長が，1つの事務室の中で机を並べていたというだけのものであるから，これを管理あるいは監視体制ということは困難であること，を挙げて秘密管理性を否定した。

ウ　京都地判平成13・11・1裁判所HP〔人工歯事件〕（否定）

　医療用具の製造，販売等を目的とする原告が，原告の元従業員とその転職先である被告会社に対して，原告の人工歯の原型を不正に持ち出して，被告会社で使用しているとして差止めおよび損害賠償請求をした事案において，「不正競争防止法2条4項が，営業秘密として保護される情報は秘密管理されることを要件としているのは，当該情報が営業秘密として客観的に認識できるように管理されているのでなければ，当該営業秘密の取得や使用，開示を行おうとする者にとって当該行為が差止めの対象となるかどうかの予見可能性が損なわれ，経済活動の安定性が阻害されることを理由とするものと解せられる。そうすると，『秘密として管理されている』といえるためには，当該情報の保有者が秘密に管理する意思を有しているのみではなく，これが外部者及び従業員にとって客観的に認識できる程度に管理が行われている必要があるというべきである」とした上で，❶石膏原型について保管場所が特定されていたわけではなく，各担当者の任意の保管に委ねられ，置く場所についても各社員の机の上，作業机の上もしくはロッカーとまちまちであり，持ち出した当該被告も本件原型を自己の机の上に置いたままにしていたこと，❷帰宅の際などには，これをクロスで覆っていたが，これは埃や日光を避けるためであったこと，❸石膏原型やこれを収納する入れ物等に部外秘の表示がされていなかったこと，❹人工歯見本も，現在は，ロッカー内に保管されているが，従前は，担当者がポリ袋に入れるなどして，適宜，研究室に保管していたこと，❺担当者は，人工歯の試作

品を持ち出して，外部の専門家に場合によっては数日間預け，その排列等の評価をしてもらっていたが，その際，秘密保持契約は締結されていなかったことを認定し，①社内の者であっても，担当のグループの承諾なく搬出することができないこと，②研究所への部外者の立入禁止，帰宅の際に鍵を預けていたこと，③原告が社運を賭けて開発している情報であって担当のグループを構成する者は当然のことながら機密であることを自覚していたこと，④原告が金型の作製を下請に出す際に秘密保持覚書を締結していたこと，⑤原告の就業規則に秘密保持が定められていたこと，があったとしても，上記①および②については研究所，社屋管理として通常のことであり，特別な管理行為や従業員に対する秘密管理行為といえず，上記③については完全な試作か商品化に向けたものか等で有用性を異にし秘密として扱うかも異なりうること，上記④については同覚書で「機密情報」は機密表示があるものや機密である旨示して口頭で開示された場合は書面化するか良識で機密とする等とされており何が秘密であるか自明とはいえないこと，上記⑤についてはそこでいう「企業秘密」ないし「業務に関する秘密」が何か特定できない等とし，秘密管理性を否定した。

エ　東京地判平成14・12・26裁判所HP〔ハンドハンズ事件中間判決〕（肯定）

労働者（人材）派遣事業等を主たる目的とする原告が，派遣スタッフに関する情報[7]および派遣先の事業所に関する情報[8]を，原告の元取締役A，Bらが設立した被告会社に不正に開示して被告会社で使用している等として，差止めおよび損害賠償請求を行った事案において，まず，①人材派遣業において，一般に，このような名簿やリストは，各事業者ごとに独自のものとして作成，保有され，他に公開されないものであること，②本件情報のコンピュータによる管理は，A，Bの所属する営業課には1台しかないPC上のソフトウェアで，同課の事務職員が操作することによってのみアクセスでき，専用CD-ROMが必要であり，かつパスワード，ユーザーIDにより保護されていたこと，②したがって，個々の営業課員は，業務上得た派遣スタッフや派遣先に関する新たな情報を，営業事務職に入力させており，また各自が自由にアクセスすることも

7　氏名，性別，年齢，住所，電話番号，最寄り駅，PC技能，取得資格，就業実績等の事項。
8　名称，所在地，電話番号，求人担当部署，求人担当者，求人内容（求めている派遣労働者の資格・能力，労務内容，人数，労働時間，就労条件など）の事項。

できなかったこと，③本件情報は，スタッフカードという紙片に記入された帳簿の形式（ファイル綴り）でも存在し，同スタッフカードは，派遣中の派遣スタッフのものは営業課の営業事務職が保管し，近々に派遣可能な派遣スタッフのものは人材開発課のコーディネータという職員が紙を綴るファイルに綴って自分の机に入れて保管（日中はこのファイルを机の上に出しているが，帰宅時は，机の引き出しにしまっていた）し，当面就労できる見込みのない派遣スタッフのものは紙を綴るファイルに綴られて，コーディネータの事務机に近い場所の壁際にあるキャビネットに保管されていた（施錠されていないが，コーディネータに断りなくこのキャビネットを開けてスタッフカードを見ることは困難であった）こと，④原告会社では，平成4年頃，内部者が派遣スタッフの個人情報を持ち出そうとしたという事件があったため，それ以来該当部署にある従業員に誓約書を書かせて，顧客情報，派遣スタッフ情報，営業政策上の情報の在職中および退職後の秘密保持並びに退職後2年間の競業避止を誓約させていたこと（もっともAおよびBは取締役であったため，誓約書を提出していない9)，⑤また，平成10年には同業他社で派遣スタッフの個人情報の漏えい事件があったため，情報の漏えいに注意するよう社内に呼びかけていたこと，さらに，⑥従業員に派遣元責任者研修会を受講させており（A，Bも受講），この研修の中には個人情報の保護という項目もあったこと，他方，❶営業課員は，スタッフカードについてコーディネータまたは営業課員自らが作成したコピーをして使用し，不要になったものは，コーディネータのところにある篭に戻されて，用紙の裏面を再利用されたり，シュレッダーや焼却により廃棄されたりしていたが，営業課員の中には，これを自分でファイルしている者もいたこと，❷派遣先の事業所と派遣スタッフを取り持つ役割は営業課員が担い，対応に即応するため，スタッフや派遣先の事業所の情報について，自分の手帳等に，手控えと称して自己の担当する派遣スタッフや派遣先事業所に関する情報を転記して，常に携帯するなどしていたこと，❸原告会社では，コピーの枚数を記録したり，コピーしたものを返還させるなどはしていなかったこと，❹スタッフカードにも，キャビネットやファイルにも，「部外秘」「持出禁止」などの記載や貼紙はされていなかったこと，を

---

9 この点については，誓約書を提出していないとしても一般の従業員以上に情報の重要性を知悉していたと判示している。

認定した上で,「営業秘密として管理されているというためには,当該情報にアクセスした者に当該情報が営業秘密であることを認識できるようにしていること,当該情報にアクセスできる者が制限されていることが必要である」とし,コンピュータで管理されていたものについては上記から秘密管理性が認められるとし,スタッフカードに関しては,上記❶の点については「これらのコピーの作成とその利用は,スタッフカードのうちの数名分について一時的に行うものであって,多人数分のコピーが同時に作成されるものではなく,また営業課員がこれらのコピーを保有し続けることは予定されていなかったものであって,業務の必要上やむを得ない利用形態と認めることができる」とし,上記❷の点については,「これらも派遣スタッフや派遣先事業所の一部についての情報を一時的に転記するものにすぎず,営業課員の業務の内容に照らせば,その必要上やむを得ない利用形態と認められる」として,「上記の事情を総合すれば,原告会社においては,派遣スタッフ及び派遣先事業所に関する情報は,秘密として管理されていたものと認めることができる。」と判断した。

オ　大阪地判平成15・2・27裁判所HP〔セラミックコンデンサー事件〕(肯定)

セラミックコンデンサー積層機および印刷機の製造販売等を目的とする原告が,原告の元従業員とその転職先の会社を被告として,原告が電子データの形で保有するセラミックコンデンサー積層機および印刷機の設計図を不正に取得して被告会社に開示,使用しているとして差止めおよび損害賠償請求を行った事案において,①本件電子データは,メインコンピュータのサーバーにおいて集中して保存されていたこと,②当時,被告会社の従業員は全部で10名であり,設計業務に携わっていたのは,被告A,被告Bを含む6ないし8名の従業員であったこと,③これらの従業員は,メインコンピュータと社内だけに限ってLAN接続されたコンピュータ端末機を使用し,設計業務に必要な範囲内でのみメインコンピュータのサーバーに保存されている本件電子データにアクセスし,その時々に必要な電子データのみを各コンピュータ端末機に取り出して設計業務を行っていたこと,④本件電子データを始めとする技術情報が外部へ漏えいするのを防止するため,メインコンピュータのサーバーおよび各コンピュータ端末機を外部に接続せず,インターネット,電子メールの交換など外部との接続は,別の外部接続用コンピュータ1台のみを用いて行っていたこと,

⑤本件電子データのバックアップをDATテープによって行っていたが，このバックアップ作業は，設計部門の総括責任者と営業部門の総括責任者だけに許可されており，同作業を行うに当たっては，特定のユーザーIDとパスワードをメインコンピュータに入力することが必要であったこと，⑥バックアップを取ったDATテープは，設計部門の総括責任者の机上にあるキャビネットの中に施錠して保管していたことを認定した上で，「秘密管理性の要件を充足するためには，当該情報にアクセスした者に当該情報が営業秘密であることを認識できるようにしていること，当該情報にアクセスできる者が制限されていることなどが必要であり，要求される情報管理の程度や態様は，秘密として管理される情報の性質，保有形態，企業の規模等に応じて決せられるものというべきである。」とし，上記認定事実のような取扱いがなされており，原告の従業員は全部で10名であったから，これら取扱いの態様は，従業員の全員に認識されていたものと推認されるのであり，「このような事情に照らせば，本件電子データは，当該情報にアクセスできる者が制限され，アクセスした者は当該情報が営業秘密であることを認識できたということができる。そして，本件電子データが，原告の設計業務に使用されるものであり，設計担当者による日常的なアクセスを必要以上に制限することができない性質のものであること，本件電子データはコンピュータ内に保有されており，その内容を覚知するためには，原告社内のコンピュータを操作しなければならないこと，原告の規模等も考慮すると，本件電子データについては，不正競争防止法2条4項所定の秘密管理性の要件が充足されていたものというべきである。」と判断した。

　カ　東京地判平成16・4・13判時1862号168頁〔ノックスエンタテインメント事件〕（否定）

　コンサートや各種イベントの企画・制作等を業務とする原告が，原告の元従業員・アルバイト員および同人らが設立した被告会社に対して，原告の顧客リスト情報[10]，登録アルバイト員リスト情報[11]，アルバイト員登録表情報[12]，およ

10　顧客名，担当者名，電話番号，FAX番号。
11　氏名，生年月日，最寄駅，連絡先，携帯電話番号，スーツ保有の有無，運転免許保有の有無，髪型・髪色・ピアスの有無。
12　氏名，生年月日，住所，経歴，運転免許保有の有無。

び見積書情報[13]を，不正取得，不正開示等して使用しているとして差止めおよび損害賠償請求を求めた事案において，「情報が営業秘密として管理されているか否かは，具体的事情に即して判断されるものであり，例えば，当該情報にアクセスした者に当該情報が営業秘密であることを認識できるようにしていること及び当該情報にアクセスできる者が制限されていることなどといった事情や，パソコン内の情報を開示した場合はこれを消去させ，又は印刷物であればこれを回収し，当該情報を第三者に漏洩することを厳格に禁止するなどの措置を執ることなどといった事情がある場合には，当該情報が客観的に秘密として管理されているということができる。」とした上，概要，❶そのデータがパスワード設定のない，原告従業員全員が閲覧可能な原告所有PCに保存されていたこと，❷プリントアウトを従業員全員に配布し，各自の机やかばんに入れられたりしていたこと，❸従業員所有のPCおよび携帯電話に保有することを許諾していたこと等を認定し，他方で，①プリントアウトした一部が，原告代表者および原告従業員1名が鍵を管理している，扉なし書棚のファイルの背表紙，あるいは，ファイルが収められた扉付きの書棚中のキャビネット引き出しの表側に，「持ち出し厳禁」，および「社外秘」の赤字の大きめの表示が付されていたこと，②原告は代表者を併せて4名という極めて少人数の社員が勤務しているため，業務時間中書棚に鍵をかけたり，ファイルにアクセスできる者を一定の者に制限することは業務の円滑な遂行の観点からは困難であること，を認定しつつ，❹例えば，就業規則で定めたり，または誓約書を提出させる等の方法により従業員との間で秘密保持の約定を定めるなどの措置，パソコンへのアクセス制限措置やプリントアウトした資料等についてコピー数を確認し事後回収したり，漏えいを厳格に禁止するなどの措置等を執ることが十分可能であるにもかかわらずその措置を執っていなかった等として，秘密管理性を否定した。

(2) 近時の裁判例

　ア　東京地判平成24・6・11判時2204号106頁〔みづほ顧客情報事件〕(否定)

　　印刷物等の企画等を目的とする原告が，原告の元従業員およびその転職先で

13　顧客名，会場名，催物名，見積金額，催物の日時・時間帯，受注事項。

ある被告会社に対して，原告の顧客情報（顧客の氏名（名称），住所（所在地），電話番号等の連絡先，同顧客との取引に係る受注番号，品名，数量，取引価格，納入日，下請発注先の名称，同発注内容等）を不正に持ち出して開示，使用等したとして差止めおよび損害賠償請求を求めた事案において，①就業規則において，就業中に得た取引会社の情報につき漏えいすること等を禁ずる旨規定していること，②上記就業規則は原告代表者および原告従業員による読み合わせを行い，全従業員がその原本裏面に署名押印し，同就業規則を遵守する旨の誓約書を提出するなどし，その後新たに雇用された従業員についても，その写しが交付されるなどしていたものであって全従業員に対し周知する手続がとられており，従業員に対する法的拘束力を有すること，を認定した上で，「本件顧客情報のうち，顧客の氏名，電話番号等の連絡先に係る部分については，被告A等の営業担当者が営業活動を行い，取得して事業主体者たる原告に提供することにより，原告が保有し蓄積することとなる性質のものであって，営業担当者が複数回にわたり営業活動を行うことなどにより，当該営業担当者と顧客との個人的信頼関係が構築され，または個人的な親交が生じるなどした結果，当該営業担当者の記憶に残るなどして，当該営業担当者個人に帰属することとなる情報と重複する部分があるものということができる。そうすると，このような，個人に帰属する部分（個人の記憶や，連絡先の個人的な手控えとして残る部分）を含めた顧客情報が，退職後に当該営業担当者において自由な使用が許されなくなる営業秘密として，上記就業規則所定の秘密保持義務の対象となるというためには，事業主体者が保有し蓄積するに至った情報全体が営業秘密として管理されているのみでは足りず，当該情報が，上記のような個人に帰属するとみることのできる部分（個人の記憶や手控えとして残る部分）も含めて開示等が禁止される営業秘密であることが，当該従業員らにとって明確に認識することができるような形で管理されている必要があるものと解するのが相当である。」とした上で，❶本件顧客情報の記載された本件顧客名簿については，原告事務室内の経理担当者の机に常時備え置いており，本件顧客データの保存されたコンピュータについても，パスワードの設定等はしていなかったこと，❷営業を担当していた被告においても，顧客の連絡先等の情報を手元に残さないよう指導を受けていた事実などをうかがうことはできないこと，❸被告が原告を退職するに当たり，顧客の連絡

先等の手控えの有無を確認し，その廃棄を求めたり，従前の営業先に接触しないよう求めたりした事実も認められないこと，を認定して，「原告における顧客情報の管理体制は，顧客の連絡先の手控え等までもが，雇用契約上開示等を禁じられるべき営業秘密に当たることを当該従業員らに明確に認識させるために十分なものであったとはいえず，本件顧客情報のうち，個人の記憶や連絡先の個人的な手控えなどに係る情報については，雇用契約上，開示等を禁じられる営業秘密に当たるとみることはでき」ないと判断した。

イ　知財高判平成24・7・4裁判所HP〔投資用マンション顧客情報事件〕（肯定）

投資用マンションの売買，管理等を目的とする原告らが，原告らの元従業員およびその設立した被告会社に対して，原告の顧客情報を不正に開示，使用したとして差止めおよび損害賠償を求めた事案において，「1審原告ネクストは，資本金の額が18億円を超える東京証券取引所市場第2部の上場企業であり，1審原告コミュニティも，資本金の額が5000万円の株式会社ではあるものの，1審原告らは，前記アに認定のとおり，本件顧客情報を共同して保有するものである以上，両者併せて相応の情報管理体制が求められるというべきである」とした上，①本件顧客情報は，1審原告ネクストの営業部を統括する営業本部により，顧客ファイルや顧客管理システムに保管された電子データとして一元管理されていること，②顧客ファイルや顧客管理システムは，いずれも入室が制限された施錠付きの部屋に保管されていること，③その利用も，前者は営業本部所属の従業員と所定の申請手続を経た営業部所属の従業員に限定され，後者も所定のログイン操作を経た営業本部所属の従業員に限定されていること，④各部内に常備された本件就業規則で秘密保持義務を規定するとともに退職時に秘密保持に関する誓約書を提出させていること，⑤各種の情報セキュリティを実施してISMS認証やISO/IEC27001認証を取得し，毎年行われる審査に合格したこと，⑥従業員に対する「ISO27001ハンドブック」の配布やこれに基づく研修・試験といった周知・教育のための措置を実施したりしていたこと等を認定し，他方，❶営業部所属の従業員によって契約内容報告書の写しとして保管されていること，❷関係書類が机上に放置されていたこと，❸写しが上司等に配布されたりしていたこと，❹上司の指導で休日等における営業のために自宅に持ち帰られたりしていたこと，❺手帳等で管理されて成約後も破棄されな

かったりしていたこと，があったとしても，上記❶については，顧客からの問い合わせに迅速に対応したり買増し営業が見込める顧客を絞り込んだりするという営業上の必要性に基づくものであること，上記❷〜❺については，営業上の必要に基づくものである上，1審原告らの営業関係部署に所属する従業員以外の者が上記関係書類や手帳等に接し得たことを窺わせる事情も見当たない等として，「1審原告らは，従業員に対して，本件顧客情報が秘密であると容易に認識し得るようにしていたものといえる」とし，「以上を総合すれば，1審原告らは，本件顧客情報に接し得る者を制限し，本件顧客情報に接した者に本件顧客情報が秘密であると認識し得るようにしていたといえるから，本件顧客情報は，1審原告らの秘密として管理されていたということができる。」とした。

　ウ　大阪地判平成25・4・11判時2210号94頁〔中古車販売顧客名簿事件〕（肯定）

　自動車の輸出入および売買等を目的とする原告が，原告の元従業員らおよびその転職先である被告会社等に対して，原告の顧客情報[14]を不正に取得，使用したとして差止めおよび損害賠償請求を求めた事案において，まず，「ア　本件顧客情報は，アクセスできる者が制限されていたこと」として，①専用のアプリケーションソフト（トラッカー）を開発していたこと，②トラッカーを利用するためには，ユーザー名およびパスワードの入力が必要であったこと，③原告の従業員は初期設定からユーザー名およびパスワードを変更していたこと，④原告の従業員が私物のパソコンにトラッカーをインストールするためには，退職時にアンインストールすることや，無断複製，機密漏えい等々を禁ずる「プログラム等使用許諾依頼書」に署名することが義務付けられていたこと，⑤業務委託先との業務委託契約書において，委託先の従業員は，IDおよびパスワードを付与されてトラッカーへのアクセス権限を付与されていたが，受託業務等の処理手続以外の目的での利用は禁止されており，利用者が業務中に知り得た原告の情報および個人情報（顧客情報を含む。）を漏えいまたは使用して，原告に損害を与えた場合には損害賠償の義務を負うとされていたこと，を認定

---

[14] 氏名または名称，担当者名，担当者のEメールアドレス，電話番号ならびに国および地域。

し,「本件顧客情報にアクセスできる者は制限されていた」と判断[15]し,つぎに,「イ　本件顧客情報にアクセスする権限を有する者は,本件顧客情報が秘密であることを認識していたこと」として,「前記アのような本件顧客情報の管理状況からすれば,本件顧客情報にアクセスする権限を有する者は,本件顧客情報が秘密であることを当然に認識していたものと認めることができる。」とし,また,⑥原告の就業規則により「業務上で知った機密などを,他に漏らすこと」が禁止され,前記のトラッカーに関する「プログラム等使用許諾依頼書」には「機密漏洩」,「A／Tに付帯する全てのデーターの譲渡・転売」,「IBC㈱への損害付与」を禁止する旨の記載があったが,本件顧客情報がこれらの禁止事項の対象となる「機密」あるいは「A／Tに付帯する全てのデーター」に含まれることも当然に認識することができたとして,秘密管理性を認めた。

　　エ　大阪地判平成25・7・16判時2264号94頁〔ソフトウェアCains事件〕（肯定）

　ソフトウェア開発業務等を行う原告が,原告の元従業員らおよびその転職先である被告会社に対して,原告の企業向け基幹業務関連オーダーメイドシステムソフトウェアのソースコードを不正に開示,使用しているとして差止めおよび損害賠償請求を求めた事案で,「一般に,商用ソフトウェアにおいては,コンパイルした実行形式のみを配布したり,ソースコードを顧客の稼働環境に納品しても,これを開示しない措置をとったりすることが多く,原告も,少なくとも原告ソフトウェアのバージョン9以降について,このような措置をとっていたものと認められる。そうして,このような販売形態を取っているソフトウェアの開発においては,通常,開発者にとって,ソースコードは営業秘密に該当すると認識されていると考えられる。前記1に認定したところ[16]によれば,本件ソースコードの管理は必ずしも厳密であったとはいえないが,このようなソフトウェア開発に携わる者の一般的理解として,本件ソースコードを正当な理由なく第三者に開示してはならないことは当然に認識していたものと考えら

15　被告らは本件情報にアクセスできる者が制限されていなかった旨の供述または証言をするが,客観的事実と整合しないとして採用されなかった。
16　原告においては,自宅のPCでの開発について厳格な制約がなく,被告の自宅のPCには本件ソースコードを含む開発環境がインストールされていた。

れるから，本件ソースコードについて，その秘密管理性を一応肯定することができる（もっとも，肯定できる部分は，少なくともバージョン9以降のものであるところ，原告はそのような特定はしていないし，また，ソフトウェアのバージョンアップは，前のバージョンを前提にされることも多いから，厳密には，秘密管理性が維持されていなかった以前のバージョンの影響も本来考慮されなければならない。）。」と判断した[17]。

オ　東京地判平成26・4・17裁判所HP〔登録モデル情報事件〕（肯定）

　モデル，タレントのマネジメント事業等を目的とする原告が，原告の元従業員および同人らが設立した被告会社に対して，原告の登録モデル情報[18]を不正に使用したとして差止めおよび損害賠償請求を求めた事案で，①登録モデル情報は，外部のアクセスから保護された原告の社内共有サーバー内のデータベースとして管理されていること，②その入力は，原則として，システム管理を担当する従業員1名に限定していること，③これへのアクセスは，マネージャー業務を担当する従業員9名に限定して，その際にはオートログアウト機能のあるログイン操作を必要としていること，④これを印刷した場合でも，利用が終わり次第シュレッダーにより裁断していること，⑤就業規則で秘密保持義務を規定していること，⑥原告の業務内容が，モデルやタレントのマネジメントおよび管理等であること，を認定し，❶他の従業員も登録モデル情報を入力していたこと，❷特定のソフトウェアを起動させたり時々他の従業員にマウスを動かしてもらったりするなどしてオートログアウト機能を回避する慣習があったこと，❸制限なく登録モデル情報を印刷したりすることができたこと，があったとしても，これが恒常的に行われていたとか，このことを原告が容認していたことを認めるに足りる証拠はない等として，原告の従業員に登録モデル情報が秘密であると容易に認識することができるようにしていたということができ，原告は，登録モデル情報に接することができる者を制限し，かつ，これに接した者に秘密であると容易に認識することができるようにしていたとして秘密管

17　ただし，本件は，「原告主張のソースコードが秘密管理性を有するとしても，その非公知性が肯定され，営業秘密として保護される対象となるのは，現実のコードそのものに限られる」とした上で，本件では，ソースコードの記述そのものとは異なる抽象化，一般化された情報の使用であって営業秘密の使用に当たらない等として請求を棄却した。

18　氏名，連絡先（住所，電話番号やメールアドレス），年齢，身長，容姿の特徴（髪や瞳の色等）ならびに写真等の個人情報。2000名を超える。

理性を認めた。

　カ　東京地判平成26・4・24裁判所HP〔接触角計算プログラム事件〕（否定）

　理化学機器の製造販売等を目的とする原告が，原告の元従業員およびその転職先の被告会社等に対して，原告の商品である自動接触角計に搭載するプログラムやそのアルゴリズムを不正に開示，使用しているとして差止め，損害賠償請求を求めた事案において，①原告のプログラムが保管されている開発担当者のパソコンは平成20年8月以降は，研究開発部の従業者以外がアクセスできないようにパスワード設定されていたこと，②原告のアルゴリズム（プログラムのソースコード）はハンドブックにも記載されていたが，表紙に表紙に「CONFIDENTIAL」，各ページの上部に「【社外秘】」とそれぞれ表示されていたこと，を認定しつつ，他方で，❶平成20年8月頃までは原告プログラム（旧バージョン）のソースコードへのアクセス権者は研究開発部の従業員に限定されておらず，社外の者が立ち入る原告社屋内のショールームに設置したパソコンからでも「guest」アカウント（パスワードも「guest」）を用いることで，誰でも上記ソースコードへのアクセスが可能な状態にあったこと，❷旧バージョンは原告のプログラムとほぼ同内容を具備していたこと，❸パスワード設定後も接続ログが保存されるのは最新の数十件程度であったこと，❹パスワード設定以上に格別の指示がされたことはなかったこと，❺本件ハンドブックは，営業担当者向けに原告プログラムの概念から機能概要までをまとめたもので，原告の製品の取扱説明書に記載されて公開された事項も記載されており，どの部分が秘密事項に当たり，どの部分が当たらないのかについて具体的に特定はされていなかったこと，などを認定して，秘密管理性を否定した。

3．裁判例の検討

(1)　裁判例については，その変遷や，各裁判例について様々な評価もなされているところであり，上記はその一部にすぎないが，裁判例は，おおむね，①当該情報とそれを取り巻く環境を踏まえて，②情報の漏えい態様を勘案しつつ，③ (i) 情報の取扱いについて合理的な措置がなされていたか，および，(ii) それによって自由利用が禁止されていることが認識可能となっていたか，という観点[19]から，④現実の実態としての情報の取扱状況について，総合的

な判断を行っているように見受けられる。

(2) 敷衍すれば，まず，①当該業界における当該情報の位置付け[20]，当該情報の性質[21・22・23]，当該企業の規模[24]等，実際にどのような者がアクセスしていたか，②従業員による漏えいか，不正取得による態様か，示された情報の開示行為による態様か等，③ (i) 秘密表示があるか，パスワード設定[25]があるか，他の情報と区別されているか，複製物の管理等，外部との秘密保持契約の有無，秘密保持誓約書[26]の有無，秘密保持に関する研修・指導等，就業規則における秘密義務の有無等という要素が勘案されていると考えられる。

(3) そして，④現実の実態として[27]，これらの要素を総合して，①情報の取扱

---

19 なお，組織的管理性まで必要としたものとして東京地判平成20・7・30裁判所HPなどもある。
20 上記でいえば，特に2(1)ア，(2)エ等。
21 上記裁判例のほか，知財高判平成23・9・27裁判所HP〔PCプラント図面不正開示事件〕，鈴木薫「秘密管理性の判断における情報の重要性・秘密性の考慮」パテント66巻12号68頁以下等参照。
22 また，特に問題となるものとして，従業員の記憶に残った情報や従業員が日常的に使用する情報がある。こうした情報については，特に明確な管理がされていることが要求される傾向にある（大阪地判平成23・4・28裁判所HP，本文前掲東京地判平成24・6・11）ものの，例えば，上記(2)イ事件は，従業員の記憶に残った情報までを含めて秘密管理性を認めるなどしているところである。
23 そのほか，情報の生成過程を分析，検討したものとして大阪地判平成22・10・21裁判所HP参照。
24 企業の規模については，その考慮のされ方には注意を要する。すなわち，中小企業であるから，従業員にその情報の重要性が分かっていた（他方，大企業の場合には相当な管理が必要である）という考慮がなされる場合（上記2(1)ア，オ，カおよび(2)イ等）のほか，後掲（注27）東京地判平成23・9・29のように中小企業であれば情報を管理しやすい環境にあったという考慮もあり得る。
25 なお，ID，PWを要求する趣旨について積極的に論じたものとして大阪地判平成20・6・12裁判所HPがある。
26 特殊な状況下で作成された誓約書の効力について大阪高判平成20・7・18裁判所HP参照。
27 例えば，東京地判平成23・9・29裁判所HP〔医療機器顧客名簿事件〕は，「原告は，中小企業であって，情報を管理しやすい環境にあった上，就業規則や秘密管理規定で秘密の管理に関する規定を定めたり全社員に秘密保持誓約書を提出させたりして，情報を管理しようとしていたことはうかがわれるものの，実際には，顧客情報の閲覧や印刷に原告代表者の事前の承認や許可を得るという秘密管理規定で定められた手続が遵守されていなかった上，パスワードの設定等による物理的な障害も設けられていなかったため，権限のない原告従業員でも自由に閲覧したり印刷したりすることができたものである。以上を総合すれば，原告は，本件各名簿に記載された顧客情報に接し得る者を制限し，上記情報に接した者に上記情報が秘密であると認識し得るようにしていたとはいえないから，本件各名簿に記載された顧客情報は，秘密として管理されていたとはいえ」ないとしている。

いの実態についての合理性を判断し、例えば、物的・物理的な取扱い（秘密表示、パスワード等）が不十分な場合には、それを補う人的・規範的な取扱い（契約、指導等）が十分になされているかが判断される。また、一定の秘密表示があったとしても秘密管理性が否定される場合もある[28]など、②実態として、不十分な取扱いがある場合には、それがどの程度のものか、恒常的なものか、不十分な取扱いの是認（管理の形骸化）を意味するか（裏返せば業務遂行上必要やむを得ないものか）が判断される。

4．設問についての考え方

　裁判例上、秘密管理性についての判断要素は、事案によって様々であるが、諸般の事情を総合考慮した合理性が判断されていると考えられるものの、特に近時は、その合理性の基準として、（自由利用が禁じられた情報であるという）認識可能性に重点が置かれているように思われ、秘密管理指針は特にこの点を強調している。

　なお、旧秘密管理指針の参考資料1のチェックシートは、裁判例の分析に基づくものとされているが、比較的広く考慮要素が記載されており、1つの参考になるものと思われる。

---

[28] 本文前掲〔ノックスエンタテインメント事件〕（上記2(1)カ）のほか、前掲（注23）大阪地判平成22・10・21、本文前掲東京地判平成26・4・24、大阪地判平成20・5・20裁判所HPなど。

Q4 秘密管理性は誰を基準に判断されるか

秘密管理性が認められるためには、誰にとって秘密管理されているといえればよいのか。

1．「秘密管理性」の意義と問題の所在について

「秘密として管理されている」といえるためには、当該営業秘密に関して、その保有者が主観的に秘密にしておく意思を有しているだけではなく、客観的に秘密として管理されていると認められる状態にあることが必要であるとされており、具体的には、従来の裁判例において、①アクセス制限や、②認識可能性が要求されるとされており、特に近時はこの②の点が重視されていると考えられることはQ3のとおりである。

この点、かかる秘密管理は、誰との関係で、秘密として管理されているといえればよいのかが問題となる。すなわち、一方では侵害者が実際に秘密であるとわかってさえいれば（その他の者が秘密であるとわからなかったとしても）秘密管理性が認められるという考え方もあり得る一方、行為者の主観にかかわらず（仮に当該行為者が秘密だとわかっていたとしても）一定の管理がなされていることが必要であるという考え方もあり得る。

2．営業秘密管理指針の解説

この点、営業秘密管理指針は、①「秘密管理措置の対象者は、当該情報に合法的に、かつ、現実に接することができる従業員である。職務上、営業秘密たる情報に接することができる者が基本となるが、職務の範囲内か否かが明確ではなくとも当該情報に合法的に接することができる者（例えば、部署間で情報の配達を行う従業員、いわゆる大部屋勤務において無施錠の書庫を閲覧できる場合における他部署の従業員など）も含まれる。」とし、②「従業員に対する秘密管理措置があれば、侵入者等（住居侵入罪にあたる行為により情報に接触する者など法2条1項4号及び21条1項1号にいう詐欺等行為又は管理侵害行為等によって営業秘密を取得しようとする者）に対しても秘密管理性は確保されるのであって、営業秘密保有企業の秘密管理意

思が従業員に対するものとは別に侵入者等に示される（別の秘密管理措置が行われる）必要はない。」とする（5頁～6頁）。

　さらに，同指針は，③秘密管理性の有無は，「管理単位（規模，物理的環境，業務内容も勘案しつつ，秘密管理措置の要否や内容の決定及びその遵守状況の監督（違反者の処分等）に関する自律的決定権限の有無その他の事情の有無から判断して，営業秘密の管理について一定の独立性を有すると考えられる単位。典型的には，『支店』『事業本部』など。）」ごとに判断され，「当該管理単位内の従業員にとって，当該管理単位における秘密管理措置に対する認識可能性があればよい。」とする（13頁）。

　そして，同指針は，④自社の営業秘密について，別法人が不正な利用を行っているとして差止請求等を行うためには，「当該別法人（具体的には自社から当該営業秘密を共有した担当者）に対して，自社従業員に対するのと同様に，自社の秘密管理意思が明確に示されている必要がある（法2条1項7号等の『営業秘密を保有者から示された』ことが必要）」とし，秘密管理意思を示す手段として「秘密保持契約（NDA）」の締結が典型的であるが，理論上は口頭による伝達でも可能であるとし，また，「別法人に対して自社が秘密管理措置を講じていないことを以て，自社における従業員との関係での秘密管理性には影響しないことが原則である。」とする[1]（14頁）。

　すなわち，営業秘密管理指針は，秘密管理性は，営業秘密保有者がその情報を秘密にしようとする意思が明確に認識可能な程度の措置が講じられたか否かで決せられるとした上で，(a) 実際の侵害者にとってその認識可能性があればよいという考え方，や (b) その情報に接し得る全ての者にとっての認識可能性が必要であるという考え方などを排して，その中間といえる「合法的に現実に当該情報に接することができる者の認識可能性」で足りるとしたものと考えられる[2]。そして，上記②～④は，その考え方の帰結という位置付けとしてい

---

[1] 「ただし，仮に，営業秘密保有企業Eが別法人Fに対して，特段の事情が無いにも関わらず，何らの秘密管理意思の明示なく，営業秘密を取得・共有させているような状況において，E企業の一部の従業員が，『特段事情が無いにも関わらず，何らの秘密管理意思の明示なく自社Eの営業秘密をFに取得・共有させた』という状況を認識している場合においては，E企業の従業員の認識可能性が揺らぎ，結果として，Eにおける秘密管理性が否定されることがありうることに注意が必要である」（『営業秘密管理指針』14頁～15頁）。

[2] この点については，産業構造審議会知的財産分科会営業秘密の保護・活用に関する小委員会第1回配布資料7，長井謙「営業秘密管理指針の全部改訂の解説」（NBL1045号57頁

るように見受けられる。

したがって，営業秘密管理指針の考え方によれば，ある情報が，特定の管理単位（A単位）の従業者等にとって秘密情報であるとの認識可能性があれば，その時点で秘密管理性を一般的に獲得し，他の管理単位（B単位）における管理体制やその管理単位における従業員等の認識可能性は原則として問題とならない[3]。したがって，他の管理単位（B単位）における従業員等（X）が，ある管理単位（A単位）において当該管理単位の従業者等（Y）に認識可能な状態としていた情報を不正取得等した場合には，当該従業員等（X）にとって秘密情報との認識可能性がなかったとしても，営業秘密侵害行為となり得ると考えられる（Xが外部者であっても同じ）。ただし，例えばA社が社内の従業員等Pにとって秘密情報であるという認識が可能な程度の管理をしていたが，取引先Qに対する措置が不十分であったときに，Pとの関係では秘密管理性が認められるが，Qを被告とした場合に秘密管理性は認められない可能性がある。

3．裁判例

裁判例において，秘密管理措置が誰に対して行われていればよいか，誰にとって秘密管理性があるといえればよいか，という問題がどのように捉えられているかは必ずしも明らかではない。

もっとも，例えば，「本件情報の性格や【C】（著者注：訴外人。以下同じ）の仕事上の経験から，【C】にとって，本件情報の秘密性は明らかであったというが，法は，営業秘密のうち，法の保護に値するものを判別するための要件として，秘密として管理されていたことを特に要求しているのであるから，本件情報の性格や【C】の仕事上の経験から，本件情報が原告の秘密であることを当然認識できたはずであるというだけでは，法の保護を求めるための要件としては不十分である。」と述べる名古屋地判平成11・11・17裁判所HPなどは，侵害者に

以下）等を参照。
3 「ただし，B単位における秘密管理措置の不存在の事実が，継続的で，社内で公然の事実であるといった状況の結果，A単位の従業員の認識可能性が損なわれている場合には，その後，A単位から情報が漏えいした場合に，A単位における秘密管理性は否定されうる（ただし，各単位における一時的・偶発的な管理不徹底によって秘密管理性が直ちに失われるわけではない）」（「営業秘密管理指針」13頁）。

とって秘密とわかればよいという立場をとってはいないように見受けられる。

　ただし，内部者による持ち出し行為に関して，「本件図面図表…並びにその電子データ…が記録されたフロッピーディスクは，千葉工場のPS・PC計器室のロッカー内に保管されていたものであるところ，守衛の配置等により外部の者の工場内への入構が制限されており，PS・PC計器室の建物出入口の扉に『関係者以外立入禁止』の表示が付されることにより，PS・PC樹脂の製造に関係ない従業員の立入りも制限されていたのであり，さらに，フロッピーディスクが入れられたケースの表面には，持ち出しを禁止する旨が記載されたシールが貼付されており，しかも，上記アで説示したとおり，本件情報は世界的にも稀少な情報であって，そのことを千葉工場のPS・PC樹脂の製造に関係する従業員が認識していたことは当然であるから，PS・PC樹脂の製造に関係する従業員においても，PC樹脂の製造技術に係る情報が秘密であることは認識されていたといえるし，このことは，当業界の外部の者にとっても同様であることは明らかである」とし，「したがって，外部者・従業員のいずれにとっても，本件図面図表及びその電子データが記録されたフロッピーディスクが秘密として管理されていることは当然に認識されていたというべきであり，本件情報が秘密として管理されていてたことは明らかである。」とするものもある（知財高判平成23・9・27裁判所HP〔PCプラント図面不正開示事件〕）が，本件では，念のために外部者との関係までも論じたものと解する余地がある。

　他方，工事の請負先に対して示した情報が不正に使用されたと主張する事案で，原告においては，秘密情報の取扱いに係る社内規程を設けてこれを従業員に示し，秘密表示を付してキャビネットに保管するなどしていることから「少なくとも原告の社内においては，…同規程に則った管理をされていたと推認される」としつつ，「次に，本件情報に関する原告と被告…との関係をみるに」，原告は社内規程に反して被告に対して秘密保持を求めたりせず，営業秘密と主張する情報を具体的に特定もしなかったなどとして「以上によれば，本件情報は，少なくとも被告らとの関係において，客観的にみて，秘密情報であることを認識し得る程度に管理されていたものと認めることはできない」として秘密管理性を否定したものがあるが（東京地判平成24・4・26裁判所HP），本件において内部者が被告となった場合にいかなる判断が示されるかは必ずしも明らかで

はない。

4. 設問についての考え方

　営業秘密といえるためには，誰にとって秘密管理されているといえればよいのかという問題は，秘密管理性の趣旨・考え方にも起因する問題である。営業秘密管理指針は，経済産業省の1つの考え方にすぎないものの，秘密管理性の趣旨を認識可能性に求めた上で，この点について，"管理単位において合法的かつ現実にその情報に接し得る者"という回答を示しているといえる。ただし，この見解においても，実際の問題は，"管理単位"において合法的かつ"現実にその情報に接し得る者"の範囲にあるともいえる。

　裁判例は，必ずしも明らかではないものの，少なくとも"侵害者が秘密情報だと認識していれば足りる"という見解には立っていないものと考えられる。ただし他方で，ある情報が，ある者との関係では秘密管理性があり，他の者との関係では秘密管理性がないという相対的なものとして捉える余地を否定している[4]か否かは明らかではない。

---

[4] なお，秘密管理性の要件は刑法でいうと構成要件該当性の話であり，相対的であるべきではない旨の指摘もある（産業構造審議会知的財産分科会営業秘密の保護・活用に関する小委員会第2回鈴木千帆裁判官発言）。

Q5　営業秘密管理指針の内容と位置付け

経済産業省の公表する営業秘密管理指針はどのような性格のもので，どのような内容か。

1．営業秘密管理指針とは何か

営業秘密管理指針（以下「指針」という。）は，数回の改訂を経ているが，「企業が営業秘密に関する管理強化のための戦略的なプログラムを策定できるよう，参考となるべき指針」として平成15年1月に策定され，公表されたものである。例えば，最新の全部改訂（平成27年1月28日）にあたっては，経済産業省産業構造審議会の分科会において，学者，産業界，法曹界，裁判所の代表者より構成される委員会を設けて検討がなされ，パブリックコメントを踏まえた上で，経済産業省の考え方として，一般に公表されている。

そして，その性格，位置付けは，指針1頁に以下のとおり記載されている。

「本指針は，経済産業省が，不正競争防止法を所管し，また，TRIPS協定など通商協定を所掌する行政の立場から，企業実務において課題となってきた営業秘密の定義等…について，イノベーションの推進，海外の動向や国内外の裁判例…等を踏まえて，一つの考え方を示すものであり，法的拘束力を持つものではない。…したがって，当然のことながら，不正競争防止法に関する個別事案の解決は，最終的には，裁判所において，個別の具体的状況に応じ，他の考慮事項とともに総合的に判断されるものである。」

2．指針の概要[1]

指針は，「不正競争防止法によって差止め等の法的保護を受けるために必要となる最低限の水準の対策を示すものである。漏えい防止ないし漏えい時に推奨される（高度なものを含めた）包括的対策は，別途策定する『営業秘密保護マニュアル』（仮称）によって対応する予定である。」とされ（本指針1頁），平成28

1　長井謙「営業秘密管理指針の全部改訂の解説」NBL1045号57頁等参照。

年2月に「秘密情報の保護ハンドブック〜企業価値向上に向けて〜」が公表されている[2]。

すなわち,「改訂前の指針は,営業秘密に関する不正競争防止法の解釈のみならず,情報管理に関するベストプラクティス及び普及啓発的事項も含んでいた」のに対して,全部改訂後の指針は,不競法の「営業秘密」の解釈として必要とされる内容を示すものである。

その詳細な内容は,指針の本文に譲るが,概要を記せば以下のとおりである。すなわち,まず「1.総説」として,不競法の位置付けや営業秘密の定義,民事・刑事上の措置等を説明した上(指針2頁〜3頁)で,「2.秘密管理性について」,「3.有用性の考え方」,「4.非公知性の考え方」を説明し,それぞれの項目に関する記載の要点は,枠囲いで示されている。

この点,指針の本体といえる「2.秘密管理性について」の記述のポイントは以下のとおりである。

① 秘密管理性要件の趣旨は,従業員等の予見可能性・経済活動の安定性の担保にある。したがって,秘密管理性の有無は,従業員等が企業が秘密として管理しようとするものであるかを認識できる(認識可能性)か否かで決まる。
② 認識可能性があるといえるためには,営業秘密の保有者における秘密として管理しようという意思(秘密管理意思)が,従業者等に対して,具体的状況に応じた経済合理的な措置(秘密管理措置)によって示されている必要があり,それで足りる。
③ ここでいう「従業員等」とは,合法的かつ現実に当該情報に接することができる者であり,他の法人(取引先)への開示の場合も同様である。
④ ここでいう「秘密管理措置」とは,秘密情報を一般情報と合理的に区別すること(合理的区分)と営業秘密であることを明らかにする措置(その他の秘密管理措置)とからなる。具体的には,例えば紙媒体であれば合理的な区分(合理的区分)を行った上で「マル秘」を表示する(その他の秘密管理)など。

---

[2] 同ハンドブックは,「営業秘密」としての法的保護を受けられる水準を超えた「秘密情報」の漏えい対策として位置付けられ,「営業秘密」とは一線を画されていると考えられる。なお,同ハンドブックについては,水野紀子・津田麻紀子・遠藤佐知子・長井謙『「秘密情報の保護ハンドブック〜企業価値向上に向けて〜』の解説」L&T71号49頁以下参照。

⑤　ここでいう「秘密管理措置」は，営業秘密の管理について一定の独立性を有すると考えられる単位（管理単位）ごとに判断され，他の管理単位（子会社等の別法人を含む。）の管理状況に左右されない。

3．裁判所は指針の記載内容に従って営業秘密性を判断するのか

　これまで，裁判所の判示において明示的に指針を挙げて，その記載内容に従って判断を示したものは見当たらない。この点，学説等においては，（旧）指針が裁判所の判断に影響を与えている可能性を示唆するものがあるが，その具体的な因果関係の検証は困難であり，裁判例の傾向というものも一概に述べることは難しい。

　そもそも，指針は，改訂前後を問わず，基本的には，裁判所の判断を踏まえた不競法の解釈を記載しているものであり，例えば指針1頁には，「当然のことながら，不正競争防止法に関する個別事案の解決は，最終的には，裁判所において，個別の具体的状況に応じ，他の考慮事項とともに総合的に判断されるものである。」と記載され，上記1のとおり，本来的に法的拘束力を有するものでもない。したがって，基本的には，裁判所は，指針の記載内容に拘束されず，必ずしも指針に従った判断をするものではないと考えられる。

　ただし，指針は，立案担当省・所管省が，学者，産業界，法曹界等の意見を踏まえた議論を経て作成され，公表したものであること，そして，指針とそれに基づく実務の形成は，取引社会の実情や社会通念として，例えば，個別事案における総合考慮の一要素として勘案されることなどが考えられる。

4．設問についての考え方

　指針は，不競法の所管省である経済産業省が同法における「営業秘密」についての解釈に係る同省の考え方を公に示したものであるが，法的拘束力を有するものではなく，裁判所は，指針に従った判断をするよう拘束されるわけではないが事実上の影響を与える可能性はあると考えられる。

3 有用性

Q6 有用性判断の考慮要素

有用性の判断には，どのような要素が考慮されるのか。

1. 有用性とは

(1) 営業秘密は，秘密管理された非公知の情報であるとともに，有用性の認められる情報，すなわち「生産方法，販売方法その他事業活動に有用な技術上または営業上の情報」でなければならない（不競法2条6項）。

(2) このような有用性の要件が設けられた趣旨として，立案担当である経済産業省は，情報の財産的価値を，①財・サービスの提供活動に関し，生産・販売・研究開発・経営効率の改善等の事業活動に役立つという価値（例えば，顧客名簿，新商品の生産技術等）と，②情報を取得した者が自らの知的好奇心を充足することができるという価値（例えば，企業のスキャンダル情報等）の二類型に区別し，②は，当該情報を知ることにより新たな価値を生み出さない一過性の価値にすぎず，国民経済全体にとって貢献するところが少ないが，①は，営業活動において使用または利用されることを通じて発揮される経済的な価値であり，こうした価値を有する情報を開発することは，情報の保有者のみならず国民経済上も有利であると考えられるし，取引の対象とされる等，不正競争から保護する社会的なニーズが認められるとしている[1]。

そして，有用性は，「財・サービスの生産・販売，研究開発等の事業活動を行っていく上で有用」であることを意味し，当該情報が「事業活動に使用・利用されたり，又は，このように使用・利用されることによって費用の節約，経営効率の改善等に役立つ」ことであれば足りるとされている[2]。

2. 有用性の判断要素等について

(1) 有用性の具体的内容

　ア　有用かどうかは、保有者の主観によって決められるものではなく、客観的に判断される。また、当該情報が「現に」事業活動に使用・利用されている必要はなく、将来使用・利用が可能である場合、間接的・潜在的な価値がある場合でもよいとされる[3]。

　イ　有用性が認められる情報の具体例としては、製品の設計図・製法、基礎的な研究データ等のような技術情報、顧客名簿、仕入先リスト、販売マニュアルなどがあげられる[4]。また、過去に失敗した実験データ等のネガティブ・インフォメーションも、当該情報を利用して不必要な研究開発費用の投資を回避・節約できるなどの意味で有用である[5]。

　ウ　他方、企業の脱税、有害物質を垂れ流している、禁制品の製造、内外の公務員に対する賄賂の提供等の反社会的な行為や、犯罪の手口や脱税の方法の教示等公序良俗に反する内容は、その企業にとっては秘密にしておきたい情報であるとしても、法が保護すべき正当な事業活動とはいえないため、営業秘密には該当しないとの見解が一般的である[6]。東京地判平成14・

1　営業秘密－逐条解説57頁以下。このほかにも、有用性の趣旨について、「本条で保護される営業秘密であるためには、単にそれが『技術上又は営業上の情報』であるということのみでは足らず、『事業活動に有用なる情報』であることが必要である」として、当該情報を「使用する者がそれを知らない者に対して有利な地位を占めうるという競業財としての観点に有用性を求めるほうが不正競争防止法に位置する本条の解釈として妥当」と述べるもの（小野・新・注解（下）849頁）や、有用性は「企業の秘密であれば何でも保護されるのではなく、保護されることに一定の社会的意義と必要性が認められるものに限定し、単なるスキャンダル情報等の事業活動に有用とはいえないものを除外するため」と述べるものもある（熊谷健一「トレードシークレットの保護と不正競争防止法の改正」金融法務事情1258号57頁）。また、経済産業省の秘密管理指針は、「『有用性』の要件は、公序良俗に反する内容の情報（脱税や有害物質の垂れ流し等の反社会的な情報）など、秘密として法律上保護されることに正当な利益が乏しい情報を営業秘密の範囲から除外した上で、広い意味で商業的価値が認められる情報を保護することに主眼がある。」とし、「したがって、秘密管理性、非公知性要件を満たす情報は、有用性が認められることが通常であ」るとされている（15頁）。
2　営業秘密－逐条解説58頁。
3　逐条21年改正版38頁、「営業秘密管理指針」15頁。
4　平成2年3月16日産業構造審議会財産的情報部会「財産的情報に関する不正競争行為についての救済制度の在り方について」NBL447号25頁。
5　営業秘密－逐条解説58頁〜59頁。
6　経営法友会法務ガイドブック等作成委員会編「営業秘密管理ガイドブック（全訂第2版）」

2・14裁判所HPも、「不正競争防止法は、…財やサービスの生産、販売、研究開発に役立つなど事業活動にとって有用なものに限り保護の対象としているが、この趣旨は、事業者の有する秘密であればどのようなものでも保護されるというのではなく、保護されることに一定の社会的意義と必要性のあるものに保護の対象を限定するということである。すなわち、上記の法の趣旨からすれば、犯罪の手口や脱税の方法等を教示し、あるいは麻薬・覚せい剤等の禁制品の製造方法や入手方法を示す情報のような公序良俗に反する内容の情報は、法的保護の対象に値しないものとして、営業秘密としての保護を受けないものと解すべきである。」とする。

また、取締役のゴシップや不祥事等のスキャンダル、企業の役員または従業員の個人的なスキャンダル等のプライバシー情報や虚偽の情報も、営業秘密には該当しないとされる[7]。ただし、「こうしたスキャンダル情報なども、これを取材した週刊誌業者等にとっては事業活動上の経済的価値が存するものと認められ」るとする見解がある[8]。

エ　裁判例上、情報の性質・内容（顧客情報、仕入価格等）から有用性を推認し（東京地判平成15・5・15裁判所HP、大阪高判平成20・7・18裁判所HP等）、あるいは、さらに、被告が現に不正取得・使用等していること（京都地判平成

（商事法務、2010年）23頁。「正当な事業活動」という要件は、条文上は明記されていないが、「法的保護に値する事業活動が正当なものでなければならないことは当然である」と考えられている（営業秘密－逐条解説59頁）。

[7] 前掲営業秘密管理ガイドブック23頁、前掲（注4）25頁参照。

[8] 鎌田薫「『財産的情報』の保護と差止請求権(3)」（L&T9号、19頁）。同論文は、有用性について、「保有者自身にとっての経済的な有用性を意味し、第三者にとっては経済的価値があるが保有者自身にとっては経済的な価値を認めえないものは含まれないものと解すべきである。たとえば、その保有者にとっては何らの経済的価値もない全くのプライヴァシー情報などは、主観的心理的な価値がいかに大きくとも、また週刊誌を発行する業者等の第三者にとって経済的な価値があったとしても、本法による保護の対象とはならないと解される。この場合には、精神的な損害があるとしても、『営業上の利益を害されるおそれ』はないから、この面からも、本法による差止請求権は成立しえないこととなる。」とする。このように、誰にとって有用であることが必要かという点について直接判示した裁判例は見当たらないものの、「控訴人商品と同一ないし同種の商品を製造販売しようとする同業他社にとっては、上記情報はこれを用いることにより効率的な営業活動が可能となるものであり、一定の財産的価値があるといえるから、有用な営業上の情報であると認められる」（大阪高判平成20・7・18裁判所HP）などとするものがあり、少なくとも「同業他社」にとって事業上有用であることは、当該情報の有用性を推認させる事情とされていると考えられる。

13・11・1裁判所HP，大阪地判平成10・12・22知的裁集30巻4号1000頁等)，長年の試行錯誤・技術的蓄積であること（福岡地判平成14・12・24判夕1156号225頁），それを使用して製品等を製造でき，あるいは，アイデアと工夫に多額の開発費用と時間がかけられた情報であること（大阪地判平成15・2・27裁判所HP)，獲得が困難な顧客の情報であること（大阪地判平成8・4・16知的裁集28巻2号300頁〔男性用かつら事件〕)，成約に至る可能性が高いと推認される顧客の名簿であること（東京地判平成12・11・13判時1736号118頁）等から有用性を認め，秘密管理性等の要件と比べると，比較的容易に認められる傾向にあるといえる[9]。

　他方，上記東京地判平成14・2・14は，上記のとおり説示した上で，公共土木工事に関する埼玉県庁土木部技術管理課作成の土木工事設計単価に係る単価表の単価等の情報について，「原告の主張によれば，本件情報は埼玉県庁の中でも上記部署に属する者のみが知り得る情報で非公開の扱いとされており，これについて公共土木工事に入札しようとする業者が事前に知ることができれば，その業者にとっては県や市町村等が設定した予定価格に近い落札可能な範囲における最も有利な価格で落札することができ，その点において情報としての有用性を有するというのである。上記の原告の主張内容によれば，本件情報は，地方公共団体の実施する公共土木工事につき，公正な入札手続を通じて適正な受注価格が形成されることを妨げるものであり，企業間の公正な競争と地方財政の適切な運用という公共の利益に反する性質を有するものと認められるから，前記のような不正競争防止法の趣旨に照らし，営業秘密として保護されるべき要件を欠くものといわざるを得ない。したがって，本件情報は法的保護に値するものということができず，不正競争防止法にいう『営業秘密』に該当しない。」と判示し，また，東京地判平成11・7・19裁判所HPは，「有用性の有無については，社会通念に照らして判断すべきである。そこで，この観点から検討

---

[9] ただし，タイムカードの写し，（退職に際しての事務処理が記載された）退職者進展状況表について，「各書面の性質及びその記載内容に照らし，秘密として管理されていたとも，有用な技術上又は営業上の情報であるとも認めることはできない」と判示したものとして東京地判平成26・3・18裁判所HP（同控訴審・知財高判平成26・8・28裁判所HP）がある。

すると，原告が保護の対象とする内容は，必ずしも明らかではないが，その主張によれば，極秘に二重に帳簿を作成しておいて，営業に活用するという抽象的な営業システムそれ自体のようであり，そうだとすると，このような内容は，社会通念上営業秘密としての保護に値する有用な情報と認めることはできない。また，真実の利益率より低い利益率を取引相手に示して取引を行うこと自体は，正当な取引手段であるか否かはさておき，特段，原告独自の経営方法と認めることもできない。以上のとおり，原告主張に係る事項は，営業秘密として保護されるような有用性を有するとはいえないし，非公知であるともいうことができない。」と判示している。

(2) **有用性の程度，非公知性との関係等について**

　営業秘密管理指針によれば「当業者であれば，公知の情報を組み合わせることによって容易に当該営業秘密を作出することができる場合であっても，有用性が失われることはない（特許制度における「進歩性」概念とは無関係）。」とされ(15頁)，裁判例においても，有用性について，特許制度における「進歩性」を求めているものではないと考えられる（知財高判平成23・11・28裁判所HP等参照。）。

　もっとも，有用性の程度については議論の余地があり得る。すなわち，例えば，東京地判平成12・12・7判時1771号111頁は，「基本管理料等の項目については，これらをまとめた資料があれば便利であるが，なくても別の方法で取得することは可能であって，営業秘密であるための要件としての有用性までは認められないというべきである。」とし，あるいは，知財高判平成26・6・26裁判所HPは，「JIS規格における許容差用途に応じて適宜修正することは通常行われていることと解され…その意味において公差が格別の技術的意義を有するものであるとまでは認め難い。また，本件において，控訴人の図面と被控訴人製品の図面との間で公差が一致するのは3か所にとどまっており，この一致する公差のみで技術的に有用なものといえるかどうかも疑問が残る。」としている。また，知財高判平成23・11・28裁判所HPは，「控訴人は，…全てが組み合わさることによって，そのまま商品化を可能にする技術情報として有用性を獲得すると主張する。しかし，『…全てが組み合わさ』った情報とはどのような情報なのか不明であり，営業秘密としての特定性を欠くといわざるを得ないば

かりか、原判決…が説示するとおり、控訴人が提供したとするLEDの搭載の可否、搭載位置、光線の方向及びLEDの実装に関する情報は、被控訴人から提案された選択肢及び条件を満たすために適宜控訴人において部品や搭載位置を選択したものであって、その内容は、当業者が通常の創意工夫の範囲内で検討する設計的事項にすぎないものと認められるから、控訴人の上記主張は採用することができない。」とし、「当業者が通常の創意工夫の範囲内で検討する設計事項にすぎないもの」である場合には、有用性がないものとも読み取れる判示をしている[10]。

3. 設問についての考え方

　有用性は、基本的には、広く事業活動に役立つ情報であれば足り、秘密管理性・非公知性が認められる場合には有用性が認められるのが通常であると考えられる。裁判例上も、情報の性質・内容、被告が現に不正取得・使用等していること、長年の試行錯誤・技術的蓄積であること等に言及しつつ有用性を認めるものが多い。ただし、営業情報については、公共の利益に反するもの、社会通念上保護に値しないとされた裁判例があり、技術上の情報については、有用性の程度ないし非公知性の問題とも交錯して有用性が否定される場合も考えられる。

10　「当業者が通常の創意工夫の範囲内で検討する設計事項にすぎないもの」は、「非公知性」を欠くという趣旨と考えられる裁判例もあり、非公知性と有用性の関係は必ずしも明確ではない（Q7参照。）。

4 非公知性

Q7 非公知性判断の考慮要素

非公知性の判断には、どのような要素が考慮されるのか。

1. 非公知性とは

(1) 不競法は、「営業秘密」に該当するための要件として、その情報が「公然と知られていないもの」であることを要求している（2条6項）。そして、この「公然と知られていない」（非公知性）とは、「保有者の管理下以外では一般的に入手できない状態にあること」とされ、「保有者以外の者が当該情報を知っていたとしても、人数の多少にかかわらず当該情報を知っている者に守秘義務が課されていれば、保有者の管理下にある」とされている（逐条23・24年改正版42頁）。

(2) この点、営業秘密管理指針16頁は、非公知性について、より詳細に、以下のとおり記載している。

ア　非公知性とは、「一般的に知られた状態になっていない状態、又は容易に知ることができない状態」であり、「具体的には、当該情報が合理的な努力の範囲内で入手可能な刊行物に記載されていない等、保有者の管理下以外では一般的に入手できない状態」をいう。

イ　「特許法の解釈では、特定の者しか当該情報を知らない場合であっても当該者に守秘義務がない場合は特許法上の公知となりうるが、営業秘密における非公知性では、特定の者が事実上秘密を維持していれば、なお非公知と考えることができる場合があ」り、「営業秘密における非公知性要件は、発明の新規性の判断における『公然知られた発明』（特許法第29条）の解釈と一致するわけではない」

ウ　「また、当該情報が実は外国の刊行物に過去に記載されていたような状

況であっても，当該情報の管理地においてその事実が知られておらず，その取得に時間的・資金的に相当のコストを要する場合には，非公知性はなお認められうる」

エ 「なお，『営業秘密』とは，様々な知見を組み合わせて一つの情報を構成していることが通常であるが，ある情報の断片が様々な刊行物に掲載されており，その断片を集めてきた場合，当該営業秘密たる情報に近い情報が再構成され得るからといって，そのことをもって直ちに非公知性が否定されるわけではない。なぜなら，その断片に反する情報等も複数あり得る中，どの情報をどう組み合わせるかといったこと自体に有用性があり営業秘密たり得るからである。複数の情報の総体としての情報については，組み合わせの容易性，取得に要する時間や資金等のコスト等を考慮し，保有者の管理下以外で一般的に入手できるかどうかによって判断することになる。」

2. 裁判例について

(1) 立証責任等

まず，非公知性については，その立証責任は原告にあるものの，これまでの全ての刊行物に記載されていないこと等の厳格な立証を求めることは原告に不可能を強いることになる（いわゆる「悪魔の証明」）ことから，原告としては，当該情報が一般的に入手できないことを合理的な範囲で立証すれば，事実上「公然と知られていない」状態であることが推定され，逆に被告において，当該情報が「公然知られ得る」ものであることを積極的に反証することになると解される[1]。

そして，裁判例においても，基本的には，秘密管理性が認められる場合においては，情報の性質等も勘案しながら，有効な反証もないときには非公知性を推認しているものと考えられる（大阪地判平成20・6・12裁判所HP，福岡地判平成14・12・24判タ1156号225頁等）。

---

[1] 小泉直樹「営業秘密侵害訴訟の周縁的論点」中山信弘ほか編『知財立国の発展へ―竹田稔先生傘寿記念』（発明推進協会，2013年），営業秘密－逐条解説60頁，なお田村334頁も参照。

(2) **判断時点**

　非公知性を満たすか否かについての判断は，損害賠償請求の場面においては，不正行為が行われた時点で「営業秘密」に該当していたか否かが問題となるため，この時点が基準となる。他方，差止請求においては，差止めの可否を判断する時点において「営業秘密」に該当しているか否かが問題となるため，事実審の口頭弁論終結時が基準となると考えられる[2]。

(3) **情報の性質について**

　裁判例上，おおむね，顧客情報等の営業情報に関しては，非公知性が問題となることは少ないと考えられる。例えば，知財高判平成24・7・4裁判所HP〔投資用マンション顧客情報事件〕は，NTTの番号案内，名簿業者，インターネットから容易に入手できるとの主張に対して，単なる少数の個人に係る氏名等の情報ではなく，7000名の個人情報であり，容易に入手することができないことは明らかであるとしている[3]。もっとも，特定された仕入先会社の情報について，それがホームページで公開されている場合や（東京地判平成15・5・15裁判所HP，控訴審東京高判平成15・12・25裁判所HP），商店街協同組合の代表者の氏名等の情報について，『全国商店街名鑑』という公刊されている書籍に記載されている場合に公知との判断がなされる（東京地判平成11・10・29裁判所HP）ことは別論である[4]。

2　例えば，東京地判平成23・12・14裁判所HPは，「本件各技術情報は，いずれも被告雑誌に掲載されていること，被告雑誌は，平成22年11月頃，被告会社の取引先，被告会社に会員登録した者及び全国の国立大学図書館に対し，約4500部が無償で頒布されたこと，以上の事実が認められる。上記事実によれば，本件各技術情報は，現在，不特定の者が公然と知り得る状態になっており，すでに公然知られたものであるということができるから，『営業秘密』（不競法2条6項）に該当するということはできず，同法3条1項，2項に基づく差止め及び廃棄請求（前記第1の1～5）は，いずれも理由がない。」とされている。

3　なお，被告らが利用したのは51名という一部の顧客に関するものであったとしても，本件顧客情報に有用性および非公知性が認められる以上，当該51名について個別に有用性または非公知性について論ずる必要はないとしている。

4　もっとも，12社のハウスメーカーについての，その営業担当者の氏名，所属部署，連絡先等の情報について「原告に限らず，上記ハウスメーカーの取引相手となりうるものの営業担当者等が，営業活動を行う中で，ハウスメーカーの営業担当者等との名刺交換により取得し得る情報であり，…原告の従業員の管理下以外では，本件情報を一般に入手することができない状態にあるとは認められない」とした東京地判平成19・10・30裁判所HPがあるが，後述するとおり非公知性の程度等に関する議論の余地が生じ得るとも考えられる。

これに対して，技術情報等については，原告の主張する情報が，特許公報，雑誌等において公開されている等として非公知が否定される場合がある（東京地判平成10・11・30〔TKC28041769〕，大阪高判平成13・7・31裁判所HP，東京地判平成14・3・19裁判所HP等）。あるいは，特に技術情報については，下記(4)に述べるような問題が生じる場合がある。

以上のほか，物に化体している情報に関しては，展示された製品（体験型装置）の仕様に関する情報について，「その性質上展示されている…製品の中に入り，又はこれに触れ，あるいは外部から観察した者が容易に認識し得る情報である」として展示されたことにより，非公知性を欠くに至ったとするもの（東京地判平成23・8・19裁判所HP）などがある（ただし同控訴審知財高判平成24・2・22判時2149号119頁等について後述)[5]。

(4) 非公知性において生じ得る争点

ア 非公知性の程度

上記のとおり，営業秘密管理指針は，一般的に入手することが物理的に可能であったとしても，時間，資金等のコストとの関係で，事実上一般に入手が困難な場合も非公知となり得るとし，また，非公知性は，特許法の新規性の解釈と異なる旨述べている[6]。

そして，リバースエンジニアリングの議論（Q18）にもみられるとおり，例えば「このような本件電子データの量，内容及び態様に照らすと，原告のセラミックコンデンサー積層機及び印刷機のリバースエンジニアリングによって，

---

5 また，契約書類の書式について，「原告と媒介契約を締結した依頼者などの第三者は必ず本件書式を認識することになるのであり，かつ，原告の顧客が原告と特別の関係を有する者に限定されているものではないから，本件書式は，不特定かつ多数の者に示されているものである。そして，それら本件書式を示された者が原告に対して本件書式の守秘義務を負うものとは認められないし，負わせることができる性質のものでもない（例えば，それらの者が契約書，領収書等を更に第三者に提示して自己の権利を証明することが不可能になってしまう）。したがって，本件書式は，非公知性を欠き，営業秘密ということはできない。」としたものとして東京地判平成21・11・27判時2072号135頁がある。

6 裁判例として，大阪地判平成15・2・27裁判所HP，知財高判平成23・11・28判時2030号107頁等参照。なお，原告の営業秘密と主張する情報が，特許出願にかかる情報（なお原告自身進歩性がないと自認している）に，「追加細分したしただけのものであり，新規なものということはできないこと」ということにも言及して営業秘密性を否定する東京地判平成14・7・31裁判所HPもあるが，必ずしも新規性を要求したものとはいえないであろう。

本件電子データと同じ情報を得るのは困難であるものと考えられ，また，仮にリバースエンジニアリングによって本件電子データに近い情報を得ようとすれば，専門家により，多額の費用をかけ，長期間にわたって分析することが必要であるものと推認される。したがって，本件電子データは，原告のセラミックコンデンサー積層機及び印刷機の相当台数が秘密保持契約なしに販売されたことによって公知になったとはいえない。」（前掲（注6）大阪地判平成15・2・27）とされているように，非公知性は，入手にかかるコスト等を勘案して判断されるものと考えられる。

　イ　公知情報との同一性

　上記アの問題とも関連するが，ある情報が，特許公報や文献あるいは展示等されたことによって公知になっている場合に，その情報と，原告が営業秘密であると主張する情報が同一であるか，といった点が問題となることがある。

　例えば，大阪地判平成20・11・4判時2041号132頁は，発熱セメントの製造等に関する技術情報について，これが特許公報等において公知になったといえるかが争われ，特許公報においては特定されていない事柄について特定したことについて技術情報としての非公知性が認められるかが問題となったところ，「マトリックス材及び導電性物質の中から特にセメントと炭素とを組み合わせた場合に他の組合せとは異なる特段の優れた作用効果を奏するというのであれば，いわゆる選択発明と同視し得る新規な技術的知見が含まれるものとして非公知性ないし有用性を肯定し得る余地が全くないわけではないと解される。この点について，原告は，セメントベースであるから耐用年数が上がるとか，製造コストを下げられると主張する。しかし，これらはセメントベースである以上，当然に予測できる範囲内の事項にすぎない。そして，他に炭素とセメントとを組み合わせた場合に，上記の特段の優れた作用効果を奏すると認めるに足りる証拠はない。」として，「炭素とセメントに特定したことについて非公知性（さらには有用性）を肯定することはできず，上記組合せに係る情報は，乙23発明（著者注：乙第23号証の公開特許公報に記載された発明）の域を出るものではない」とし，また，「乙23発明において，セメントに炭素を混合することが開示されている以上，炭素を混合するに当たり，偏りのないよう均一に混合するというのは，当業者であれば通常の創意工夫の範囲内において適宜に選択する設計的

事項にすぎない。また，上記相違点に係る情報には炭素を均一に混合するための特別な方法が具体的に開示されているわけでもない。したがって，単に均一に混合するという上記相違点に係る情報は，それだけでは到底技術的に有用な情報とは認め難い。」等と判示する。

「当業者であれば通常の創意工夫の範囲内において適宜に選択する設計的事項」にすぎないか否かという点は，有用性の議論においても用いられ，上記大阪地判でも，非公知性の議論と有用性の議論とが併せ考慮されているようにも見受けられるが，特に技術的情報においては，特定された情報の外延は，当業者における通常の創意工夫の範囲内において適宜選択する設計事項にまでおよび，したがってその範囲内の情報は，公知情報となると考えれば足りるようにも思われる。しかしながら，その範囲内でも特に有用な効果を生じさせるポイントとなる特定の情報については，別途の考慮が必要であり，上記大阪地判もこのような事案であるとの理解も可能である（後述ウも参照）。

ウ　公知情報の組み合わせ，公知情報からの選択

上記のとおり，営業秘密管理指針においては，公知情報を集めて再構成できる情報であっても，どの情報をどう組み合わせるかといったこと自体において，非公知といえ，その判断は，組み合わせの容易性，取得に要する時間や資金等のコスト等を考慮し，保有者の管理下以外で一般的に入手できるかどうかによって判断するとされている[7]。

また，公知情報からの選択については，本文前掲大阪地判平成20・11・4は，上述のとおり「マトリックス材及び導電性物質の中から特にセメントと炭素とを組み合わせた場合に他の組合せとは異なる特段の優れた作用効果を奏するというのであれば，いわゆる選択発明と同視し得る新規な技術的知見が含まれるものとして非公知性ないし有用性を肯定し得る余地が全くないわけではないと解される。この点について，原告は，セメントベースであるから耐用年数が上がるとか，製造コストを下げられると主張する。しかし，これらはセメントベースである以上，当然に予測できる範囲内の事項にすぎない。」とし，また，「本件各情報は，個別的に検討していずれも不正競争防止法2条6項にいう

---

[7] 裁判例として，東京高判平成14・5・29判時1795号138頁，知財高判平成23・11・28裁判所HP（原審東京地判平成23・3・2裁判所HP）等参照。

『営業秘密』に該当するとは認められない。そして，本件各情報を全体としてみても，上記のとおりそれぞれ公知か又は有用性を欠く情報を単に寄せ集めただけのものであり，これらの情報が組み合わせられることにより予測外の特別に優れた作用効果を奏するとも認められない（そのような主張立証もない。）。したがって，本件各情報が全体としてみた場合に独自の有用性があるものとして営業秘密性が肯定されるものでもないというべきである。」などとする。

　上記大阪地判平成20・11・4は，組み合わせにより「選択発明と同視し得る新規な技術的知見」や「予測外の特別に優れた作用効果」というやや高いハードルを課しているようにも見受けられる。この点，公知情報の組み合わせであっても公知情報の選択であっても，「当業者であれば通常の創意工夫の範囲内において適宜に選択する設計的事項」に該当する範囲内のものである場合には，その特定の情報自体は厳密には非公知であっても原則として公知情報と評価し得るが，そのような特定の非公知の情報が特段の作用効果を生じる場合には公知情報と評価できないものと理解することも可能であろう（これを有用性の議論と結びつけるか否かは，有用性の考え方と関連して別途議論の余地があろう）。

3. 設問についての考え方

　非公知性については，基本的には，秘密管理性が認められれば，事実上推認される傾向にあるといい得るが，これは特に顧客名簿などの場合に当てはまるものである。情報の性質によって，例えば特に技術情報等については，当該情報の性質や，関連する技術情報等が刊行物等で公になっている場合などにおける非公知性の程度，公知情報との同一性，公知情報の組み合わせ，公知情報からの選択等について議論が生じる場合がある。

Q8　非公知性の喪失

ウェブ上にアップロードされた場合や，リバースエンジニアリングにより情報を取得できる場合には，非公知性が否定されるか。

1. ウェブ上にアップロードされるなど情報が公知になる状態になった段階で，アクセスの有無を問わず，非公知性が否定されるか

「公然と知られていない」とは，「保有者の管理下以外では一般的に入手できない状態にあること」，あるいは「不特定の者が公然と（不正な手段によらずして）知り得る状態にないこと」とされ，保有者の管理下以外で一般的に入手できる状態，あるいは，不特定の者が公然と知り得る状態となっていれば，非公知性は否定されることになる。

この点，経済産業省の策定した営業秘密管理指針は，問題となる情報が外国の刊行物に過去に記載されていたという状況について，「当該情報の管理地においてその事実が知られておらず，その取得に時間的・資金的に相当のコストを要する場合には，非公知性はなお認められうる」としているとしているように，非公知であるという状態は，個別具体的に判断されるものと考えられる（Q7も参照）。

例えば，裁判例においても，インターネット上にアップロードされている情報について，特に当該情報への具体的アクセスの存在を認定することなく非公知性を否定しているものがみられる（東京地判平成15・5・15裁判所HP）が，他方で，一度情報が公知になり得る状態になったとしても，その後の対策により非公知性が肯定される例もある。すなわち，東京地判平成22・3・4裁判所HPは，秘密情報がファイル共有ソフト「Winny」により流出するという事故により，公知可能性のある状態になっていたというケースにおいて，「流出事故についても，証拠…によれば，原告はその後に対策をとっていることが認められるから，これをもって本件情報の非公知性が失われたということもできない」として，非公知性を否定しなかった。

以上のとおり，一時的にウェブ上にアップロードされるなどした場合であっ

ても，その後の対策の有無・内容などにもかんがみた具体的状況のもとにおける当該情報の入手の困難性を具体的に検討し，場合によっては，非公知性が否定されない場合もあるものと考えられる。

2．リバースエンジニアリングにより営業秘密を取得することが可能な場合，非公知性が否定されるか

　上述のとおり，非公知性とは保有者の管理下以外では一般に入手できない状態にあることなどをいうところ，例えば市場に置かれた商品等に含まれる情報をリバースエンジニアリングによって取得することが可能な場合に，当該情報は，当該商品が市場に置かれた時点で公知になったということになるかが問題となる。

　この点，上述のとおり，非公知といえる状態か否かは，当該情報の入手の困難性を具体的に検討して判断する必要があり，リバースエンジニアリングが理論上可能であっても，その難易度等によって，非公知といえるか否かが左右されると考えられる[1]。

　裁判例も，例えば，大阪地判平成24・12・6裁判所HPは，「原告主張ノウハウは，…いずれも原告製品の形状・寸法・構造に関する事項で，原告製品の現物から実測可能なものばかりである」「それらを知るために特別の技術等が必要とされるわけでもない」として，リバースエンジニアリングが容易であることを前提に非公知性を否定するものがある一方で，大阪地判平成15・2・27裁判所HPは，「本件電子データの量，内容及び態様に照らすと，原告のセラミックコンデンサー積層機及び印刷機のリバースエンジニアリングによって，本件電子データと同じ情報を得るのは困難であるものと考えられ，また，仮にリバースエンジニアリングによって本件電子データに近い情報を得ようとすれば，専門家により，多額の費用をかけ，長期間にわたって分析することが必要であるものと推認される」とし，また，福岡地判平成14・12・24判タ1156号225頁は，「本件営業秘密を利用して製造された現物を入手して分析するという手段

---

[1]　逐条21年改正版155頁，田村333頁，小野昌延＝松村信夫『新・不正競争防止法概説（第2版）』（青林書院，2015年）346頁，宮脇正晴「リバース・エンジニアリングの容易性と営業秘密該当性」新・判例解説Watch Vol.13 203頁以下。

(いわゆるリヴァース・エンジニアリング)では、現物の全寸法を測定するのに多大な労力、費用及び時間がかかることに鑑みると、封止用金型等の現物が市販されているからといって、本件営業秘密が公知になったとは認められない。」とし、それぞれ、リバースエンジニアリングが（可能であるとしても）容易ではないことを理由に、非公知性を否定している。

リバースエンジニアリングがどの程度容易であれば公知といえるかは、困難な問題である（製品から図面を起こすことは容易でなく、部品を把握するのにも時間を要する等として、製品が流通していても、その図面に関する非公知性を認めた第 1 審（東京地判平成23・2・3裁判所HP）について、知財高判平成23・7・21判時2132号118頁は、認定事実が一部異なるものの、これを覆し、「一般的な技術的手段を用いれば…製品自体から再製することが容易なものである」として、「市場で流通している製品から容易に取得できる情報」として非公知性を否定した。）が、違法・不当な手段を用いなければ入手できない情報である場合はもちろん、その入手のために、特別の時間・費用、特別の技術が必要な場合には、非公知としておいてよいと考えられる（なお、リバースエンジニアリングについてはQ18も参照）。

3．設問についての考え方

ウェブ上にアップロードされるなど情報が公知になる状態になった場合であっても、その後の対策の有無・内容などにも鑑みた具体的状況のもとにおける当該情報の入手の困難性を具体的に検討し、場合によっては、非公知性が否定されない場合もあると考えられる。

また、リバースエンジニアリングにより情報を取得することが可能な場合、その情報が公知といえるかは、そのリバースエンジニアリングにより、その当該情報を入手することが容易なものといえるか、その難易度等により左右されるものと考えられる。

第2章

契約に基づく秘密保持義務

1 総　論

Q9　秘密保持義務の発生

秘密保持義務はどのような場合に発生するのか。合意がなくても秘密保持義務は発生するのか。

1．明示の合意に基づく秘密保持義務

秘密保持義務は，原則として当事者の合意によって発生する。例えば，取引先との間であれば秘密保持契約，従業員との間であれば就業規則や誓約書等によって秘密保持義務が発生することになる。

2．秘密保持義務違反に基づく請求

秘密保持義務違反があった場合には債務不履行に基づく請求が可能である（東京地判平成19・1・26判タ1274号193頁参照）。もっとも，多くの裁判例で秘密保持義務の存在は，秘密管理性を肯定する事情の1つとして考慮されているにすぎず，秘密保持義務違反を直接の根拠として法的請求を認めた裁判例は多くない（明示の秘密保持義務違反に基づく請求を認めた事例として大阪地判平成21・4・14ジュリ1469号32頁[1]や東京地判平成16・2・24裁判所HPがある。）。

3．明示の合意がなく秘密保持義務が認められる場合

秘密保持に関する明示の合意が存在しない場合には，秘密保持義務は生じないのが原則である。しかし，例外的に明示の合意がない場合であっても秘密保持義務の存在が認められる場合がある。この点，営業秘密の立法化に際しても，役員については会社法上の善管注意義務，忠実義務，競業避止義務があり，従業員については誠実義務，また委託関係の受任者についても善管注意義務等が

---

[1] ただし，控訴審である大阪高判平成22・2・24裁判所HPは，1審被告らは秘密保持の対象となっている技術を用いていないとして，1審判決を取り消した。

あることから,契約上の明示的な特約がなくとも,これらの者がその地位に基づいて秘密情報を開示された場合であって,雇用契約あるいは委任契約等の付随的義務として,守秘義務等が契約上の義務となっている場合には,契約法に基づく差止めが可能との考え方が示されている(「産業構造審議会財産的情報部会報告書」平成2・3・16「財産的情報に関する不正競争行為についての救済制度のあり方について」)[2]。

(1) 取引関係

　原則として,取引関係にある当事者間において,秘密保持契約や取引契約における秘密保持条項等の秘密保持に関する明示の合意がない場合には,継続的取引関係があったとしても直ちに秘密保持義務が生じるものではない。もっとも,裁判例には取引態様によって取引当事者間の黙示の秘密保持義務を認めるものもある。また,ノウハウの実施許諾契約においては契約上明文の定めがなくてもライセンシーは秘密保持義務を負うとの見解がある[3]。秘密保持に関する明示の合意がない場合における秘密保持義務の発生に関する裁判例には,例えば,以下のようなものがある。

　ア　大阪地判昭和61・10・30判タ634号151頁(製造販売契約:否定)

　製造販売契約の当事者間において,秘密保持および競業避止に関する契約について,書面は全く交わされていないこと,締結時期・場所・状況等について,具体的な詳細が明らかにされていないこと,秘密保持義務や競業避止義務の対象となる内容・範囲等が明らかにされていないことなどの事実を踏まえ,秘密保持について合意がされたと認められる事情はないとして,明示の合意がない秘密保持義務の存在が否定された。

　イ　東京地判平成12・4・26判時1716号118頁(売買契約:否定)

　売買契約について,「一般に,売買の対象となる目的物に,売主のノウハウとして留保された秘密の技術情報が含まれている場合,売主がこれを買主に引

---

[2] 一方で,雇用契約あるいは委任契約がある場合であっても,これに付随する義務として必ず守秘契約があるとは限らず,契約に基づく履行請求が可能とは限らないという考え方も示されている。

[3] 豊崎光衛『工業所有権法[新版・増補]』(有斐閣,1980年)318頁,龍田節「ノウハウをめぐる諸問題」『実務民事訴訟講座5巻』(日本評論社,1969年)318頁。

き渡すと，その目的物に含まれている技術情報が漏洩されるおそれが生ずる。売主が，このような事態を回避するためには，目的物の引渡し等に先だって，包括的あるいは具体的に特定した技術情報を開示しないよう特約を締結することにより，買主に対して，その旨の義務を負担させることが必要であり，そのような特約を締結しない以上，売主は，買主がその目的物に含まれる技術情報を第三者に開示することを防ぐことはできない。」として秘密保持義務の存在を否定した。また，「秘密として保護される技術情報ということはできないこと等の事実に照らすならば，原告と被告間で，書面による合意又は明示の合意がされなくても，信義則上当然に，被告が秘密保持義務を負担すると解すべきであるということはできない。」として，信義則に基づく秘密保持義務も否定している。

　　ウ　東京高判平成14・5・29判時1795号138頁（売買契約：否定）
　売買契約で「実質的な秘密か否かを問うことなく特定の技術情報について保持義務を課する」というような秘密保持条項が設けられていない場合には，買主は，秘密管理されていないまたは公知となった売主の技術情報に関して，信義則に基づく秘密保持義務を負わないと判断された。

　　エ　東京高判平成16・9・29判タ1173号68頁（継続的売買契約：否定）
　継続的売買関係にある当事者間において，契約の事情を鑑みても，商品の仕入価格について黙示的な秘密保持の合意がされているものと認めることはできないと判断された。

　　オ　東京地判平成18・12・13TKC28130111（開発委託契約：肯定）
　ソフトウェア開発委託契約で受託会社を退職した従業員について，当該従業員は受託会社に在職中に契約対象のソフトウェアの開発責任者として関与したものであるから，当該従業員は，委託会社に対して，信義則上，受託者に在職中知り得た秘密を保持する義務を負っているとの判断がされた。

　　カ　東京地判平成24・4・26裁判所HP（請負契約：否定）
　対象情報が注文者の基本的かつ重要な設計情報であるとしても，請負人が当該情報に接することを念頭に置いていたにもかかわらず秘密保持義務を課す条項を設けていないことからすると，請負人は当該情報に係る秘密保持義務，目的外使用禁止義務を当該請負基本契約に基づいて負うものではないとして，請

負契約に付随する信義則上の秘密保持義務を否定した。

　キ　知財高判平成18・1・25裁判所HP（業務委託契約：否定）

　委託者と受託者が継続的取引関係にあり，受託者が業務委託に関して委託者から委託者の商品に関する商品情報の提供を受ける関係にあった場合であっても，受託者は自らの営業活動が制限される秘密保持義務を委託者に対して信義則上当然に負うと解することはできないし，業務委託契約に際し書面または口頭により営業秘密保持義務について明示的に合意したことや，黙示的な合意がなされたことも認められないとして，信義則上の秘密保持義務が否定された。

(2)　役員

　会社に対して法的に善管注意義務，忠実義務を負う会社の役員については，在職中のみならず退職後においても信義則上の秘密保持義務が認められる場合がある。裁判例では，退職後の信義則上の秘密保持義務を否定するものもあるが，守秘義務を認めた裁判例としては以下のようなものがある。

　ア　大阪高判平成6・12・26判時1553号133頁（肯定）

　「従業員ないし取締役は，労働契約上の付随義務ないし取締役の善管注意義務，忠実義務に基づき，業務上知り得た会社の機密につき，これをみだりに漏洩してはならない義務があることはいうまでもない」とした上で，退職後についての秘密保持義務の定めがない場合であっても，「退職，退任による契約関係の終了とともに，営業秘密保持の義務もまったくなくなるとするのは相当でなく，退職，退任による契約関係の終了後も，信義則上，一定の範囲ではその在職中に知り得た会社の営業秘密をみだりに漏洩してはならない義務をなお引き続き負うものと解するのが相当である」として秘密保持義務の存在を肯定し，「従業員ないし取締役であった者が，これに違反し，不当な対価を取得しあるいは会社に損害を与える目的から競業会社にその営業秘密を開示する等，許される自由競争の限度を超えた不正行為を行うようなときには，その行為は違法性を帯び，不法行為責任を生じさせるものというべきである」と判断された。

　イ　大阪高判平成17・2・17裁判所HP（肯定）

　従業員には社員就業規則により退職・解雇後も守秘義務が課されており，役員は役員規定により在任中守秘義務が課されていること，取締役と会社の関係

は委任関係であって取締役は善管注意義務を負うと解されていること，などから，取締役は一定の範囲では在任中に知り得た会社の営業秘密を退任後も第三者にみだりに開示してはならないとの信義則上の義務を負っていると判断された。

　　ウ　東京地判平成24・2・21裁判所HP（肯定）
　「株式会社の取締役は，当該株式会社からその保有する不正競争防止法2条6項所定の営業秘密を示された場合において，信義則上，取締役を退任した後も，不正の競業その他の不正の利益を得る目的で，又は当該株式会社に損害を加える目的で，当該営業秘密を使用し又は開示しないという秘密保持義務を負うものと解され」るとの判断がされた。もっとも，秘密保持義務違反の成立は否定された。

(3)　雇用関係（在職中）
　従業員は，在職中は会社に対して誠実義務を負うため，秘密保持契約や就業規則の明示の定めがなくとも秘密保持義務を負う場合がある。在職中の従業員の秘密保持義務を認めた裁判例として，以下のようなものがある。
　　ア　東京地判平成19・1・26判タ1274号193頁（肯定）
　労働者は，労働契約に基づく付随的義務として，信義則上，使用者の労務に服したことにより知り得た営業上の秘密を他に漏らしたり，使用者の得意先を自分で利用したりしないようにする義務を負うものと解するのが相当であるから，会社が情報の持ち出しと利用を許諾していない以上，違法性を阻却するに足りる特段の事情のない限り，これに違反する従業員の行為については，その違法性が推定される，として就業規則等における秘密保持条項の有無を検討することなく従業員の在職中の秘密保持義務が認められた。
　　イ　東京地判平成23・11・8裁判所HP（肯定）
　親会社の従業員は，子会社の業務も同時に担当しており，親子会社両方から営業秘密の開示を受けて営業活動に使用しているのであるから，親会社に対して就業規則に基づく本件顧客情報の秘密保持義務を負うのみならず，子会社に対しても信義則に基づく本件顧客情報の秘密保持義務を負うものと解するのが相当であるとして，雇用関係のない子会社の秘密情報について，親会社従業員

の信義則上の秘密保持義務が認められた。
　ウ　東京地判平成22・3・30TKC25442085（肯定）
　従業員は，会社が保有する営業秘密である基本設計図書に記載された情報について，少なくとも雇用契約に付随する信義則上の義務として，第三者に漏洩しない義務を負っていたとして，就業規則等における秘密保持条項の有無を検討することなく在職中の秘密保持義務を肯定した。

(4)　雇用関係（退職後）

　労働契約に付随する競業避止義務や秘密保持義務は，従業員の退職後にまで存続するものではなく，したがって，企業が退職後の従業員に対し，契約上の秘密保持義務を課そうとする場合には，その旨を明示的に定める根拠が原則として必要であると解されている[4]。ただし，具体的事案によっては秘密保持義務が認められる余地もあり，前掲大阪高判平成6・12・26や前掲東京地判平成18・12・13（退職後：肯定）などでは，退職後の従業員についても，信義則上の守秘義務の存在を認めている。
　秘密保持義務は，原則として合意によって発生するが，明確な合意が存在しない場合でも信義則等によって秘密保持義務が認められる場合がある。ただし，その認定は，当事者間の関係（取引関係・役員・従業員）や秘密保持の内容等（退職後の秘密保持義務等）に左右されると考えられる。

---

[4]　経済産業省「情報セキュリティ関連法令の要求事項」（2009年）64頁参照。

Q10　秘密保持契約で保護される情報の範囲

秘密保持契約によって，不競法の営業秘密より広い範囲で情報を保護することは可能か。

1．不競法上における営業秘密と当事者の契約における秘密保持

不競法は，知的財産法の一環という側面とともに，不法行為法の特別法という位置付けを有する。すなわち，損害賠償請求を基本とし，原則的には差止請求を認めない不法行為法に関し，競争事業者間の不法行為の中で一定のもの（不正競争）については，損害賠償請求という事後的な救済のみでは不十分であることに基づき，特別に差止請求権を認めたものである。

このような不競法の中における「営業秘密」とは，差止請求の必要性が要請される不法行為において保護に値する利益といえよう。

他方，秘密保持契約は，私的自治の原則（契約自由の原則）に基づく契約であり，債務の内容は本来的に自由であり，秘密保持契約は，公序良俗（民法90条）に反しない限り[1]，不競法上の「営業秘密」より広い範囲で秘密情報を保護する契約も有効であり，その範囲で秘密情報を保護することは可能なはずである。

すなわち，秘密保持契約違反としての「秘密保持義務違反」と，不正競争としての「営業秘密侵害」とは，その責任の性質が「債務不履行責任」と「不法行為責任」とであって，異なっている。したがって，私的自治の原則の下で自

1　執筆時点において，（競業避止契約により職業選択の自由を奪うことは公序良俗に反して無効と判断されている裁判例が多数あるのとは異なり），過度に広範であることにより秘密保持契約自体を無効としてその契約の効力を否定した裁判例は見当たらない。

　なお，秘密の内容自体を理由に，秘密保持契約が公序良俗に反して無効と判断した事例として「本件契約において被告Aが秘密として保持することを約した情報は，本件情報を含む本来非公開の公共土木工事に係る資材単価等データであるが，これらの情報が不正競争防止法上の営業秘密に該当せず，不法行為法において保護されるべき利益を有するものとも認められないことは，前記1（著者注：不競法上の「営業秘密」性）において説示したとおりである。そうすると，このように法的保護に値せず，かえって公共の利益に反する内容の情報については，これを秘密として保持する旨の契約をしても公序良俗に反するものとして，契約当事者はその内容に拘束されないと解するのが相当である（民法90条）。」（東京地判平成14・2・14裁判所HP）がある。

由に内容を定めることができるはずの債務不履行責任としての「秘密保持義務違反」の範囲は，社会通念上不正であると類型化される不法行為責任の特則としての「営業秘密侵害行為」と同じである必要はないようにも考えられる。

　この点，経済産業省知的財産政策室の見解では，「契約上の守秘義務の範囲は，当事者で定めることから，不正競争防止法で保護される『営業秘密』に限られず，範囲が広範なことがある。開示された『すべての情報』が守秘義務の対象とされる場合も見受けられるが，情報を受領する側にとってはそれを遵守することが事実上困難な場合もあり，過度に広範であれば公序良俗違反（民法90条）として無効となる余地も考えられることから，どこまでが秘密保持の対象となるか明確に定めておくことが望ましい」，「秘密保持契約では，義務を課す対象となる情報を特定することが必要となる。特定の程度は，どのような保護を受けるかによって異なるが，契約法上の観点からは，過度に広範な秘密保持契約は必要性・合理性の観点から公序良俗違反となり，保護を受けられなくなる可能性がある」[2]とされており，秘密保持契約の範囲やその有効性の判断に，不競法上の営業秘密の要件である秘密管理性等との平仄を考慮すべきとの意見は特段述べられていない。

　また，営業秘密管理指針においても，契約による情報の保護について「営業秘密に該当しない情報については，不正競争防止法による保護を受けることはできないものの，民法その他による法的保護を一切受けることができないわけではない」，「当該情報の取扱いについて私人間の契約において別途の規律を設けた場合には，当該契約に基づく差止め等の措置を請求することが可能であり，その際，法における営業秘密に該当するか否かは基本的には関係がないと考えられることに留意する必要がある」としており，秘密保持契約による秘密情報の保護と不競法上の営業秘密の保護とは基本的には関係がないという見解が述べられている。

2．裁判例

(1)　裁判例においても，秘密保持契約の解釈に営業秘密の要件を特に考慮して

2　経済産業省知的財産政策室編著『企業における適切な営業秘密管理―平成17年不正競争防止法改正・営業秘密管理指針改訂―』（経済産業調査会，2006年）47頁，50頁。

いない事例がある。

　すなわち，東京地判平成16・2・24裁判所HPは，原告らの行為が形態模倣行為に該当するとして不競法（2条1項3号）に基づく差止め・損害賠償請求のほか，秘密保持契約違反による損害賠償等を求めた事案において，被告は，原告らが秘密の内容として主張する内容（円筒状猫砂の製造・商品化に係る基本技術および実施技術）は，公開特許公報等により公開されていた情報と同一であるから秘密保持義務の対象となるものではないと反論したが，裁判所は，「原告らにおいては，自らこのような公開文献等から円筒状猫砂の製造技術を知る能力を有していなかったし，また，被告Y1による実施技術ないし製造ノウハウが円筒状猫砂の製造のために有益なものであったと認められること」に照らせば，「原告らとしては，被告Y1との間で原告ら主張の内容につき秘密保持契約を締結することは，実際にも意味のあることであり，被告Y1は秘密保持義務を負っていたものと認められる。」「また，仮に，被告Y1の有していた技術情報につき，客観的にはその主要な部分が公開文献等から入手可能な情報であったとしても，原告らと被告Y1がそのような情報につき，秘密保持契約を締結することは可能であり，原告らとしては，被告Y1が原告らの業務への専従義務および競業避止義務を含めた義務を負担することを明確にする趣旨で，被告Y1との間でそのような取り決めをすることには意味があった」として，被告らの行為を秘密保持義務契約違反とした。

(2)　しかしながら，いくつかの裁判例においては，秘密保持契約の解釈において，秘密管理性等営業秘密の要件を考慮している例が見受けられる。

　ア　東京地判平成15・5・15裁判所HP

　原告Aを退社した被告会社の取締役である被告C・D，並びに原告Bの主宰する会員組織の会員であった被告Eが，原告らの営業秘密である会員組織の会員情報を不正に取得し，同会員らに対して商品の購入の勧誘等をしたなどと主張して，不競法や就業規則違反等に基づき損害賠償等を請求した事案において，原告の就業規則に「会社の業務上の機密及び会社の不利益となる事項を他に漏らしたり，機密を流用したりし，会社が不利益に成るような行為を行わない（退社後においても同様である）」旨の規定があったところ，裁判所は，「就業規則

中の秘密保持等の義務の規定は，上記のような厳しい制裁（著者注：同就業規則の退職金規程には，就業規則の懲戒解雇事由に「懲戒規定に基づき懲戒解雇に相当する事由が発見された者」に対する退職金不支給または減額，支給後に上記事由が発見された場合に会社が退職金の返還を求めることができると規定されていた。）を伴い得るものである。そうすると，上記『会社の業務上の機密及び会社の不利益となる事項』には，機密としての保護に値するものという見地から，公知の事実や，不正競争防止法上の営業秘密その他の規定により保護を受け得ないものは含まれないものと解するのが相当である」とした。

イ　東京地判平成20・11・26判時2040号126頁

原告が，被告（原告の元従業員）が，退職後競業会社に就職して原告在職中に得た商品の仕入先情報（仕入先の名称，住所または所在地，電話番号，ファクシミリ番号，仕入先の担当者の氏名および電子メールアドレスならびに取扱商品の特徴等）を利用して業務を行っていることが，原告・被告間の秘密保持に関する合意に違反する等として，不競法や（退職後の）秘密保持義務違反に基づく損害賠償を求めた事案において，裁判所は，仕入先情報は，「不正競争防止法上の『営業秘密』に当たらないから，従業員が，本件仕入先情報を利用することは，不正競争防止法上違法となるものではないが，そのような場合であっても，別途，当事者間で，秘密保持契約を締結しているときには，従業員は，当該契約の内容に応じた秘密保持義務を負うことになる。」「そこで，検討するに，従業員が退職した後においては，その職業選択の自由が保障されるべきであるから，契約上の秘密保持義務の範囲については，その義務を課すのが合理的であるといえる内容に限定して解釈するのが相当であるところ，本件各秘密合意の内容（著者注：「3．退職後の秘密保持義務　私は，貴社を退職後も，機密情報を自ら使用せず，又，他に開示いたしません。」「4．競業避止義務　私は，退職後も2年間は貴社と競業する企業に就職したり役員に就任するなど直接間接を問わず関与したり，あるいは競業する事業を自ら開業したり等，一切しないことを誓約いたします。」）は，秘密保持の対象となる本件機密事項等についての具体的な定義はなく，その例示すら挙げられておらず，また，本件各秘密保持合意の内容が記載された「誓約書」と題する書面及び「秘密保持に関する誓約書」と題する書面にも，本件機密事項等についての定義，例示は一切記載されていないことが認められるから，いかなる情報が本件各秘

密合意によって保護の対象となる本件機密事項等に当たるのかは不明といわざるを得ない。」しかも、「原告の従業員は、本件仕入先情報が外部に漏らすことの許されない営業秘密として保護されているということを認識できるような状況に置かれていたとはいえないのである。」このような事情に照らせば、「本件各秘密保持合意を締結した被告に対し、本件仕入先情報が本件機密事項等に該当するとして、それについての秘密保持義務を負わせることは、予測可能性を著しく害し、退職後の行動を不当に制限する結果をもたらすものであって、不合理であるといわざるを得ない。したがって、本件仕入先情報が秘密保持義務の対象となる本件機密事項等に該当すると認めることはできない。」「そうすると、本件仕入先情報は、不正競争防止法上の『営業秘密』及び本件機密事項等のいずれにも該当せず、よって、被告は、不正競争防止法及び本件各秘密保持合意に基づく秘密保持義務のいずれについても、それらに違反したものとは認められない。」とした。

ウ　東京地判平成24・3・13労経速2144号23頁

　本件は、原告株式会社Aの従業員であった被告B、被告Cおよび被告Dが、原告在職中に知り得た原告の商品の仕入先に関する情報を持ち出し、原告と同種の事業を行う被告株式会社Eにおいて利用したことが、秘密保持義務違反、競業避止義務違反等に当たるとして、被告らに対し、不法行為ないし雇用契約上の債務不履行に基づく損害賠償を請求した事案において、裁判所は、原告の就業規則および本件通知（著者注：原告の代表者名義による書面で、「社員が遵守すべき営業秘密管理規程について、次の規程のとおり定めるのでお知らせします。」「1．会社、顧客並びに取引先等の機密事項および業務上知り得た情報、ノウハウなどを、社員は複写・自己使用・社外への持ち出しなどによって許可なく他に漏らしてはならない。」「2．社員が本規程に違反し、または違反の疑いのある言動を行った場合には、下記の就業規則情報管理規程に基づいて懲戒処分に付すことがある。」との記載があり、原告の各従業員の署名ないし押印があるものをいう。）において、具体的に何をもって業務上の秘密とするか「具体的に定めた規定は見当たらないところ」、「就業規則や個別合意による企業秘密の不正利用の防止が、不正競争防止法とは関係なく、あるいは、同法による規制に上乗せしてなされるものであることにかんがみると、これらにより保護されるべき秘密情報については、必ずしも不正競争防止法上の『営業秘

密』と同義に解する必要はないというべきである」としつつも,「しかし,他方で,当該規制により,労働者の行動を委縮させるなどその正当な行為まで不当に制約することのないようにするには,その秘密情報の内容が客観的に明確にされている必要があり,この点で,当該情報が,当該企業において明確な形で秘密として管理されていることが最低限必要というべきであるし,また,『秘密』の本来的な語義からしても,未だ公然と知られていない情報であることは不可欠な要素であると考えられる」,「就業規則ないし個別合意により漏洩等が禁じられる秘密事項についても,少なくとも,上記秘密管理性及び非公知性の要件は必要であると解するのが相当である」とした。原告が主張する情報は,「秘密管理性の要件を充たさないため,就業規則及び本件機密保持契約(著者注:原告は,被告らを含む原告の従業員が本件通知の内容を了解して署名を行ったことにより,原告と被告らとの間に秘密保持契約が締結されたと主張していた。)で保護される秘密情報に当たると解する余地はない」とした。

3. 設問についての考え方

　契約自由の原則により,秘密保持契約において「営業秘密」より広い範囲で秘密情報を保護することは,公序良俗に反しないかぎり,可能であると考えられる。

　しかしながら,裁判例上,秘密保持契約違反の認定において,不競法上の「営業秘密」の要件が考慮される傾向も見られるところである。そして,退職後の秘密保持義務については,特に,厳しい判断がなされる場合がある。

　したがって,例えば秘密保持契約において,秘密保持の対象を「開示された一切の情報」と定めることは,契約自由の原則から,直ちに無効とされるものではないと考えられるものの,上記裁判例に照らして一定の場合に,具体的事案における適用において,その効力の全部または一部が否定される可能性は否定できない。

2　秘密保持契約の内容

Q11　秘密保持期間

期間を定めない秘密保持契約を定めることは有効か。

1．営業秘密と秘密保持契約

「営業秘密」の特徴の1つに，特許等と異なり，期間の定めがなく保護が受けられる点が挙げられる。すなわち，営業秘密は，秘密として管理され，有用な情報として秘密性を保持する限り永久に保護される。したがって，営業秘密が期間を定めてライセンスされた場合，ライセンシーは，営業秘密の利用を許諾された期間内はもちろん，その期間が終了した後においても，それを図利加害目的で開示する場合には，営業秘密に対する侵害となる（2条1項7号）。

これに対して，秘密保持契約の場合，契約当事者は，その意思（合意）に基づいて秘密保持義務を負うこととなり，秘密保持の期間についても契約（合意）によって定められる。したがって，秘密保持契約における秘密保持期間については，契約の解釈ないしは契約自由の原則の問題に帰着するのが原則であると考えられる。

そこで，秘密保持契約における秘密保持期間，あるいは期間を定めない秘密保持契約の有効性が問題となる。

2．秘密保持契約における秘密保持義務の期間について
(1)　一般的な定め方

秘密保持契約における秘密保持義務の期間について，通常は，当業界において技術が陳腐化する時期を想定し，例えば，3年，5年，10年などと秘密保持期間を設定することが多い。

もっとも，技術が陳腐化する時期を想定することが困難な場合もあり，そのような場合には，例えば無期限（永久）とする，または，公開され公知となる

までとする等，当事者間で秘密保持期間について契約書上明らかにしておくことが考えられる。

例えば，旧営業秘密管理指針（平成25年改訂版）では，「秘密保持義務の存続期間については，可能な限り期限を設定することが望ましいが，期限を設定することが困難である場合（法令上の理由，ライセンサーより無期限の秘密保持を設定されている等）も存在する。秘密保持契約において，期限設定が可能な場合はその期限を，困難である場合には営業秘密性が失われるまでと明記し，秘密保持義務の存続期間とする。なお，情報が公知となった際の無用なトラブルを避ける観点からは，当該営業秘密が秘密保持期間中に機密性を失った場合においては，元従業者からの問い合わせがあれば誠実に回答するなど認識を共有するための方策についての規定を設けることも考え得る」（56頁）とされている。

(2) **秘密保持期間を「永久」等と定める場合**

秘密保持義務の期間については，長すぎる期間を設定した場合に，契約の全部または一部が無効となる可能性があると指摘するものがある（山上和則・藤川義人編『知財ライセンス契約の法律相談（改訂版）』（青林書院，2011年）81頁，691頁）[1]。

この点，秘密保持義務の根拠は契約当事者の意思（合意）にあるところ，秘密保持契約の期間を永久とする場合であっても，最終的には，契約当事者の合理的意思解釈として，当事者が，将来のいかなる時点においてもなお秘密として保護すべき価値を有する情報であって秘密保持義務が継続されるべきと合意する以上は，かかる意思は一応合理的なものであると思われる。

ただし，このような永久の秘密保持期間が認められたとしても，秘密保持契約においては，開示後に被開示者の責めに帰すべき事由によらずに公知となった情報や，被開示者が秘密保持義務を課せられることなく第三者から開示を受けた情報については，秘密保持義務の対象となる情報から除外する例がよくみられ，そのような場合には，秘密保持義務の期間についての定めにかかわらず，対象となる情報が公知となったり，被開示者が秘密保持義務を課せられることなく第三者から同じ情報の開示を受けたりした場合には，その時点から当該情

---

[1] もっとも，期間を定めない秘密保持契約について公序良俗違反を理由に無効とした裁判例は不見当である。

報についての秘密保持義務は失われることとなる。

(3) 秘密保持期間を定めない場合

また，期間を定めない秘密保持契約の有効性も問題となる。この点，上述のとおり，秘密保持期間は可能な限り期間を明記することが望ましいものの，期間を定めないからといって直ちに無効となるものではないと考えられる。

すなわち，期間を何ら定めない秘密保持契約については，その契約当事者の合理的解釈の問題からすれば，通常は，秘密保持義務が，基本的には期間の制限がなく永久に存続する趣旨であると考えられ，また，上述のとおり，期間を「永久」と明記しても直ちに無効となるものではないと考えられる。

したがって，期間を全く定めない秘密保持契約は，基本的には，「永久」と明記したり，「無期限」と明記したりする契約と同様に扱われるものと考えられる（なお，上述のとおり，秘密保持の対象となる秘密が公知となるなどの除外事由等に該当する事象が生じた以降については別論である。）。

なお，この点に関連して，期間を定めない継続的契約においては，当事者は一方的に解約できるという解釈との関係が問題となる。しかしながら，通常，かかる解釈は，継続的売買契約などが議論の対象とされており，秘密保持契約についてそのまま当てはまるものではないと考えられる（なお，例えば，中田裕康『継続的売買の解消』（有斐閣，1994年）494頁においては，継続的売買契約の議論においても，期間の定めのない契約は，「それが有効な永久契約であると解される場合，または，黙示的な期間の合意があると解される場合を除き」一方的解消が認められる旨論じている。）。

3．設問についての考え方

秘密保持契約は，契約自由の原則のもと，原則として，秘密保持の期間を定めないことから直ちに無効とされることはないものと考えられる。ただし，秘密保持期間が長すぎる場合には無効となり得るという見解，可能な限り期間を定めるべきとの見解などがあることや，公知となった後には義務が解消する可能性があることには一定の留意が必要であり，その合理性については一定の検証をしておくことが考えられる。

Q12 秘密保持契約違反に対する金銭的救済

秘密保持義務違反により生じた損害・費用を全て補償させる規定や，損害賠償の予定・違約金を定める規定は有効か。

1. 秘密保持契約違反により生じた損害・費用を一切補償させる規定の効力

　秘密保持契約において秘密保持義務によって生じた損害・費用を一切補償させる規定や，違約金を定める規定を設ける場合がある。当事者間の合意に基づくものであればこれらの規定は基本的には有効と考えられる。ただし，例えば，「秘密保持義務違反により生じた一切の損害を補償する」や「秘密保持義務違反に起因する全ての損害を賠償する」という規定が設けられていたとしても，「により生じた一切の」，「に起因する全ての」という文言の解釈が争いになる余地がある。また，裁判を有利に進めるために，損害賠償について無過失責任や予見可能性を要しないことを定めることや，立証責任を債務者に転換することを定めることなどもあるが，かかる定めを設けた場合の効果は明らかではない。特に，雇用関係や，継続的な調達取引関係にある場合など，当事者間の力関係に不均衡があるおそれがある場合には，その有効性については慎重な検討が必要と考えられる。

2. 秘密保持義務違反の損害賠償の予定や違約金を定める規定の効力

　秘密保持義務違反による損害を具体的に立証することは容易ではないため，この負担を軽減し得る方法として，損害賠償の予定や違約金について，あらかじめ合意をしておくことがある。損害賠償の予定や違約金は，損害賠償請求を容易にすることから，秘密保持期間中の抑止力としての効果も期待できる。損害賠償の予定や違約金の合意も，基本的には当事者間の合意として有効であるが，それぞれの定めについては，民法上は以下のように整理されており，一定の場合にはその効果が否定される場合もある。

(1) 損害賠償の予定

　民法421条は，当事者が，債務不履行による損害賠償額について，あらかじめ，予定額を定めることを認めており，また，裁判所はその額を増減することができないとされている。かかる損害賠償の予定は，債権者の，損害の発生および数額の立証の困難を救済するものであり，特段の定めのある場合を除き，損害の発生の有無，因果関係の有無について立証して支払いを免れることはできない（大判大正11・7・26民集1巻431頁，大判明治40・2・2民集13巻36頁）。例えば，弁護士費用について一定額の請求ができることを明確にするなどの規定も，損害賠償の予定として，基本的には有効である（旧営業秘密管理指針（平成23年12月1日改訂版）56頁参照）。

(2) 違約金

　契約上，債務不履行について「違約金」が定められることがある。違約金を設ける趣旨は様々であるが，民法上，違約金は損害賠償の予定を定めたものと推定される（民法420条3項）。もっとも，これはあくまでも「推定」であり，例えば，損害賠償の最低額を定めたもの，損害賠償についての立証責任の一部を債務者に転換するもの（定められた金額までは，損害の発生および数額について，立証責任が転換され，債務者が不発生につき主張・立証すべきこととなる。），債権を強めるための違約罰を設けたものなど，通常の損害賠償の予定とは異なる合意することも認められる（我妻榮・有泉亨・清水誠・田山輝明『我妻・有泉コンメンタール民法――総則・物権・債権（第3版）』（日本評論社，2013年）771頁）。

(3) 損害賠償の予定や違約金の定めの限界

　損害賠償の予定や違約罰の定めは，公序良俗に違反する場合や，法令に違反するような場合には，裁判所において無効と判断される場合がある。

　ア　公序良俗違反

　損害賠償額の予定や違約金の定めは，基本的には有効だが，予定額や違約金額が過大または過少である場合などには，暴利行為や公序良俗違反とされ，無効となる場合がある（民法90条）。どの程度の内容であれば無効となるかは，定めの内容，債権債務の内容，当事者の力関係等により，事案ごとの判断になる

が, 裁判においては, 予定額や違約金額全体が無効になるわけではなく, 一定の限度を超えた部分について無効とされることが多い。損害賠償額の予定や違約金の定めの有効性について判断された裁判例として, 次のようなものがある。

- サブライセンシーが競業禁止に違反した場合の約定違約金についてロイヤリティの50倍を超えるものとする条項につき, 600万円を超えた部分は公序良俗に反し無効とされた（東京地判平成11・9・30判時1724号65頁）
- クリーニングの取次店契約解除後の競業避止義務違反に対する違約金条項が, 4年間に受領できる手数料額以上の金額を違約金とするものであるから著しく高額であるとして, その一部が公序良俗違反により無効とされた（大阪高判平成10・6・17判時1665号73頁）
- ロイヤリティの120か月分相当額を損害賠償額とする損害賠償の予定条項が, 著しく高率であるため一部無効とされ, 30か月分相当額に減縮された（東京地判平成6・1・12判時1524号56頁）

イ　法令違反

労働契約においては, 損害賠償額の予定や違約金の定めを置くことはできないとされており（労働基準法16条）, 労働契約上の秘密保持義務については, 損害賠償額の予定や違約金を定めることはできない（旧営業秘密管理指針（平成23年12月1日改訂版）56頁参照）。また, 労働者の退職後の秘密保持義務や競業避止義務についての違約金の定めであっても, その有効性が制限されるおそれがある。

また, 消費者契約においては, 事業者に生ずべき平均的な損害の額を超える損害賠償額の予定は, 超過部分につき無効となる（消費者契約法9条1号）。

3. 設問についての考え方

秘密保持契約において, 秘密保持義務違反をした場合に, 生じた損害や費用を一切補償させる規定も, 基本的には有効であると考えられる。ただし, その範囲が不明確な規定の場合, その解釈を巡って争いを生じるおそれが残る点には留意が必要である。また, 秘密保持義務違反をした場合に一定額の違約金を定める規定も, 基本的には有効であると考えられる。ただし, それらが, 暴利行為, 公序良俗違反とされる場合には, その全部または一部が無効となる場合がある等の点には留意が必要である。

Q13 秘密保持契約に基づく差止請求権

秘密保持契約に基づいて秘密情報の不正使用または開示行為について差止請求を求めることができるか。

1. 差止請求権の根拠

不競法違反については，差止請求権が認められる（不競法3条）。そこで，秘密保持契約違反が営業秘密侵害にも該当する場合については，不競法に基づいて差止請求が認められる。

したがって，差止請求に関しては秘密保持契約違反が成立するとともに不競法違反も成立する場合には，実務的には違いはないとも考えられる。しかしながら，秘密保持契約に基づく差止請求が認められれば，秘密管理性等の不競法違反の要件を立証せずに差止請求が可能となるため，より簡易な立証で差止請求ができる余地がある。

この点，契約自由の原則を前提とすると様々な行為，活動につき契約上作為義務，不作為義務を規定し，その契約違反を理由に差止請求をすることは，一般的に可能である[1]。したがって，秘密保持契約の定めに基づく差止請求権も，不作為義務の履行請求権の行使として認められるものと考えられる。

ただし，秘密保持契約に基づく差止請求権の行使については，その行使可能な範囲が明らかではない。以下詳述する。

2. 秘密保持義務に基づく差止請求

(1) 不競法によって営業秘密の保護が認められ，差止請求権が法定されたことによって，契約に基づく請求が否定されるものではない。この点，営業秘密保護の立法化に際しても「契約上の秘密保持義務の履行請求権や債務不履行を理由とする損賠賠償請求権が排斥されたと解する必要はない」[2]との見解が

1 　総合研究開発機構・高橋宏志共編「差止請求権の基本構造」［升田純］（商事法務研究会，2001年）33頁。
2 　鎌田薫「営業秘密の保護」判タ793号60頁。

示されている[3]。したがって，不競法によって営業秘密の保護が認められるとしても，秘密保持契約に基づく秘密の目的外使用や開示を禁じる不作為義務の履行請求権の行使として，秘密保持義務違反行為に対する差止請求を行うことが可能である（現に秘密保持義務違反に基づく差止請求を認めたものとして大阪地判平成21・4・14TKC25440634等があるが，同事案では不競法違反は主張されておらず，裁判例上は，営業秘密侵害が争われた事案で，秘密保持契約違反による差止めが認められた事案は見当たらない。）。

(2) 一方，秘密保持義務は，契約や就業規則等に秘密保持義務の定めが明確になくても認められる場合があるが（Q9参照），このような秘密保持義務はその範囲を特定することが困難な場合もあることなどから，かかる秘密保持義務への違反に対して差止請求を認めることについては否定的な見解がある[4]。また，不作為債務の履行を求めるには一般人を基準に義務の内容が認識可能な程度に具体化されている必要があり，秘密保持の対象となる情報や用途制限の範囲は明確にされなければならない旨の指摘もある[5]。

　この点に関連して，知財高判平成21・12・15ジュリ1408号183頁では，「差止請求権については，当事者間において対象行為を行わないとの合意が成立しているとき又は実定法に基づき差止請求権が付与されているときに認められるべきものであって，そのような合意又は実定法が存在しないにもかかわらず，著作権についての独占的利用権の付与があったことのみをもってこれが認められるものではない。」として，同事案においては「本件全疎明資料によっても，本契約上，…本件対象行為を行わない旨の合意があったと認めることはでき」ないことから差止請求が否定された。

　この裁判例は，差止請求権の発生について，必ずしも不作為義務について

---

[3] 金井高志「フランチャイズ契約におけるフランチャイジーの秘密保持義務及び競業避止義務—附随義務論，不正競争防止法及び独占禁止法を中心として—」判タ873号においても同趣旨の見解が示されている。
[4] 鎌田・前掲（注2）60頁は，「信義則等を用いて秘密保持義務の存在を認定したとしても，信義則上の秘密保持義務の履行請求をなし得るかについては疑問の余地がある」とする。
[5] 松本恒雄＝升田純『情報をめぐる法律・判例と実務』（民事法研究会，2003年）125頁以下。

の明示の合意を要求するものではないと考えられるが，少なくとも不作為義務についての明示または黙示の合意が成立していると認められる必要がある。このような裁判例の考え方からすれば，秘密保持義務（無断で使用・開示しないという義務等）について明確な合意がない場合については，秘密保持契約等で明確な秘密保持義務の合意がある場合と比較して，不作為請求権の行使として差止請求を行うことはより困難となる可能性がある。

3．設問についての考え方

秘密保持契約に基づいて，その債務不履行による差止請求を行うことは可能であると考えられる。しかしながら，信義則に基づく秘密保持義務に基づく差止請求や，秘密保持義務の合意が明確でない場合の差止請求については認められない可能性がある。

Q14　秘密管理措置の義務付けと競争法

秘密保持契約で相手方に対し具体的な秘密管理措置を講じる義務を課すことは，独禁法，下請法上問題ないか。

1．秘密保持実効化義務

　製造委託取引や，情報成果物の作成委託取引，役務の委託取引等において，秘密保持義務を実効化するために，秘密情報の受領者に対して，外部委託先に対する監督，監視カメラの導入等の秘密情報管理体制の整備，関係者からの誓約書の徴求，管理体制の報告・監査等を義務付ける場合がある（以下，このような義務を「秘密保持実効化義務」という。）。かかる秘密保持実効化義務も，契約自由の原則により，通常は有効と考えられる。

　もっとも，取引上の地位を利用して取引相手に不当な取引条件を強いることは，独禁法上の優越的地位の濫用（独禁法19条，2条9項5号ハ）およびその特別法である下請法上の，不当な利益提供要請の禁止（下請法4条2項3号）や，買いたたきの禁止（下請法4条1項5号）といった親事業者の禁止行為に抵触する可能性がある。

　すなわち，秘密保持実効化義務は，秘密保持契約において秘密保持義務の付随義務として定められるなど，一般的に，特別に対価を支払うことなく課されているため，「取引の相手方に不利益となるように取引の条件を設定」したものとして，独禁法上の優越的地位の濫用となることがないように留意する必要がある。また，秘密保持実効化義務が，無償で秘密情報の管理にかかる役務を提供させる行為である場合には，下請法上も，「経済上の利益を提供させる」ものとして不当な利益提供要請に該当するおそれがあり，秘密保持実効化義務の履行にかかる費用を考慮せずに対価を決定した場合には「同種又は類似の内容の給付に対し通常支払われる対価に比し著しく低い」下請代金を定めたものとして，下請法上禁止される買いたたきに該当するおそれがあるため，留意する必要がある[1]。

2. 優越的地位の濫用，下請法

(1) 優越的地位の濫用とは

　優越的地位の濫用とは，自己の取引上の地位が相手方に優越していること（以下「地位の優越性」という。）を利用して，正常な商慣習に照らして不当に（以下「不当性」という。），取引の相手方にとって不利益な法定の行為を行うことを構成要件とする，独禁法違反行為である。法定されている不利益な行為は，非常に抽象的で広範であるため，地位の優越性を利用して不当に取引の相手方に不利益を与えた場合，そのほとんどが，優越的地位の濫用の客観的な構成要件に該当する。

　優越的地位の濫用に対する行政上の制裁としては，従来，排除措置を命じられることに限定されていたが，平成21年の独禁法改正により，継続的な優越的地位の濫用行為に対しては課徴金納付命令が法定された[2]。

(2) 下請法とは

　下請法は，優越的地位の濫用の特別法として制定されたものである。下請法は，優越的地位の濫用における「地位の優越性」という不明確な要件を，一定額以上の資本金の事業者が，一定額以下の資本金または個人の事業者に対して，一定の類型の取引を委託したことという形式的な要件（以下「資本金要件」という。）に置き換えることで，簡易迅速な運用を図っている。

1　買いたたきは，典型的には，購入業者／親事業者側が，従前の取引価格を一方的に引き下げる場合などを指すが，そうではなく，従前の取引内容と比較して納入業者／下請事業者の負担が増加しているにもかかわらず，対価を据え置く場合もこれに当たり得るのであり，秘密保持実効化義務による負担増にもかかわらず，それを考慮せずに対価を据え置く等の行為は，買いたたきに該当し得る。なお，秘密保持実効化義務の内容によっては，それを取引の相手方に課すことが，独禁法上，拘束条件付取引等に該当すると評価されるおそれもあり得るが，この点については，Q15を参照されたい。

2　すでに5件（平成28年4月末時点）の課徴金納付命令がなされ，そのうちの1件では，40億円超という極めて多額の課徴金額とされていることもあり（公正取引委員会課徴金納付命令平成24・2・16），注目を集めている。もっとも，平成21年の法改正の施行後に法的措置がなされた優越的地位の濫用行為は，協賛金等の金員の要求や，従業員の派遣要請，不当返品など一定の，いわゆる典型的な行為類型に偏っており，秘密保持実効化義務のような，濫用行為の典型的な行為類型とはいえない行為に対して法的措置がとられた例はない。

a. 物品の製造・修理委託および政令で定める情報成果物作成・役務提供委託※

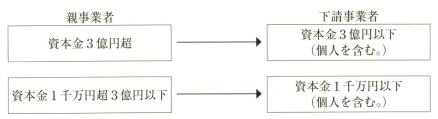

※政令で定める情報成果物作成委託…プログラム
　政令で定める役務提供委託…運送，物品の倉庫における保管，情報処理

b. 情報成果物作成・役務提供委託（政令で定めるものを除く※）

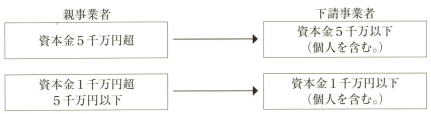

（出典：公正取引委員会・中小企業庁「下請取引適正化推進講習会テキスト」（平成27年11月版）2頁）

下請法違反行為のうち，秘密保持実効化義務との関係で問題となる「不当な利益提供要請」や「買いたたき」を含む下請けいじめ行為に対する制裁としては，公正取引委員会による勧告（下請法7条）が存在する。勧告とは，公正取引委員会が，親事業者に対して，下請事業者に対する不利益な行為の停止や，下請事業者に与えた不利益の回復（金銭の返還）等の必要な措置をとることを指導するものであるが，法的拘束力のない行政指導とされている[3]。

3．秘密保持実効化義務が，優越的地位の濫用や下請法違反を構成するか

前述のとおり，優越的地位の濫用については地位の優越性と濫用行為が，下

---

[3] 制度上は，事業者が勧告に従わない場合には，公正取引委員会は，さらに独禁法上の優越的地位の濫用として調査を行い，排除措置命令等の法的措置を講じることも可能であるが，実務上は，勧告を受けた事業者は，多くの場合これに従っていると考えられる。

請法違反については資本金要件の該当性と法定の禁止行為に該当することが、それぞれ必要になるが、取引先に対して秘密保持実効化義務を課すことはこのような要件を満たすだろうか。

(1) 地位の優越性／資本金要件

地位の優越性および資本金要件は秘密保持実効化義務との関係で特に問題となるものではないため詳細な説明は省略するが、過去の運用上、商品・役務を継続的に調達する取引においては、地位の優越性が肯定されやすいことに注意すべきである。

なお、地位の優越性については、取引依存度、行為者の市場における地位、行為を受ける者にとっての取引先変更の可能性、その他行為者と取引することの必要性を示す具体的事実を総合的に考慮するとされているものの（公正取引委員会「優越的地位の濫用に関する独占禁止法上の考え方」[4]（以下「優越ガイドライン」という。）第2の2参照）、濫用行為の内容が、そもそも地位の優越性がなければ行うことが困難であるような性質のものである場合には、濫用行為自体から、地位の優越性が推認される可能性がある[5]。

(2) 濫用行為／下請法上の禁止行為該当性

秘密保持実効化義務を課すこととの関係で問題となる類型である「利益提供要請」や「買いたたき」は、行為態様に相違はあるもの、いずれも「不当性」[6]

---

[4] http://www.jftc.go.jp/hourei.files/yuuetsutekichii.pdf
[5] 特に、「取引依存度」については、日本トイザらス㈱に対する件についての審決（公正取引委員会審決平成27・6・4）において、年間での取引依存度がわずか1パーセント未満であっても地位の優越性を認められているなど、当局の認定においては、必ずしも重視されていない可能性が高い点には十分に留意する必要がある。
[6] 下請法は、典型的な優越的地位の濫用行為を禁止行為として具体的に規定するとともに、その中でも返品（下請法4条1項1号）、下請代金の減額（同法4条1項3号）といった一部の行為については、当事者間で発注後に合意があった場合であっても、「下請事業者の責に帰すべき理由」がない限り禁止行為に該当するとしており、「正常な商慣習に照らして不当に」（独禁法2条9項5号柱書）という要件が定められている優越的地位の濫用よりも、違反行為の認定を容易にしている。しかし、秘密保持実効化義務を課すことに関して問題となり得る違反類型である「利益提供要請」や「買いたたき」は、これらには該当せず、いずれも「不当性」が要件として規定されており、優越的地位の濫用と同様に実質的な評価が必要と考えられる（下請法4条1項5号、4条2項柱書）。

が要件とされているので，以下では，「不当性」について検討する。

　ア　秘密保持実効化義務に関連して，優越的地位の濫用として，公正取引委員会による法的措置が取られた事案や，下請法違反として勧告がなされた事案は，現時点では確認できない。また公正取引委員会等（下請法については，中小企業庁を含む。）の作成した優越的地位の濫用や，下請法についてのガイドライン等（公正取引委員会・中小企業庁作成にかかる「下請取引適正化推進講習会テキスト」や，中小企業庁作成にかかる業種別ガイドラインを含む。）においては，秘密保持実効化義務を課すことが，優越的地位の濫用や下請法上の「不当」な行為に該当するかについて，具体的な記載は確認できない。

　　しかしながら，公正取引委員会のガイドラインや，従来の法運用からは，次のように考えることができる。

　イ　まず，優越ガイドラインにおいては，取引の相手方に不利益となる取引条件の設定一般について，「一般に取引の条件等に係る交渉が十分に行われないときには，取引の相手方は，取引の条件等が一方的に決定されたものと認識しがちである。よって，取引上優越した地位にある事業者は，取引の条件等を取引の相手方に提示する際，当該条件等を提示した理由について，当該取引の相手方へ十分に説明することが望ましい。」と指摘されており（優越ガイドライン第4の3(5)），これは，一般論として，取引条件等が一方的に決定された場合，不当な行為とされるおそれが高まる一方で，当該条件について取引の相手方へ十分に説明がなされている場合には，そのおそれが低下することを述べているものと考えられる。これを受けた優越ガイドラインにおける違反行為例の記載においても，「一方的」に行った行為であることが摘示されている（優越ガイドライン第4の3(5)ウ）。

　ウ　また，下請法における買いたたきに関しても，「公正取引委員会の下請代金支払遅延等防止法に関する運用基準」[7]（以下「下請ガイドライン」という。）において，「買いたたきに該当するか否かは，下請代金の額の決定に当たり下請事業者と十分な協議が行われたかどうか等対価の決定方法，差別的であるかどうか等の決定内容，通常の対価と当該給付に支払われる対価と

---

[7]　http://www.jftc.go.jp/shitauke/legislation/unyou.html

の乖離状況及び当該給付に必要な原材料等の価格動向等を勘案して総合的に判断する。」とされており（第4の5(1)），その中でも特に十分な協議の有無が，客観的に判断できる事情として重要と考えられている。

　　これらを秘密保持実効化義務について検討すると，十分な協議・説明の有無のほか，不利益の程度や，差別的取扱いの有無などが考慮要素となるものと考えられる。

エ　以上を要約すれば，秘密保持実効化義務を課すことにより，優越的地位の濫用や下請法違反の問題が現実的に生じるのは，秘密保持実効化義務を遵守することによって，取引の相手方に相当な負担が生ずるにもかかわらず，十分な説明・協議なく不相当に重い義務が課された，あるいは従前よりも負担が加重されたような場合であって，例えば対価の引上げ等のこれを正当化する事情もない場合と考えられる。

(3) 秘密保持実効化義務が問題となると想定される具体例

以上より，秘密保持実効化義務を課すことが，優越的地位の濫用や，下請法違反を構成するおそれが現実的にある場合として想定されるケースとしては，地位の優越性または下請法上の資本金要件が満たされる場合であって，例えば，

① 秘密保持実効化義務を遵守することによって，相当な費用負担が生ずる
② 十分な説明・協議なく義務が課された／従前よりも負担が加重された
③ これを正当化する特段の事情もない

という各事情を満たす場合などが考えられる。

このうち，②については，例えば，取引先に相当の負担を生じる秘密保持実効化義務を新たに課したり，または，取引先に相当の負担を生じる秘密保持実効化義務の変更を行ったりする場合に，十分な事前説明・協議なく，委託の対価を据え置いたようなときや，取引先から負担が重いとして秘密保持実効化義務の軽減や，費用負担を求められたにもかかわらず，協議に応じなかったときなどには，違反のおそれを生じるものと考えられる。また，そもそも秘密保持実効化義務の前提となる秘密保持義務自体が，その対象や期間等の規定内容において不合理である場合や，秘密保持義務自体は合理的であっても，それと秘密保持実効化義務との間に合理的関連性がない場合に，それにもかかわらず，

秘密保持実効化義務を遵守するための費用が対価決定に際して考慮されていないような場合には，取引先が真に納得して条件を受け入れたとは考えにくいため，十分な説明・協議なく義務が課されたものとして，違反のおそれが高まるものと考えられる。

　もっとも，一般論としては，秘密保持実効化義務を課すことで，義務を課した者が何らかの経済的利得を得るという関係にはないことが通常であると考えられるため，あえて不合理な内容の秘密保持実効化義務を課す動機が通常はないと考えられる。したがって，通常は，秘密保持実効化義務の内容は合理的であり，優越的地位の濫用や，下請法違反となる可能性は低いものと考えられる。一方で，秘密保持実効化義務として，例えば，自ら提供している有償のセキュリティシステムの導入を義務付けるなど，秘密保持実効化義務を課す者に経済的利得が生じる場合には，優越的地位の濫用や，下請法違反となる可能性が高まると考えられる。

4．優越的地位の濫用，下請法違反の秘密保持実効化義務規定の効力

　秘密保持実効化義務を課すことが，優越的地位の濫用や下請法違反に当たる場合，それらの義務の私法上の取扱いは次のように考えられる。

　まず，判例上，独禁法違反の契約条項も，その契約が公序良俗に反するとされるような場合は別として，強行法規に違反するとの理由で直ちに無効と解すべきではないとされている（最判昭和52・6・20民集31巻4号449頁）。しかしながら，競争秩序は基本的な私法上の秩序を構成しており，独禁法違反となるような条項は，公序良俗にも反し，私法上も無効となることが原則的な取扱いであると考えられる（根岸哲編『注釈独占禁止法』（有斐閣，2009年）108頁）。したがって，秘密保持実効化義務が，優越的地位の濫用や，下請法違反に当たる場合には，取引先がかかる義務に違反していたとしても，それに基づいて契約の解除等の不利益な取扱いを行うことはできないと考えられる。

　また，優越的地位の濫用に該当する行為を行って相手方に不利益を与えた場合には，不法行為（民法709条）を構成すると考えられる（秋吉信彦「民事訴訟における優越的地位の濫用」ジュリ1442号56頁）。

5. 設問についての考え方

　取引先との間の契約において、秘密保持実効化義務を課すことは、通常は、問題ないことが多いと考えられるものの、一定の場合に、優越的地位の濫用や下請法違反となる余地があることは否定できない。そこで、一定の場合（商品・役務を継続的に調達する取引である場合や、下請法上の資本金要件等を満たし、下請法が適用される場合等）には、秘密保持実効化義務を合意するに当たり、それによる相手方の負担の程度、義務を課す目的に照らして相当な負担か等を考慮し、事前に相手方に十分な説明を行い、相手方において新たに負担が発生するような場合には、対価等の取引条件の見直しも含めて協議を行うことが適切であると考えられる。

Q15　取引制限と競争法

秘密保持契約で独占供給義務や競業避止義務を定めて競業者との取引を制限することは，独禁法上問題ないか。

1．取引関係における秘密保持義務およびそこから派生する拘束条件

　取引において，一方が他方に対してノウハウ等の営業秘密その他の秘密情報を開示することが予定されている場合，あらかじめ秘密保持契約を締結することにより，開示した秘密情報の第三者への漏えいや，目的外利用を防止することが通常であるが，それにとどまらず，秘密情報の漏えいや，目的外利用に当たるおそれがある行為を一般的に禁止することもある。例えば，製造委託契約を締結する際に，委託者が受託者に対して，同種の製品の製造・販売を禁止する場合（競業避止義務）や，販売代理店契約を締結する場合に，メーカーが代理店に対して，当該メーカー品の競争品の取扱いや当該メーカーの競争者との取引を禁止する場合（排他条件付取引）などがこれに当たる。

　このように，取引先に対して，一定の義務を課してその事業活動を制限することを，ここでは「拘束条件」と総称するが，このような拘束条件は，それが秘密保持義務を担保する目的でなされるものであっても，独禁法上違法となるおそれがある。

2．拘束条件の独禁法上の問題

(1)　拘束条件には様々なものがあるが，秘密情報の保護を担保する目的で課されるものは，競業避止義務や，排他条件付取引が多いと考えられるので，本文ではこれらを念頭に検討を進める。これらの拘束条件を課す行為は，①一定の取引分野における競争を実質的に制限する場合（以下「競争の実質的制限」という。）には私的独占として（独禁法3条前段，2条5項），それに至らない場合であっても，②公正な競争を阻害するおそれ（以下「公正競争阻害性」という。）がある場合には不公正な取引方法のうち，排他条件付取引や拘束条件付取引，（独禁法19条，2条9項6号ニ，一般指定11項，12項）として禁止される。

なお，本項では割愛するが，競業避止義務や排他条件付取引を行う事業者が競争事業者である場合には，不当な取引制限（独禁法3条，2条6項）となるおそれもある。不当な取引制限についてはQ16及びQ17も参照されたいが，特に，競業避止義務は，事業活動を包括的に制限するものであるため，事業活動の制限行為の中でも，不当な取引制限となるリスクは高いと考えられる。そのため，競争事業者間において競業避止義務を課すに当たっては，その目的，手段，市場における競争に与える影響等を事前に十分に検討する必要がある。さらに，このような義務を課すことが，独禁法上の不公正な取引方法のうち，優越的地位の濫用（独禁法19条，2条9項5号）に該当することもある。

以下，上記①および②の点について詳述する。

(2) 私的独占

私的独占とは，事業者が，いかなる方法をもってするかを問わず，他の事業者の事業活動を排除し，または支配することにより，公共の利益に反して，一定の取引分野における競争を実質的に制限することをいうとされている（独禁法2条5項）。この，「一定の取引分野における競争を実質的に制限すること」を指して「競争の実質的制限」と一般的に称しているが，「競争の実質的制限」とは，「競争自体が減少して，特定の事業者又は事業者集団がその意思で，ある程度自由に，価格，品質，数量，その他各般の条件を左右することによって，市場を支配することができる状態をもたらすこと」をいうとされている（東京高判昭和28・12・7判時19号11頁）。いかなる状況下で，このような状態がもたらされるかは，対象商品・役務に係る市場全体の状況，行為者および競争者の市場における地位，行為の期間および商品の取引額・数量，行為の態様等を総合して判断されることになるが，客観的な指標としては行為者の市場シェアが重要であり，公正取引委員会のガイドラインである「排除型私的独占に係る独占禁止法上の指針[1]」においては，公正取引委員会が優先的に審査を行う案件として，供給する商品のシェアがおおむね50パーセントを超えることを挙げている。また，公正取引委員会が，近年，単独行為による私的独占として法的措置を講

---

1 http://www.jftc.go.jp/dk/guideline/unyoukijun/haijyogata.html

じた事案においても，当事者が関連する市場において，70パーセント以上のかなり高いシェアを有することが認定されている（公正取引委員会審判審決平成19・3・26〔東日本電信電話㈱に対する件〕，同審判審決平成18・6・5〔ニプロ㈱に対する件〕，同勧告審決平成17・4・13〔インテル㈱に対する件〕等参照）。

　したがって，市場におけるその供給する商品・役務のシェアが，少なくとも50パーセント超の相当なシェアを有する事業者が，価格等の取引条件をある程度自由に操作できるようになることにつながるような，他の事業者を排除または支配する行為を行うことは，私的独占として違法となる。

(3)　不公正な取引方法（排他条件付取引，拘束条件付取引）

　不公正な取引方法における要件である「公正競争阻害性」とは，「一般的には公正な競争秩序に悪影響を及ぼすおそれをいう」などとされているが（東京地判平成23・10・18），排他条件付取引，拘束条件付取引についてみれば，上記(2)の競争の実質的制限よりは競争に与える影響は弱いが，一定の悪影響を生じる場合と考えられる。公正競争阻害性も，競争の実質的制限と同様に，諸要素の総合衡量により判断されるものではあるが，公正取引委員会の「流通・取引慣行に関する独占禁止法上の指針[2]」（平成28年5月27日改正）においては，秘密保持義務との関係で問題となり得るような排他条件付取引や拘束条件付取引については，「有力な事業者」が行い，それによって競争者の取引の機会が減少し，他に代わり得る取引先を容易に見いだすことができなくなるおそれがある場合（以下「他者排除」という。）には違法となるとされている。「有力な事業者」に当たるか否かについては，当該市場におけるシェアが20パーセント超であることが一応の目安であるとされており，「有力な事業者」によるものではない場合には，通常は違法とはならないとされている。

　公正取引委員会が，近年，単独で行われた他者排除につながる行為について不公正な取引方法として法的措置を命じた事案では，当事者が関連する市場において，30パーセント以上や市場において第1位などのかなり高いシェアを有するか（公正取引委員会排除措置命令平成23・6・9〔㈱ディー・エヌ・エーに対する件〕，

---

[2]　http://www.jftc.go.jp/dk/guideline/unyoukijun/ryutsutorihiki.html

同審判審決平成21・2・16〔㈱第一興商に対する件〕等参照），市場シェアは低くとも特定の需要者層が選択し得る商品・役務のほぼ全てを供給していることが認定されている（公正取引委員会勧告審決平成16・4・12〔東急パーキングシステムズ㈱に対する件〕等参照）。

　したがって，競争の実質的制限に至らない場合であっても，市場におけるその供給する商品・役務のシェアが，少なくとも20パーセント超の事業者が，他者排除につながり得る行為を行うことは，不公正な取引方法として違法となるおそれがあるが，多くの場合，現実的にリスクが高まるのは30パーセントを超える場合や，特定の需要者層に限れば高いシェアを有する場合などであろうと考えられる。

(4)　独禁法違反行為の私法上の効力

　拘束条件を課す行為が，上記のような独禁法違反に該当する場合であっても，直ちに私法上も無効となるものではないとされているが，通常は，公序良俗違反（民法90条）として無効となるものと考えられるし，これによって損害を生じた場合には，不法行為（民法709条）となると考えられる。

3. 秘密情報の保護を目的とする行為に対する独禁法上の評価

(1)　考え方

　秘密情報の保護を目的として行われた行為であることは，独禁法上，どのように評価されるかについては，競争の実質的制限や公正競争阻害性の意義についての考え方にもよるものの，私的独占や，拘束条件付取引・排他条件付取引との関係では，通常であれば競争の実質的制限や，公正競争阻害性を認め得る競争制限効果を生じている場合であっても，なお，行為の違法性を否定する事由（以下「正当化理由」という。）として評価され得るものと考えられる。

　すなわち，最高裁判例上，メーカーが小売店に対して対面販売を義務付けた行為が拘束条件付取引に該当するかが問題となった事例において，「メーカーや卸売業者が販売政策や販売方法について有する選択の自由は原則として尊重されるべきであることにかんがみると，これらの者が，小売業者に対して，商品の販売に当たり顧客に商品の説明をすることを義務付けたり，商品の品質管

理の方法や陳列方法を指示したりするなどの形態によって販売方法に関する制限を課することは、それが当該商品の販売のためのそれなりの合理的な理由に基づくものと認められ、かつ、他の取引先に対しても同等の制限が課せられている限り、それ自体としては公正な競争秩序に悪影響を及ぼすおそれはなく、一般指定の13にいう相手方の事業活動を『不当に』拘束する条件を付けた取引に当たるものではないと解することが相当である。」として、メーカーが販売政策や販売方法について有する選択の自由が、正当化理由となることを認めたと考えられるものがあり（最判平成10・12・18判時1664号14頁）、秘密情報の保護目的も、場合によっては、正当化理由となり得るものと考えられる。

もっとも、公正取引委員会の、「知的財産の利用に関する独占禁止法上の指針[3]」の第4の4(4)において、例えば、「技術がノウハウ[4]に係るものであるため、当該制限（著者注：競争者との取引制限）以外に当該技術の漏洩又は流用を防止するための手段がない場合には、秘密性を保持するために必要な範囲でこのような制限を課すことは公正競争阻害性を有さないと認められることが多いと考えられる。」と述べられているように、正当化理由と認められるためには、目的の正当性と、手段が正当な目的を実現するために合理的に必要とされる範囲内のものであること（手段の相当性）が必要であると考えられる（白石忠志『独占禁止法（第2版）』（有斐閣、2009年）88頁以下）。

(2) **目的の正当性について**

目的の正当性という点からは、そもそも、秘密保持義務の対象となっているノウハウ等が、保護に値するものかどうかという点が問題となる。

この点、具体的な秘密情報の内容に照らして、保護すべき必要性がなければならず、抽象的に何らかの秘密情報が開示されているということだけで、目的の正当性が認められるものではないと考えられる。前述の最高裁判例でも商品の特性等から特定の販売方法を採ることの合理性を導いており、取引の具体的

---

[3] http://www.jftc.go.jp/dk/guideline/unyoukijun/chitekizaisan.html
[4] 同指針は、知的財産権のうち技術にかかるものについての指針であるが、同指針において「ノウハウ」として保護される技術とは、「非公知の技術的知識と経験又はそれらの集積であって、その経済価値を事業者自らが保護・管理するものを指し、おおむね、不正競争防止法上の営業秘密のうちの技術に関するものがこれに該当する。」とされている。

な性質に照らして目的の正当性を検討している。

また，まさに秘密保持を目的とした拘束行為が問題となった大阪地判平成18・4・27判時1958号155頁では，特定の製品の製造委託契約に伴う類似物の製造禁止について，当該委託製造物に関するノウハウを具体的に指摘した上で，当該ノウハウを保持するための類似物の製造禁止について，不当な取引制限には該当しないとしている。

(3) 手段の相当性について

ア 拘束の内容

秘密保持義務の対象となっているノウハウ等の秘密保持を担保する目的で拘束条件を課す以上，具体的に課されている拘束条件が，秘密保持義務を担保するために合理的に必要とされる範囲内のものであることが必要となる。

例えば，ノウハウの保護を目的として，製造委託先に対して，同種製品の製造・販売を禁止する場合であっても，当該ノウハウを用いずとも容易に同種製品を製造でき，かつ，製造委託先が従前からそのような製品を製造してきていたような場合に，新たに製造委託を実施するに際して広範に同種製品の製造・販売を禁止することは，手段の相当性を欠くとされるおそれがある。

また，前掲の最高裁判例では拘束行為が非差別的に適用されていることが正当化理由を判断する際に考慮されていることからすれば，拘束条件が差別的に課されており，ノウハウ等の秘密保持を担保する手段として徹底されていない場合には，手段の相当性が認められない可能性が高くなると考えられる。

イ 拘束の期間

公正取引委員会の「知的財産の利用に関する独占禁止法上の指針[5]」第4の4(4)によれば，ノウハウ保護のために，必要な範囲で競争品の製造を禁止する等の拘束条件を課すことは，一般的には，契約期間中および終了後短期間であれば問題とならないことが多いが，契約終了後長期間にわたって制限を課すことは問題となるおそれが高いことになる。公正取引委員会の「共同研究開発に関する独占禁止法上の指針[6]」においても，「共同研究開発終了後についての研究

5　http://www.jftc.go.jp/dk/guideline/unyoukijun/chitekizaisan.html
6　http://www.jftc.go.jp/dk/guideline/unyoukijun/kyodokenkyu.html

開発の制限は、基本的に必要とは認められず、参加者の研究開発活動を不当に拘束するものであるので、公正競争阻害性が強いものと考えられる。ただし、共同研究開発終了後の合理的期間に限って、同一又は極めて密接に関連するテーマの第三者との研究開発を制限することは、背信行為の防止又は権利の帰属の確定のために必要と認められる場合には、原則として公正競争阻害性がないものと考えられる。」と、同様の考え方が示されている。

4. 設問についての考え方

　取引先との契約で、独占供給義務や競業避止義務を定めて競業者との取引を制限することは、独禁法違反となる場合があると考えられるが、秘密情報の保護を目的とする場合には、正当化理由が認められ、違法性が否定される可能性があると考えられる。

　正当化理由の有無は、目的の正当性と手段の相当性によって個別具体的に判断されるが、特に、取引終了後の長期間にわたる拘束は、正当化されない可能性が高いと考えられる。

Q16 共同開発成果の取扱いと競争法

共同研究開発契約において開発成果を秘密とするために，共同成果物の使用を制限することや，ノウハウを供与して開発してもらった製品について独占供給を定めることは，独禁法上問題ないか。

1．共同研究開発と秘密の保持

複数の事業者が共同して研究開発を行う場合，共同研究開発の成果を参加者間で独占するため，様々な取決めがなされるのが通常である。その方法としては，共同研究開発の成果である発明等の技術上等の情報について秘密保持義務を課し，また，それらについての知的財産権の帰属を定めることが最も直接的であるが，それにとどまらず，共同研究開発参加者間で，その成果である技術を用いた製品の販売先を制限したり，同一テーマでの独自のあるいは他の第三者との共同研究開発を制限したりすることなど（以下「参加者間の制限行為」という。）により，それを担保しようとすることもある。このような，共同研究開発に伴う制限行為は，独禁法上問題となる場合がある。

2．共同研究開発における参加者間の制限行為

共同研究開発の参加者間の制限行為は，そもそもの目的が，共同研究開発の成果を参加者間で独占するという目的で行われるものであるため，公正かつ自由な競争を実現しようとする独禁法とは，緊張関係がある。もっとも，共同研究開発には，有限の事業者の開発資源を集約して研究開発力を高めることで個々の共同研究開発参加者の競争力を高め，ひいては，より質の高い製品を安価に供給することにつながるという競争促進的な側面があるといえるのであって，このような効果を持つ共同研究開発の実施やそれへの参加のインセンティブを付与するために，一定の範囲で共同研究開発の成果を参加者間で独占させること自体が，直ちに独禁法の目的に反するわけではない。したがって，個々の参加者間の制限行為が独禁法違反となるかを判断するに当たっては，具体的事案ごとに，それによってもたらされる競争促進的な効果と，競争制限的な効

果を比較衡量し，競争の実質的制限あるいは公正競争阻害性といった競争への悪影響が生じるか否かを判断することになる。

　この点，共同研究開発と独禁法の関係については，公正取引委員会によって，「共同研究開発に関する独占禁止法上の指針」[1]（以下「共同研究開発ガイドライン」という。）が示されている。

3. 共同研究開発の類型と参加者間の制限行為

　独禁法上の問題を検討する観点からは，共同研究開発は次のように分類することができる。

(1) 競争事業者間（水平関係）の共同研究開発

　ア　不当な取引制限（独禁法3条，2条6項）の問題

　(ア)　共同研究開発自体の問題

　競争事業者間（水平関係とも呼ばれる。）の共同研究開発においては，本来的には研究開発自体が事業者間の競争の下で行われるのが通常の状態であるため，共同でこれを行うこと自体が独禁法上の問題を生じる可能性がある。特に，最終製品の製造に直結する開発研究が，一定の取引分野における市場占有率の高い事業者間で行われた場合などは，不当な取引制限として違法となるおそれがある。このため，このような共同研究開発を実施する際には，事前に，独禁法上の観点から十分な検討が必要である[2]。

　(イ)　共同研究開発に付随する参加者間の制限行為の問題

　例えば，共同研究開発の成果物たる製品について，部品の製造はA社が，それを用いた製品の製造はB社がそれぞれ行うこととし，それを担保するために

---

[1]　http://www.jftc.go.jp/dk/guideline/unyoukijun/kyodokenkyu.html
[2]　この点については，秘密保持の問題とは直接関係ないため，詳細は割愛するが，共同研究開発ガイドラインにおいては，製品市場において競争関係にある事業者間で行う当該製品の改良または代替品の開発のための共同研究開発についていえば，参加者の当該製品の市場シェアの合計が20％以下である場合には，通常は，独禁法上問題とならず，それを超える場合においても，これをもって直ちに問題となるというわけではなく，①参加者の数，市場シェア等，②研究の性格，③共同化の必要性，④対象範囲，期間等の各事項を総合的に勘案し，競争促進の効果を考慮しつつ，技術市場または製品市場における競争が実質的に制限されるか否かによって判断されるとされている（第1の2）。

販売先の制限や調達先の制限を課し，このような制限を課す理由として，共同研究開発の成果についての秘密保持目的が掲げられる場合がある。このような行為は，結果的に，競争者間で製造の分担や，販売先の分担を合意しているものであるおそれがあり，その場合には，不当な取引制限となるおそれがある。すなわち，一般的には，共同研究開発参加者間で，その成果について秘密保持義務を課すこと自体は，通常は独禁法上の問題を生じないと考えられるが（共同研究開発ガイドライン第２の２(1)③），結果的に，競争者間で製造の分担や，販売先の分担を行うこととなるような拘束行為を行う場合，そのような行為は共同研究開発者間での競争を回避し，価格を維持するものであって，秘密保持目的は単なる名目上のものにすぎないとされ，不当な取引制限となるおそれがある。

したがって，単なる秘密保持義務を超えて，それを担保するために共同研究開発参加者の行為に制限を課すような合意をする場合には，それによって生じる価格の維持などの競争制限効果の有無，程度や，制限を課すことに正当化理由があるかについての慎重な検討が必要である。なお，正当化理由とは，通常であれば競争の実質的制限や公正競争阻害性を認め得る競争制限効果が生じている場合であっても，正当な目的に基づく行為であり，かかる目的を実現するために合理的に必要とされる範囲内の行為である場合には，行為の違法性が否定されると考えられているものである（Q15参照）。

イ　共同ボイコット（独禁法19条，２条９項１号）等の問題

参加する競争事業者の市場占有率が高い共同研究開発の場合，共同研究開発の成果の独占を通じた競争者の排除という問題も生じ得る。すなわち，共同研究開発の内容や目的に鑑みて，共同研究開発の成果が，市場において競争する上で重要性が高くなることが予想される場合や，実際にそのような成果が生じた場合には，共同研究開発への参加を制限し，非参加者に対しては共同研究開発の成果へのアクセスを制限するようなことがなされると，参加者は軽い負担で重要な成果を利用することができる一方で，非参加者は，独力でそのような成果を生み出さなければならなくなり，競争上著しく不利な立場に立つことになる。特に，共同研究開発の成果が標準化された技術に結びついているような場合には，成果へのアクセスを制限されることによる不利益は大きくなる。したがって，そのような場合に，正当な理由なく成果へのアクセスを制限する行

為は，共同ボイコットや，私的独占（独禁法3条，2条5項）として問題となるおそれが高い。共同研究開発ガイドラインにおいても，「参加者の市場シェアの合計が相当程度高く，規格の統一又は標準化につながる等の当該事業に不可欠な技術の開発を目的とする共同研究開発において，ある事業者が参加を制限され，これによってその事業活動が困難となり，市場から排除されるおそれがある場合に，例外的に研究開発の共同化が独占禁止法上問題となることがある」とされている（第1の2(2)）。

　もっとも，この場合も，共同研究開発ガイドラインにおいても「例外的に」とされているように，問題となるのは，共同研究開発の成果へのアクセスが制限されることにより，事業者の市場における事業活動が困難となるような限定的な場合において，例えば合理的な費用を支払った上での共同研究開発の成果へアクセスすら許容しないなど，不当にアクセスを制限するケースであり，アクセスを許容された事業者に対して秘密保持義務を課すこと自体は，通常は問題とならない。また，第三者に共同研究開発の成果である秘密情報を開示し，またはその利用を許諾するのに際して，一定の対価の支払いを求めることも，合理的な範囲であれば許容されると考えられる（共同研究開発ガイドライン第2の2(2)ア）。

(2) 取引事業者間（垂直関係）の共同研究開発

　例えば，部品メーカーと製品メーカー，メーカーと小売業者など，取引関係（垂直的な関係）にある事業者間で，共同研究開発が行われる場合，競争事業者間における共同研究開発における参加者間の制限行為とは異なる競争法上の問題を生じる。

　このような共同研究開発においては，共同研究開発品について販売先を制限する，仕入先を制限する，使用する原材料を制限するなどの合意がなされ，その目的として，共同研究開発の成果であるノウハウ等の秘密の保護という目的が掲げられることが多くある。このような，共同研究開発の成果であるノウハウ等の秘密について，共同研究開発参加者間で秘密保持義務を課すこと自体は，通常，独禁法上の問題を生じるものではないが，単なる秘密保持義務を超えて，一定の取引上の制限を行うことは，独禁法上問題となるおそれがある。

この点，共同研究開発ガイドラインにおいては，成果であるノウハウの秘密性を保持するために必要な場合に，合理的な期間に限って，成果に基づく製品の販売先および原材料または部品の購入先を，他の共同研究参加者に制限することは，原則として不公正な取引方法とならないとされている。ここでいう「合理的な期間」とは，リバースエンジニアリング等によりその分野における技術水準からみてノウハウの取引価値がなくなるまでの期間，同等の原材料または部品が他から入手できるまでの期間等により判断されるとされている（第2の2(3)ア）。

(3) 異業種間等上記以外の共同研究開発

上記のいずれにも当てはまらない，全くの異業種間で，共同研究開発が行われる場合もある。このような場合，通常は，共同研究開発を行うこと自体が独禁法上の問題を生じることはないが，このような異業種間の共同研究開発が成功に終わり，新たな製品が生み出された場合には，結果的に，共同研究開発参加者が，競争関係に立ったり，取引関係に立ったりすることとなる場合があり，その場合には，上記(1)または(2)と同様の独禁法上の問題を生じることがある。

4．共同研究開発における参加者間の制限行為についてリスク判断方法

上述のとおり，共同研究開発の参加者間で，秘密保持を実効化するために行われる参加者間の制限行為については，独禁法違反行為となる余地がある。

その判断に当たっては，理論上は，まず当該行為による競争制限効果を検討し，それが独禁法違反となり得る程度である場合には，秘密保持目的という理由で正当化し得るかという正当化理由の検討を行うことになる。

しかしながら，競争制限効果は様々な要素から総合的に判断されるものであって評価が難しい上に，共同研究開発を開始する段階では，どのような成果物が生じるか，将来の市場の状況も明らかではないため，競争制限効果について判断することは困難な場合が多い。このため，実務的には，共同研究開発に関連して販売先の制限等の類型的に競争制限効果が大きいと考えられる結果をもたらす行為を行う予定である場合または行っている場合には，それらの制限行為が，仮に通常であれば競争の実質的制限や，公正競争阻害性を認め得る

程度の競争制限効果を生じる場合であっても正当化理由が認められるものか，言い換えれば，秘密保持目的等の正当な目的のために必要な制限と認められるものかという点のみを評価し，リスクを判断せざるを得ない場合も多い。そして，その検討においては，目的の正当性，手段の相当性が重要な検討事項となる。

なお，共同研究開発における参加者間の制限行為は，単なる成果についての秘密保持義務の担保目的にとどまらず，成果を実施しない共同研究開発参加者の経済的利益保護という目的を併せ持つこともあると考えられる。例えば，特定の製品について，当該製品類の供給業者Aとその原材料の供給業者Bが共同研究開発を行い，Aが共同研究開発の成果を用いて製品を製造する場合に，原則としてBからのみ原材料を調達するように義務付ける場合（排他的調達義務／排他的供給権）などがこれに当たり得る。そのような目的が併存する場合，秘密保持目的等の正当な目的があったとしても，過度に長期間の制限がなされるなど，手段の相当性が認められる範囲を超えて制限が課されてしまい，結果的に独禁法違反となるおそれもある点に留意する必要がある。

5. 設問についての考え方

共同研究開発の参加者間で，その成果について秘密保持義務を課すこと自体が独禁法違反行為となることは通常はないが，かかる秘密保持義務を実効化するという名目で行われる参加者間での制限行為については，一定の場合に，独禁法違反行為となるおそれがある。

そして，そのリスクの程度は，水平関係，垂直関係といった共同研究開発の類型や，参加者の市場シェア等の市場における地位等に応じて異なり定量的な判断は難しい。このため，実務上の事前のリスク判断においては，制限行為の根拠となっている事項が正当化理由と認められるかどうか，すなわち目的の正当性と手段の相当性が認められるか否かが，大きな考慮要素となる場合が多いと考えられる。

Q17 競争事業者・取引先への非公開情報の開示と競争法

競争事業者や取引先との間で，営業秘密等を含む非公開情報を開示し，または，開示を受けることは，独禁法上問題ないか。

1. 事業者間での非公開情報の授受

通常，営業秘密等の非公開情報は，事業者にとっての競争力の源泉であるため，取引先や競争事業者には開示されないものである。しかし，例えば，業務提携を行う場合や，事業統合に向けてデューディリジェンスを行う場合，あるいは，業界の動向調査等様々な目的で，営業秘密を含む非公開情報を開示し，あるいは開示を受けること（以下「交換」と総称するが，必ずしも相互に開示しあうことが必要なわけではない。）がある。

このような非公開情報の交換による独禁法上の問題を，以下，競争事業者間での非公開情報の交換（下記2）と，非競争事業者間の非公開情報の交換（下記3）とに分けて検討する。

2. 競争事業者間の非公開情報の交換
(1) 不当な取引制限

競争事業者間で非公開情報の交換を行うことについて独禁法上生じ得る問題として，不当な取引制限（独禁法3条，2条6項）が挙げられる。

　ア　不当な取引制限を疑われるリスク

不当な取引制限の典型例としては，談合，価格カルテル，市場分割等が挙げられるが，これらの行為を行う場合，違反行為者間で，不当な取引制限となる合意に基づく行為を実行し，あるいは，他の不当な取引制限の共同行為者が当該合意に従っていることを監視するために，価格，生産量，取引先などの，通常は交換されない事業戦略上重要な情報がやり取りされることが多い。反対に，不当な取引制限を行う目的がなければ，敢えて競争事業者に対してこのような情報を提供する理由は通常はない。

したがって，競争事業者間でこのような情報が交換されていること自体が，

客観的に見て，不当な取引制限を行っていることを疑わせるおそれがある。
　イ　不当な取引制限となるリスク
　また，不当な取引制限を行うためになされた情報交換ではなかったとしても，このような情報を相互に保有することによって，各事業者が競争回避的な行動をとることが容易になる。このような効果をもたらす情報交換は，黙示の意思の連絡に基づく不当な取引制限と評価されるおそれがある。
　東京高判平成7・9・25判タ906号136頁〔東芝ケミカル事件〕においても，不当な取引制限が成立するためには，複数事業者が対価を引き上げるに当たって，相互の間に「意思の連絡」があったと認められることが必要であると解されるところ，かかる意思の連絡は，相互に他の事業者の対価の引上げ行為を認識して，暗黙のうちに認容することで足りると解するのが相当であるとした上で，「特定の事業者が，他の事業者との間で対価引上げ行為に関する情報交換をして，同一又はこれに準ずる行動に出たような場合には，右行動が他の事業者の行動と無関係に，取引市場における対価の競争に耐え得るとの独自の判断によって行われたことを示す特段の事情が認められない限り，これらの事業者の間に，協調的行動をとることを期待し合う関係があり，右の『意思の連絡』があるものと推認されるのもやむを得ないというべきである。」と判示されている。
　ウ　事業者団体を通じた場合
　このような情報の収集，共有は，事業者団体の活動を通じて行われる場合もあるが，その場合であっても，同様に独禁法上のリスクが生じる。公正取引委員会「事業者団体の活動に関する独占禁止法上の指針」[1]においても，競争事業者間において，現在または将来の事業活動に係る価格等重要な競争手段の具体的な内容に関して，相互間での予測を可能にするような効果を生ぜしめるような情報交換を行うことは独禁法違反となるおそれがあるとされているほか，そのような情報交換を通じて事業者間に競争制限に係る暗黙の了解もしくは共通の意思が形成され，またはこのような情報活動が手段・方法となって競争制限行為が行われるに至れば，不当な取引制限に当たるとしている（第二の9）。

1　http://www.jftc.go.jp/dk/guideline/unyoukijun/jigyoshadantai.html

エ 不当な取引制限に対する制裁

不当な取引制限に対しては，公正取引委員会が，排除措置命令を行い，課徴金の納付を命じる（独禁法7条，7条の2）ほか，刑事罰の対象にもなっている（同法89条，95条）。また，不当な取引制限によって損害を生じさせた場合には，不法行為に基づく損害賠償請求が認められる。

不当な取引制限に当たる行為によって，日本国外の市場に悪影響を生じさせた場合には，他国の競争法にも違反するおそれがあり，そのような場合には，制裁を受けることのみならず，調査に対応すること自体が，多大な負担となる。

(2) **不当な取引制限が問題となり得る情報**

非公開情報の交換によるリスクという観点で言えば，あらゆる情報の交換が独禁法上の問題を生じさせるわけではなく，独禁法上の問題を生じ得る情報であっても，そのリスクの程度には個々の情報ごとに差異がある。また，当該事業者の取引形態に応じて，具体的にどのような不当な取引制限が行われ得るかも異なり，それに合わせて，交換することによって不当な取引制限を疑われ，あるいは不当な取引制限が容易になる情報も異なってくる。したがって，いかなる情報の交換が独禁法上のリスクを有するかは，取引実態に応じて検討する必要がある。以下，このような競争事業者間で交換することに独禁法上のリスクがある情報を「センシティブ情報」と称する。

ア 情報の種類

例えば，非公開情報である特定の取引先に対する販売価格を交換すれば，交換を受けた事業者が，それよりわずかに高い販売価格を当該取引先に提示することによって競争を回避するという調整を行うことが容易となるし，それよりわずかに低いが本来提示することができた価格より高い価格を提示することによって，本来行われていたはずの競争が制限されることになる。このため，非公開情報である販売価格の交換は，多くの取引形態において，談合や価格カルテル等に結びつく可能性が高く，また，そうでなくとも競争制限的な効果を生じるものであるため，リスクが極めて高いセンシティブ情報であると考えられる。

これに対して，同じ金額に関する情報であっても，製造原価や仕入原価の場

合には，販売面での談合や価格カルテル等に直結するものではないものの，販売価格を推認するに足りるものである場合も多く，また，そもそもそのような情報を不当な取引制限以外の目的で交換する理由が必ずしもあるとはいえないため，一般的には，リスクの高いセンシティブ情報であると考えられる。

　また，例えば，生産ラインの稼働率などの情報も，供給量を調整して価格維持を図る生産調整等に用いられる可能性があるし，販売先がどこであるかといった情報も，同一顧客に対する販売のバッティングを抑止するための顧客分割等に用いられ，あるいは結果的にそのような効果を生じるおそれが高いため，センシティブ情報に当たり得る。

　その他，入札や相見積もり等のいわゆるコンペによって受注が決定する取引形態の場合には，参加を予定しているコンペがどの案件であるかといった情報も，センシティブ情報に当たる。

　イ　情報の鮮度

　同じ種類の情報であっても，情報の鮮度は，センシティブ情報に当たるかどうかまたはセンシティブ情報であった場合の交換することによるリスクの程度（以下「センシティブ性」という。）について大きな影響を及ぼす。一般的に，将来の予定や見込みに関する情報は，センシティブ性が高くなる反面，相当程度過去の情報であれば，センシティブ性は低くなると考えられる。しかし，これらは機械的に判断されるわけではなく，将来の事業活動に与える影響の程度などを，個別に検討する必要がある。例えば，長期間にわたって価格変動が少ない商品であれば，相当程度過去の価格であっても，十分に，将来の談合や価格カルテル等に結びつく可能性があり，センシティブ性は高いといえる。

　ウ　情報の個別具体性

　同じ情報であっても，個別具体性の程度は，センシティブ性に大きな影響を及ぼす。例えば，取引先ごとに取引価格がばらばらであるような取引実態にある場合に，取引価格の平均額を入手したとしても，談合や価格カルテル等に結びつく可能性は高いとはいえず，センシティブ性は低いと考えられる。しかし，これらは機械的に判断されるわけではなく，将来の事業活動に与える影響の程度などを，個別に検討する必要がある。例えば，取引先ごとの取引価格の乖離が小さい場合には，平均額であっても十分に談合や価格カルテル等に結びつく

可能性があり，センシティブ性は高いといえる。

(3) 競争事業者間での情報交換が必要な場合の措置

　競争事業者間で，センシティブ情報を交換することは独禁法上のリスクがあるが，かかるリスクを踏まえても，なおセンシティブ情報の交換が必要な場合がある。例えば，M&Aの際に買収価格算定のためのデューディリジェンスを行う場合や，ノウハウのライセンスを含む業務提携を行う場合などである。また，一般論としては，競争事業者等の間の情報交換は，場合によっては市場の透明性を高め，競争を促進する効果もあり得ると考えられ，事業活動の効率性を高め，競争を促進するために，事業者団体活動などを通じてセンシティブ情報の交換が行われる場合もあり得る。

　そのような場合，センシティブ情報の交換が不当な取引制限と疑われることのないように，また，交換されたセンシティブ情報に基づいて不当な取引制限と認められるような競争制限的行為が行われるようなことのないように，十分な措置をとっておくことが適切である。

　この措置として一般的な手法は，情報管理の徹底である。具体的には，次のような措置によって，開示されたセンシティブ情報が不当に利用されることのないことを手続的に担保する方法を取ることが，リスク回避策として有効である。かかるリスク回避策は，情報を開示する側，および情報の開示を受ける側双方において取り組むべき事柄である。

① 　開示するセンシティブ情報は，目的のために必要なものに限定し，あるいは，目的を達成し得る範囲で個別具体性を低下させて（以下「抽象化」と総称する。）センシティブ性を低下させること

② 　センシティブ情報の開示を受ける人的範囲を，目的のために必要な範囲に限定し，受領したセンシティブ情報を不当な取引制限の目的で使用できる立場の役職員は開示対象から除外すること

③ 　開示を受けた情報の管理について，ファイアーウォールを設定し，対象者以外が情報にアクセスできないようにし，対象者以外に開示する場合には抽象化等のセンシティブ性を低下させる措置を講じること

　なお，センシティブ情報の開示者にとっては，一度開示された情報の管理は，

相手方において適切になされることを期待するほかない。そのため，開示対象にセンシティブ情報が含まれる場合には，上記の事項を盛り込んだ，適切な機密保持契約の締結および個々の関係者からの誓約書の取得により，開示情報が不当な目的で使用されることを防止することが重要である。

3．非競争事業者間の非公開情報の交換

　一般的には，非競争事業者との間では不当な取引制限は成立しないため，競争関係にない取引先にセンシティブ情報を開示したとしても，独禁法上のリスクは生じないことが多い。ただし，取引先といっても，例えば，競争事業者から部品の供給を受けている場合など，競争関係にも立つ場合もあり，そのような場合には，取引関係にあることだけをもって，競争事業者へのセンシティブ情報の開示のリスクがなくなるわけではない点に留意が必要である。

　また，取引先が競争事業者ではない場合であっても，競争事業者間の調整役を担っているような場合に，かかる取引先にセンシティブ情報を開示することは，不当な取引制限となるおそれがある。例えば，特定の入札に，同一メーカーの製品を取り扱う小売業者が複数参加した場合に，メーカーが参加小売業者間の入札の調整を行う可能性を認識して，メーカーに対して，入札案件や入札予定価格を開示する行為は，不当な取引制限となるおそれがある。

4．設問についての考え方

　競争事業者間において，センシティブ情報を交換することは，不当な取引制限のリスクを生じるため，当該情報によって，各競争事業者が，どのような競争回避的行動をとり得るかを事前に慎重に判断してリスクを検討する必要があり，センシティブ性の高いセンシティブ情報の開示または受領が必要な場合には，不当な取引制限のリスクを回避するため，情報管理の徹底が必要であると考えられる。

Q18 リバースエンジニアリングの禁止

> リバースエンジニアリングを禁止することは、どのような法的問題があるか。

1. リバースエンジニアリングとは

リバースエンジニアリングとは、既存の製品を調査・解析してその構造や製造方法などの技術を探知することであるとされ[1]、ソフトウェアのオブジェクトコードを解析してソースコードを作成するデコンパイルやアセンブリなどもリバースエンジニアリングの一種である。

2. リバースエンジニアリングの適法性

(1) 営業秘密

リバースエンジニアリングによって探知した情報が不競法の「営業秘密」に該当する場合[2]、リバースエンジニアリングが、不競法に定める不正競争行為、すなわち、不正取得行為（2条1項4号）に該当するかという問題がある。

この点について判断を示した裁判例は見当たらないが、学説上、リバースエンジニアリングは不正競争行為に該当しないと考えられている[3]。むしろ、リバースエンジニアリングは、技術の進歩のために必要なこととして産業財産法において積極的に認められるべきとの考えもある[4]。また、経済産業省は、営業秘密保護規定の立法当初からリバースエンジニアリングの取得は不正取得行為に該当しないという解釈を示しており、例えば、通産省「営業秘密」152頁に

---

1 公正取引委員会「ソフトウェアライセンス契約等に関する独占禁止法上の考え方―ソフトウェアと独占禁止法に関する研究会中間報告書」（平成14年3月20日）。
2 リバースエンジニアリングで取得可能であることで直ちに情報の非公知性を失うわけではない（Q8参照）。
3 リバースエンジニアリングによる情報の取得が不競法に定める営業秘密侵害に該当しない旨の解釈をとるものとして、山本庸幸『要説不正競争防止法（第4版）』（発明協会、2006年）150頁、鎌田薫「営業秘密の保護」判タ793号56頁などがある。
4 鎌田・前掲（注3）、宮脇正晴「リバース・エンジニアリングの容易性と営業秘密該当性」新・判例解説Watch Vol. 13 203頁以下。また、半導体集積回路の回路配置に関する法律12条2項は明文でリバースエンジニアリングを認めている。

においては「リバース・エンジニアリングは，自ら解析等を行うことによって情報を取得する行為であるため『窃取，詐欺，強迫』行為には該当しないし，『其ノ他ノ不正ナル手段』とは，窃盗罪，詐欺罪，恐喝罪等の刑罰法規違反行為に準ずるような公序良俗違反行為であることから，公の市場から購入した製品の解析・評価によって営業秘密を取得するような通常のリバース・エンジニアリングがこれに該当することはないと考えられる。」との解釈が示されている。また，「電子商取引及び情報財取引等に関する準則」（平成25年9月経済産業省）55頁でも，リバースエンジニアリングの不競法2条1項4号該当性について「リバースエンジニアリングによって情報を取得する行為については，不正の手段には該当しないと考えられる。」として，営業秘密侵害には該当しない旨の解釈が示されている。さらに，同準則のパブリックコメントで，同記載はリバースエンジニアリングによる情報取得が全く問題ないとの誤解を生む記載であって削除すべきとの意見が提出されたのに対して，経済産業省は「リバースエンジニアリングによって情報を取得する行為は，不正競争防止法2条1項4号にいう『不正の手段』に該当しないと考えられる。なお，ソフトウェアを機密保持特約付で購入した場合などでは，当該特約が有効である限りにおいて，特約違反を理由に債務不履行による差止請求の対象になるものと考えられる。」と改めてリバースエンジニアリングが不正競争行為に該当しない旨の見解が示されている[5]。

(2) 著作権侵害

リバースエンジニアリングが営業秘密侵害に該当しないとしても，ソフトウェア等の著作物を解析する場合には，別途著作権侵害の可能性に留意が必要である。この点，文化庁は，「文化審議会著作権分科会法制問題小委員会平成20年度中間まとめ」（平成20・10・1文化庁）において，リバースエンジニアリングについての基本的な考え方として「我が国の著作権法において，プログラムの調査・解析する場合に，一定の形態で調査・解析を行う場合には複製又は翻案に当たる可能性があると考えられる。現行法では，プログラムに関する権利

---

[5] http://www.meti.go.jp/policy/it_policy/ec/070330jyunsokupabukome.pdf

制限規定として47条の2があり，一定程度のプログラムの調査・解析は可能な場合があると考えられるが，同条は自らがプログラムをコンピュータにおいて利用するのに必要な限度でのみ認められる利用であり，プログラムの実行に必要な限度を超えた複製，翻案が存在する場合には同条では対応できないものと考えられる。」(23頁〜24頁) として，ソフトウェアのリバースエンジニアリングには著作権侵害が成立する可能性を指摘している。さらに，経済産業省の作成する「情報セキュリティ関連法令の要求事項」(2009年) 84頁でも「プログラム著作物について，たとえウイルス対策等の公益目的の解析であっても，現行規定の解釈上は，権利者に許諾なく複製や一部を改変する行為が生じている以上は著作権法第47条の2等の権利制限規定に該当しない限り，複製権や翻案権，同一性保持権と抵触する可能性は否定できない」としている。もっとも，プログラムの内容を知るための解析過程に複製・翻案行為が介在しても，必要な限度で，原則として著作権法上の複製・翻案ではないと解すべきとの見解もある[6]。

3．契約による禁止

(1) 契約による拘束

リバースエンジニアリングは不正競争行為に該当しないと考えられている一方で，リバースエンジニアリングによって技術情報を第三者に探知されることを防ぐため，契約において，リバースエンジニアリングの禁止を明記することが実務上行われている。契約自由の原則からすれば，かかる合意も原則として有効である[7]。

ただし，リバースエンジニアリングを禁止することによって競争を阻害するおそれがある場合には，独禁法違反の問題が生じ得る。

6　中山信弘『著作権法 (第2版)』(有斐閣，2014) 124頁。

7　鎌田・前掲 (注3) 57頁も，リバースエンジニアリングの適法性について，「当事者間の特約に違反すると評価される場合がある」としており，当事者間のかかる特約が有効であることを前提としている。また，大阪地判平成24・12・6裁判所HPも，製品の形状等に関する情報が営業秘密に当たるかについてこれを公知情報となっていると判断するに際して，当該製品が「顧客に特段の守秘義務を課すこともなく」長期間販売されていること等を説示している。

この点，公正取引委員会の「ソフトウェアライセンス契約等に関する独占禁止法上の考え方―ソフトウェアと独占禁止法に関する研究会中間報告書―」では，「リバースエンジニアリングは，技術の発展の促進に資する面を持つものであることから，ソフトウェアライセンス契約において，ライセンサーがライセンシーに対して，ライセンシーが当該ソフトウェアについてリバースエンジニアリングを行うことを禁止することは，ライセンシーの重要な競争手段である研究開発に係る事業活動を制限するものであり，ライセンシーによるソフトウェアの改良，開発を妨げるおそれがあると考えられる。」とし，他方，「ソフトウェア中のアルゴリズムその他の技術情報には，ノウハウが含まれる場合があり，ソフトウェアがオブジェクトコードで提供される場合において，当該ソフトウェア中のノウハウの保護のために，ライセンサーがライセンシーに対して，リバースエンジニアリングを行うことを禁止する場合があると考えられる。」としている。その上で，「例えば，プラットフォーム機能を持つソフトウェアのように，当該ソフトウェアとインターオペラビリティを持つソフトウェアやハードウェアを開発するためには，①当該ソフトウェアのインターフェース情報が必要であり，②ライセンサーが当該インターフェース情報を提供しておらず，③ライセンシーにとって，リバースエンジニアリングを行うことが，当該ソフトウェア向けにソフトウェアやハードウェアを開発するために必要不可欠な手段となっているような場合においては，リバースエンジニアリングを禁止することは，ソフトウェアにノウハウが含まれる場合があり，また，仮に外形上又は形式的には著作権法上の権利の行使とみられる行為であるとしても，著作権法上の権利の行使と認められる行為とは評価されず，独占禁止法が適用されるものと考えられる。」「ライセンサーがライセンシーに対して，リバースエンジニアリングを行うことを禁止することは，このような制限が課されることにより，ソフトウェアの製品市場又は技術市場におけるライセンシーの研究開発活動が阻害されるなど，当該ソフトウェアで利用可能な他のソフトウェア若しくはハードウェアの製品市場又はシステムインテグレーターなどが提供する当該ソフトウェアに関連したサービス市場における公正な競争が阻害される場合には，不公正な取引方法に該当し，違法となると考えられる（一般指定13項〔拘束条件付取引〕に該当）。」とされている。

ただし，かかる公正取引委員会の考え方は，ソフトウェア以外のリバースエンジニアリングについての考え方を示すものではないし，リバースエンジニアリングの禁止を一般的に問題視するものではない。秘密情報を保護する観点からの拘束条件も一定の範囲では許容され得る（Q15参照）。このことからすれば，ノウハウ保護の観点から行われるリバースエンジニアリングの禁止についても正当化される余地があろう。

4．設問についての考え方

リバースエンジニアリングは，原則として適法な行為であると考えられ，一方で，契約の相手方に対してリバースエンジニアリングを禁止することは実務上広く行われている。この点，ソフトウェアに係るリバースエンジニアリングについては，著作権侵害になる可能性があること，過度にリバースエンジニアリングを禁止することは独禁法の問題が生じる可能性があることに留意する必要があるものの，秘密情報を保護するために合理的なリバースエンジニアリング禁止条項を設けることが直ちに違法となる可能性は低いと考えられる。

3 秘密情報管理と従業員

Q19　就業規則における秘密保持義務

就業規則において，秘密保持の対象となる情報を「在職中に知得した一切の情報」と包括的に規定することは有効か。また，就業規則において，退職後の秘密保持義務を定めることは有効か。

1．従業員の秘密保持義務

　従業員は，労働契約の存続中は，その付随的義務の一種として，使用者の営業上の秘密を保持すべき義務を負っている[1]。例えば，東京高判昭和55・2・18労民集31巻1号49頁〔古河鉱業足尾製作所高崎工場事件〕は，「労働者は労働契約にもとづく附随的義務として，信義則上，使用者の利益をことさらに害するような行為を避けるべき責務を負うが，その一つとして使用者の業務上の秘密を洩らさないとの義務を負うものと解せられる。」と述べ，管理職でない労働者も秘密保持義務を負う旨判示した。また，東京地判平成15・9・17労判858号57頁〔メリルリンチ・インベストメント・マネージャーズ事件〕は，「従業員が企業の機密をみだりに開示すれば，企業の業務に支障が生ずることは明らかであるから，企業の従業員は，労働契約上の義務として，業務上知り得た企業の機密をみだりに開示しない義務を負担していると解するのが相当である。このことは，本件就業規則の秘密保持条項が原告に効力を有するか否かに関わらないというべきである。」と述べるほか，東京地判平成17・9・27労判909号56頁〔アイメックス事件〕は，「使用者，従業員相互が誠実に行動すべしとの要請に基づく付随的義務として，従業員が少なくとも雇用関係の存続期間中は，使用者の営業上の秘密を保持すべき義務を負うことは当然である。」と述べた上で，このような雇用契約の付随義務としての秘密保持義務に照らして，就業規則の秘密保持条項は，在職中の従業員が負うべき当然の義務を定めたものであるから，公序

1　菅野151頁。

良俗に反して無効であるということはできない旨判示した。

以上のとおり，一般に，従業員は，労働契約の付随的義務の一種として，使用者の営業上の秘密を保持すべき義務を負っているものの，就業規則や個別の契約・誓約書等によって，明示的に秘密保持義務を課すのが一般的であると考えられる。

2. 就業規則における秘密保持義務
(1) 就業規則の効力

まず，就業規則の法的拘束力について，最判昭和43・12・25民集22巻13号3459頁〔秋北バス事件〕は，「労働条件を定型的に定めた就業規則は，一種の社会的規範としての性質を有するだけでなく，それが合理的な労働条件を定めているものであるかぎり，経営主体と労働者との間の労働条件は，その就業規則によるという事実たる慣習が成立しているものとして，その法的規範性が認められるに至っている」と判示し，その後も，最判平成3・11・28判時1404号35頁〔日立製作所事件〕は，「当該就業規則の規定の内容が合理的なものである限り，それが具体的労働契約の内容をなす」と判示した。また，就業規則の効力発生要件について，最判平成15・10・10労判861号5頁〔フジ興産事件〕は，「就業規則が法的規範としての性質を有する（中略）ものとして，拘束力を生ずるためには，その内容を適用を受ける事業場の労働者に周知させる手続が採られていることを要するものというべきである」と判示した。

これらの判決を受けて，労働契約法7条は，「使用者が合理的な労働条件が定められている就業規則を労働者に周知させていた場合には，労働契約の内容は，その就業規則で定める労働条件によるものとする。」としている。したがって，就業規則は，その内容に合理性が認められ，かつ従業員に対して周知されている場合には，別段の合意がない限り，労働契約の内容になる。

(2) 就業規則における秘密の特定

ア　就業規則において秘密保持の対象となる情報を「在職中に知得した一切の情報」などと包括的に規定する場合があり，裁判例においてもかかる規定の有効性が直ちに否定されるものではない。

例えば，会社の労働協約に「懲戒解雇の基準は左の通り定める。…三，業務上重要な秘密を他に洩し又は洩そうとした者」，就業規則に，「左の各号に該当するときは懲戒解雇に処する。但し情状により譴責，減給又は出勤停止に処することがある。…六，業務上重要な秘密を社外に洩し又は洩そうとしたとき。」との規定があった事案で，工場の三カ年計画基本案をたまたま発見した従業員らが，政治団体の構成員である同社従業員らに対して当該計画を漏えいした事実を認定し，当該従業員らの懲戒解雇処分を有効とした裁判例がある（東京高判昭和55・2・18労民集31巻1号49頁〔古河鉱業足尾製作所高崎工場事件〕）。また，原告会社が，台湾出張中，台湾の同業者に対して技術指導する等して利益を得ていた元プラント部主任の（原告会社に懲戒解雇された）被告従業員等に対して，債務不履行または不法行為に基づく損害賠償請求をした事案で，原告会社の就業規則に会社の不利益になる事項および業務上の機密を漏えいしてはならない義務等が規定されていたことを認定した上で，被告従業員が大型の窯の建設のため台湾等の海外へ出張するに際しては，設計図面等の管理に万全を期し，窯に関する原告会社の業務上の秘密が漏えいしないように十分な注意を払うべき義務を負っていたのにこれに違反したとして，被告従業員の行為が債務不履行および不法行為を構成することを認めた裁判例が参考になる（ただし，損害との因果関係および損害額を証拠上認定できないものとして請求は棄却された。名古屋地判昭和61・9・29判時1224号66頁〔美濃窯業事件〕）。

イ　しかしながら，就業規則において秘密保持の対象となる情報を包括的に規定している場合，実際に従業員が秘密保持義務を負うべき情報の範囲は限定される場合があり得ると考えられる。

　例えば，直接的に従業員が秘密保持義務を負う範囲が問題となったものではないが，薬局の仕入れ，在庫管理等に使用する薬品リストの不競法上の営業秘密該当性が問題となった事案で，秘密管理性の有無について，会社の就業規則に，「社員は，会社の機密，ノウハウ，出願予定の権利等に関する書類，テープ，ディスク等を会社の許可なく私的に使用し，複製し，会社施設外に持ち出し，または他に縦覧もしくは使用させてはならない。」，「社員は，第13条第3項に定めるところの他，業務上機密とされる事項お

よび会社に不利益となる事項を他に漏らし、または漏らそうとしてはならない。社員でなくなった後においても同様とする。」という規定が置かれていたことについて、「当該規定はその対象となる秘密を具体的に定めない、同義反復的な内容にすぎず（かえって、例示として、『会社の機密、ノウハウ、出願予定の権利等に関する書類、テープ、ディスク』と規定していることからすれば、単なる一薬局の在庫管理上の情報にすぎない本件薬品リストは、就業規則上対象とされている事項に当たらないとも解される。）、（以下略）」と判示した裁判例がある（東京地判平成17・2・25判時1897号98頁）。

ウ　就業規則における秘密保持条項が問題となるのは、特定の情報を漏らしたりした場合に、その情報が、秘密保持条項の秘密保持の対象に含まれ、就業規則違反となるかという形である場合が多いと考えられる。そして、そのような場合において、その漏らした情報が明らかに重要な企業情報であったときなどは、秘密保持条項における秘密保持の対象が包括的ないし抽象的だからといって、秘密保持義務に違反しないこととなることは通常考え難い。

問題は、その漏らした情報が秘密保持の対象かどうか明らかでない場合であり、この場合には、秘密保持条項における秘密保持の対象が包括的ないし抽象的である場合には、その秘密保持の対象に含まれないと解される可能性が生ずる（前掲東京地判平成17・2・25参照）。

したがって、そのような場合に備えて、就業規則においては、秘密保持の対象を例示として列挙する場合も含めて具体的に規定しておくことが望ましいと考えられる（ただし、明らかな公知情報をも含めて定めたりする場合には、当該情報はもちろんのこと秘密保持条項全体の解釈にも悪影響を与えかねない点は留意が必要である。）。

3. 就業規則における退職後の秘密保持義務

以上は、就業規則による在職中の秘密保持の問題であるが、他方で、就業規則における退職後の秘密保持義務や競業避止義務に関する規定の効力については議論がある。

すなわち、就業規則は本来、労働契約存続中の労働条件を対象とする規範で

あるため，退職後の権利義務を対象とし得ないことを理由に，退職後の権利義務関係については労使間交渉（合意）に委ねるべきとし，労使間の個別的合意がある場合のみ効力を認めるべきであるとする見解がある[2]。また，営業の自由や職業選択の自由との関係でみると，守秘義務や競業避止義務の内容を個々の退職者に明示して，退職後の行動の予測可能性を与えることが重要であり，これらの義務が個人的な性格の強いものであることからしても，そもそも就業規則による規制になじむのかという問題があるとの指摘もある[3]。

この点について，裁判例[4]は，就業規則における競業避止義務の規定についてであるが，「労働契約終了後の競業避止義務の負担は，それが労働契約終了後の法律関係である一事をもって就業規則による規律の対象となり得ること自体を否定する理由はない」とした上で，「労働者が労働契約においてその職務執行に関し労働契約終了後の競業避止義務を負担するか否かは，労働条件に付随し，これに準ずるものととらえるのが相当」であるとし，「労働者に退職後まで競業避止義務を課さなければ使用者の保護されるべき正当な利益が侵害されることになる場合において，必要かつ相当な限度で競業避止義務を課するものであるときに限り，その合理性を肯定することができる」として，労働条件に付随し，これに準ずるものとして合理性が認められれば，就業規則により退職後の競業避止義務を定めることができる旨の判断を示すものがあり[5]，学説上もこれを支持する見解が少なくない[6]。

以上の見解を踏まえると，就業規則における競業避止義務の規定のみならず，

2　片岡曻「企業秘密と労働者の責任」北川善太郎編『知的財産法制―21世紀への展望』（東京布井出版，1996年）210頁，岩村正彦「競業避止義務」角田邦重ほか編『労働法の争点（第3版）』（有斐閣，2004年）148頁ほか。
3　西谷敏「日本における企業秘密の労働法的保護」西谷敏ほか編『インターネット・情報社会と法』（信山社出版，2002年）192頁。
4　東京地決平成7・10・16判時1556号83頁〔東京リーガルマインド事件〕。
5　ほかにも，東京地判平成15・10・17労経速1861号14頁〔消防試験協会事件〕，東京地判平成2・4・17判時1369号112頁〔アーク進学研究会事件〕，東京地判平成12・12・18労判807号32頁〔東京貨物社事件〕，大阪地判平成8・12・25判タ711号30頁〔日本コンベンションサービス事件〕など。
6　土田道夫「競業避止義務と守秘義務の関係について―労働法と知的財産法の交錯」中嶋士元也先生還暦記念論集刊行委員会編『労働関係法の現代的展開』（信山社出版，2004年）199頁，田村470頁，なお横地大輔「従業員等の競業避止義務等に関する諸論点について（上）」判タ1387号7頁。

退職後の秘密保持義務についても,「労働条件に付随し,これに準ずるもの」といえる場合には,労働契約終了後の法律関係である一事をもって就業規則による規律の対象外となることはないと考えられ,競業避止義務との均衡を踏まえても,少なくとも在職中に知り得た一定の情報に関する退職後の秘密保持義務は,労働者の職務執行に関連する「労働条件に付随し,これに準ずるもの」に当たると考えられる。また,仮処分の事案ではあるが,会社が就業規則を変更し,退職後の秘密保持義務および競業避止義務を定める条項を新設したことについて当該変更を有効と認めた裁判例もある[7]。

以上からすれば,就業規則において退職後の秘密保持義務を定めること自体,直ちに認められないという結論となるわけではない。ただし,上記のとおり,就業規則で従業員が退職した後の法律関係を定めることはできないとの見解も存することから,退職後の従業員の秘密保持義務や競業避止義務の定めを就業規則のみに依拠して行うことは,一定のリスクを伴うとし,就業規則に規定を設ける場合であっても,これとは別に,従業員との間で個別の合意も交わすべきであるという指摘も存する[8]ところである。

4. 設問についての考え方

就業規則において,秘密保持の対象を包括的に定めた秘密保持条項が直ちに無効となるものではない。ただし,秘密保持義務の対象を具体的に明らかにしておくことが望ましいことには留意すべきである。

また,就業規則における退職後の秘密保持を定める条項自体も直ちに無効となるものではないと考えられるものの,争いの余地はあり,個別の合意も交わすことが望ましいと考えられる。

---

[7] 大阪地決平成21・10・23労判1000号50頁〔モリクロ事件〕。
[8] 経済産業省「情報セキュリティ関係法令の要求事項集」(2011年) 100頁。

Q20　従業員が自ら取得した情報

従業員が自ら取得した情報も秘密保持の対象となるか。従業員が自ら取得した情報についてどの範囲で秘密保持義務を課すことができるのか。

1．対象の特定の必要性

　秘密保持契約では，義務を課す対象となる情報を特定することが必要となる。特定の程度は，どのような保護を受けるかによって異なるが，契約法上の観点からは，過度に広範な秘密保持契約は必要性・合理性の観点から公序良俗違反となり，保護を受けられなくなる可能性があるとの指摘もある[1]。

　もっとも，労働者は，在職中は使用者に対して誠実義務を負い（労働契約法3条4項），その一種として，特に明示的な合意がなくとも使用者の営業上の秘密を保持すべき義務を負っており，それを具体化する趣旨の秘密保持契約が，当該付随義務の対象である営業上の秘密以外の情報をも秘密保持の対象とする場合であれば格別，そうでない場合には，その広汎性から直ちに無効とされることは通常考え難い（ただし，公共の利益に反する情報については公序良俗に違反するとして退職後の秘密保持契約の有効性を否定したものとして東京地判平成14・2・14裁判所HP参照。Q19参照）。

2．秘密保持義務を課し得る範囲について

　従業員との個別の秘密保持契約における秘密情報の特定については，理論上も，基本的には，Q19における就業規則における議論が妥当するものと考えられる。もっとも，就業規則または個別の秘密保持契約において，どの範囲の情報までが秘密保持義務の対象となり得るかについては別途検討が必要となる。

(1)　従業員が自ら取得した情報

　従業員が自ら取得した無形のスキルやノウハウや職務として記憶した顧客情

1　経済産業省平22・4・9改「営業秘密管理指針」54頁。

報等の営業情報について秘密保持義務を課すためには，従業員の予見可能性を確保し，職業選択の自由に配慮するため，原則として，その内容をリスト化し，具体的に文書に記載する等，紙その他の媒体に可視化することが必要であるとされている[2]。これらの情報は，多くの場合，一般情報との区別が困難であるため，当該情報を可視化することなくその情報の使用を禁じてしまうと，従業員としてはいかなる情報の開示や持ち出しが禁じられているのかが明らかではなく，転職自体が困難となりかねないためである。

　この点，技術的ノウハウ，顧客リスト等に関する情報に関して秘密保持義務違反が争われた事案[3]において，裁判所は「被告らは，本件秘密保持契約に基づく義務を負うことになるが，本件秘密保持契約によって被告小西らが原告退職後も第三者に開示・漏洩・使用してはならない義務を負うのは，各書面の記載によれば，およそ原告の業務に従事する際に知り得たすべての情報というわけではなく，その中で秘密として管理されている情報に限定されると解すべきである」との判断を示している。

(2) 一般的知識・技能

　秘密保持義務の対象となる情報が，当該職業において一般的な知識や技能である場合には，当該企業はその開示および使用を制限する正当な利益を有しているとはいえないことに加え，当該従業員の転職後の就業活動を大きく制限する可能性があるため，その効力をどこまで認めてよいかが問題となる。

　この点について，裁判例では，競業避止義務について「被用者は，雇用中，様々な経験により，多くの知識・技能を修得することがあるが，これらが当時の同一業種の営業において普遍的なものである場合，即ち，被用者が他の使用者のもとにあっても同様に修得できるであろう一般的知識・技能を獲得したに止まる場合には，それらは被用者の一種の主観的財産を構成するのであってそのような知識・技能は被用者は雇用終了後大いにこれを活用して差しつかえなく，これを禁ずることは単純な競争の制限に他ならず被用者の職業選択の自由を不当に制限するものであって公序良俗に反するというべきである。」との判

---

[2] 経済産業省「営業秘密管理指針」11頁。
[3] 大阪地判平成10・9・10判時1656号137頁。

断をしている事案（奈良地判昭和45・10・23下民集21巻9＝10号1369頁〔フォセコ・ジャパン・リミテッド事件〕）や，「従業員が，使用者の保有している特有の技術上又は営業上の情報等を用いることによって実施される業務が競業避止義務の対象とされると解すべきであり，従業員が就業中に得た，ごく一般的な業務に関する知識・経験・技能を用いることによって実施される業務は，競業避止義務の対象とはならないというべきである。」と述べ，元従業員の誓約書による競業避止義務違反を否定した事案（東京地判平成17・2・23判タ1182号337頁〔アートネイチャー事件〕）などがある。

　また，秘密保持義務に関する裁判例として，対象技術情報は「被控訴人以外の者からも容易に得られるような知識又は情報にすぎない」ため，秘密保持契約の対象とならないとした裁判例（東京高判平成21・5・27裁判所HP〔トータルサービス事件〕）や対象技術である眉のトリートメント技術は「その個々の作業で見る限り，被告らの退職時点において眉に関する美容施術者であれば容易に取得ないし習得できる技術であったといえる」として，誓約書のうち，当該技術の不使用を誓約させる部分は，「その個々の作業に関する技術の使用を禁止する趣旨であれば」，「被告らの職業選択の自由を不当に制約するものというべきであるから，公序良俗に違反する」とした裁判例（大阪地判平成21・4・14裁判所HP〔眉のトリートメント方法事件〕）がある。

　このように，一般的な知識や技能，あるいは同業者であれば容易に習得できる技術については，競業避止義務や秘密保持義務の有効性が認められることは難しいといえる。

(3)　**名刺**

　名刺は，通常は，それ単体では必ずしも非公知の情報とはいえない場合も多い。しかしながら，まず，秘密保持義務の対象として，必ずしも厳密な非公知性が要求されるわけではないと考えられる（容易には入手することができない情報については秘密保持の対象とすることに問題があるとは考えられない。）。また，秘密保持義務の対象として名刺が問題となる場合には，「当該企業が当該名刺上の人物と付き合いがある」という情報自体も含まれる。顧客情報を営業秘密と認める裁判例に枚挙の暇がない[4]ことも参考となろう。したがって，名刺上の情

を秘密保持義務の対象とすること自体が直ちに無効となったりするものではないと考えられる[5]。

　従業員が名刺上の情報を用いることは，従業員個人の人的関係の利用にすぎない場合がある。すなわち，企業の営業担当者が取引先との個人的な関係を有していた場合，退職後に接触が禁じられるというのは不当であり，顧客にとっても選択肢が奪われ，市場の競争を減殺することにもなりかねない。その意味において，三佳テック事件最高裁判例は，退職後の競業避止義務や秘密保持義務の合意等がない場合についてではあるが，退職した従業員が従前在籍していた企業の顧客を奪取したとしても，「人的関係等を利用することを超えて，被上告人の営業秘密に係る情報を用いたり，被上告人の信用をおとしめたりするなどの不当な方法で営業活動を行ったことは認められない」と説示し，労働者が転職後に従前の人間関係を業務に利用することを許容している。また，電話番号を利用する程度であれば秘密保持契約違反にはならないとする裁判例（福岡地小倉支判平成6・4・19労働法律旬報1360号6頁〔西部商事事件〕）などもある。

3．設問についての考え方

　従業員が自ら取得したスキル等の情報も秘密として管理される範囲においては秘密保持の対象とすることが可能と考えられるが，対象情報が公知情報である場合や，過度に広範な秘密保持義務は従業員の職業選択の自由を制約する可能性がある場合には，その秘密保持義務の範囲も制限される可能性があることに留意が必要である。

4　顧客名簿および取引内容に関する事項について秘密保持義務の効力を肯定した裁判例として，東京地判平成14・8・30労判838号32頁〔ダイオーズサービシーズ事件〕。
5　ただし顧客リストとは別に存在する名刺帳の有用性を否定した裁判例もある（東京地判平成27・10・22裁判所HP）。

Q21　退職後の秘密保持義務

> 従業員に対して，秘密保持契約の締結や誓約書の提出により，在職時のみならず，退職後にも秘密保持義務を課すことはできるか。

1. 在職中の秘密保持義務

　従業員は，その在職中は，特段の秘密保持契約等を締結していなくても，労働契約に基づく付随義務として，信義則上，使用者の業務上の秘密を守る義務があるとされている[1]。

　もっとも，従業員の責任の範囲を明確にし，かかる責任について従業員に周知するためには，明示的に秘密保持義務を定めることが考えられ，現に就業規則において，一定の守秘義務が定められているのが通常である。また，一定の場合に，秘密保持に関する誓約書の提出を求めることもある。

　秘密保持義務を明示し，かつ，その秘密保持の対象となる情報を具体的に特定することは，不競法上の保護の要件である「秘密管理性」を充足するための事情ともなり得ることや，秘密保持義務の実効性ないし有効性という観点からも，在職中の秘密保持に関する明文の規定の在り方を検討することは重要である。

2. 退職後の秘密保持義務
(1) 信義則上の秘密保持義務と明文の定め

　退職者については，場合によっては，信義則により秘密保持義務が認められる場合があるものの，必ずしも在職中の従業員と同様の包括的な秘密保持義務を負っているわけではない[2]。

　すなわち，雇用契約が終了すれば退職者は何ら義務を負わないのが原則であ

1　我妻榮『債権各論中巻二（民法講義Ⅴ３）』（岩波書店，1962年）568頁，幾代通＝広中俊雄編『新版注釈民法（16）』（有斐閣，1989年）46頁。
2　「不正競争防止法を活用した知的財産の保護強化（営業秘密の保護と模倣品・海賊版対策）に関する調査研究報告書」（平成16年度特許庁産業財産権制度問題調査研究報告書）（http://www.jpo.go.jp/shiryou/toushin/chousa/pdf/zaisanken/169fuseikyousou.pdf）64頁。

り、信義則上の守秘義務を認める裁判例も、退職者が常に一般的に守秘義務を負うことを認める趣旨ではないと考えられる。

そのため、退職後の従業員に対して明確に秘密保持義務を課すためには、その旨を明示的に定める根拠が必要である。そして、義務の内容を明らかにして従業員等にその遵守を意識付ける必要があることから、就業規則や雇用契約に規定を盛り込むのが通常である。

(2) 退職後の秘密保持契約の有効性の判断枠組み

もっとも、裁判例上、就業規則や雇用契約あるいは秘密保持契約ないし誓約書等において、明示的に退職後の秘密保持義務を定めさえすれば、全て有効となるわけではない。

ア 例えば、眉の美容施術等を行う原告会社が、その従業員に、一定のトリートメント技術を退職後も使用しない（期間の定めはない）という誓約書を提出させた、という事案において、当該誓約書の有効性等が問題となった裁判例[3]で、裁判所は、当該誓約書は「一種の競業避止義務を負わせるものである」とした上で、「一般に労働者には職業選択の自由が保障されていることから、労働者が使用者の求めに応じて退職後に使用者と競業するような行為を行わないことを誓約したとしても、競業が禁止される業務の内容に照らし、同誓約が使用者の正当な利益の保護を目的とするものとはいえず、労働者の職業選択の自由を不当に制約するものである場合には、そのような誓約の意思表示は公序良俗に反し無効になるものと解される」と判示し（第1審判決）、控訴審も同様の前提に立っている。

そして、同第1審判決は、誓約書で使用を禁止された技術が、当該従業員の退職時点において、眉に関する美容施術者であれば容易に取得ないし習得できるものであった場合には、正当な利益の保護を目的とするものとはいえない（したがって、公序良俗に反して無効となる。）とした上で、不使用の対象とされている技術のうち一部については容易に取得等できない技術であったがその他の部分は容易に取得等できたから無効であると認定し、

---

[3] 大阪地判平成21・4・14（平成18（ワ）7097等）、同控訴審大阪高判平成22・2・24（平成21（ネ）1456）（いずれも裁判所HP）。

本件においてはその全体について誓約させたとしても被告らの就業の機会を不当に奪うことにならないとして，当該誓約を部分的に有効と判断した。これに対して，控訴審判決は，眉に関する美容施術者であれば容易に取得ないし習得できる技術を使用しないと誓約したとは解されず，また，そのような容易に取得等できる技術が含まれる技術も誓約書で禁止された対象とならないとした上で，誓約書は公序良俗に反しないと判断した。

イ　また，商品の仕入先情報等に関して営業秘密侵害と秘密保持義務違反とが主張された事案において，「従業員が退職した後においては，その職業選択の自由が保障されるべきであるから，契約上の秘密保持義務の範囲については，その義務を課すのが合理的であるといえる内容に限定して解釈するのが相当である」とした上で，「業務上知り得た会社の機密事項」という文言を秘密保持の対象とする誓約書等について，「本件機密事項等についての定義，例示は一切記載されていない」とし，仕入先情報につき「秘密保持義務を負わせることは，予測可能性を著しく害し，退職後の行動を不当に制限する結果をもたらすものであって，不合理であるといわざるを得ない。」と判示して秘密保持義務の対象に該当しないと判断したものがある[4]。

ウ　他方で，「就業期間中は勿論のこと，事情があって貴社を退職した後にも，貴社の業務に関わる重要な機密事項，特に『顧客の名簿及び取引内容に関わる事項』並びに『製品の製造過程，価格等に関わる事項』については一切他に漏らさないこと」という内容の誓約書について，「このような退職後の秘密保持義務を広く容認するときは，労働者の職業選択又は営業の自由を不当に制限することになるけれども，使用者にとって営業秘密が重要な価値を有し，労働契約終了後も一定の範囲で営業秘密保持義務を存続させることが，労働契約関係を成立，維持させる上で不可欠の前提でもあるから，労働契約関係にある当事者において，労働契約終了後も一定の範囲で秘密保持義務を負担させる旨の合意は，その秘密の性質・範囲，価値，当事者（労働者）の退職前の地位に照らし，合理性が認められるときは，

4　東京地判平成20・11・26判タ1293号285頁。

公序良俗に反せず無効とはいえないと解するのが相当である。」とした上で，誓約書には「特に『顧客の名簿及び取引内容に関わる事項』ならびに『製品の製造過程，価格等に関わる事項』」との例示をしており，これに類する程度の重要性を要求しているものと容易に解釈できることから，誓約書の記載でもその範囲が無限定であるとはいえず，また，それらの事項は，原告にとって経営の根幹に関わる重要な情報であるとし，他方で，被告については，それらの事項の内容を熟知し，その利用方法・重要性を十分認識している者として，秘密保持を義務付けられてもやむを得ない地位にあったといえると認定して，「このような事情を総合するときは，本件誓約書の定める秘密保持義務は，合理性を有するものと認められ，公序良俗に反せず無効とはいえないと解するのが相当である。」と判示し，原告の顧客情報の利用に関して債務不履行を認めた事例もある[5]。

エ　もっとも，同様に，退職後の秘密保持義務については「対象とする営業秘密等の特定性や範囲，秘密として保護する価値の有無及び程度，退職者の従前の地位等の事情を総合考慮し，その制限が必要かつ合理的な範囲を超える場合には，公序良俗に違反し無効となる」とした上で，「業務上知り得た貴グループ及び顧客・業務内容全般に関する情報」，「業務上知り得た会社及び取引先の情報」，「顧客との取り引きの存在や内容」との規定について「対象とされている営業秘密等が十分に特定されておらず，範囲も無限定なものとなっており，退職者の職業選択の自由や営業の自由を過度に制約するものといわざるを得ない。」とし，「秘密として保護する価値の有無及び程度についてみるに，…原告の取引先や取引価格に関する情報は同業他社も容易に入手可能なものであって，秘密として保護する必要性が高いとはいえない」，「退職者の従前の地位についてみるに，…被告は，在職中に原告の取引先や取引価格についての情報を有していたことが認められるものの，このような情報自体の要保護性が高いとはいえないから，被告が上記のような情報を得ることができる立場にあったからといって，本件秘密保持特約に基づく秘密保持義務を課す必要性が高かったとはいえな

---

[5]　東京地判平成14・8・30労判838号32頁，労経速1821号3頁〔ダイオーズサービシーズ事件〕。

い」として，公序良俗に反して無効と判断した事例もある[6]。
オ 以上の裁判例によれば，退職後の秘密保持義務契約は，退職者の職業選択の自由の観点から一定の制約を受け，競業避止義務の有効性判断と類似した判断がなされる場合がある。

そして，秘密保持義務の対象について，合理的な限定解釈がなされたり，また，その明確性が求められ，例えば同業者が容易に取得できるような情報については，秘密保持義務の対象とならない（ないし公序良俗に反する）と判断される可能性がある（ア，イ参照）。

もっとも，最終的にその有効性（公序良俗に反するか否か）は，対象となる秘密の限定性・特定性のほか，要保護性，退職者の従前の地位等をも総合的に考慮して決せられる可能性がある（ウ，エ参照）と考えられる。

カ なお，従業者がした「発明」（特許法2条1項）であって，従業者が当該企業における職務とは無関係に取得したものについて，転職後にその利用を禁止する契約を雇用契約継続中に締結したり就業規則等にその旨の定めを置いたりしても，それは無効となる（特許法35条2項）。使用者の従業者に対する搾取を防ぐ同項の趣旨に鑑みれば，「発明」としての実質を備えていないノウハウであっても，無効となると解すべきであるとする見解もある[7]。また，従業者が当該企業就業中になした「発明」については，特許法35条3項により，「相当の対価」の代償が必要となる。

(3) 競業避止義務との違い

以上のとおり，退職後の秘密保持義務の有効性については，退職者の職業選択の自由の保障との関係から，競業避止義務の有効性に準じた判断がなされる場合がある（上記(2)ア参照）。

もっとも，「従業員の退職後の秘密保持義務を定める特約は，営業秘密等の情報の漏洩等を制約するものにとどまるから，競業避止義務を定める特約に比較すれば，従業員の職業選択の自由や営業の自由に対する制約の程度は緩やかなものということができる。」とされているとおり（上記(2)エの裁判例参照），退

---

6 大阪地判平成25・9・27労働判例ジャーナル21号10頁〔TKC25502050〕。
7 田村461頁。

職後の秘密保持義務については，職業選択の自由に及ぼす影響は競業避止義務ほどではないと考えられる。

　この点，競業避止義務の有効性についても総合的な考慮が要請されていることから，退職後の秘密保持義務の有効性の場合といかなる程度の差があるかを一概に論じることはできないが，従業員が業務を通じて取得した一般的知識・技能や，もともと秘密性を欠く事項が使用者の正当な利益とならないことは競業避止義務の有効性判断と同様であると考えられる[8]。また，競業をする上で必要不可欠なノウハウに関する秘密保持義務を課すに当たっては，当該従業員の転職の自由を過度に妨げることのないように，慎重な配慮が必要となる。特に顧客情報等に関しては，その使用を禁止することが，競業を禁止することと実質的に同義であることも少なくないため，競業避止義務と同様に，その有効性の判断においては，厳しい吟味が必要となるとする見解もある[9]点には留意が必要である。

(4) その他の留意点について

　ア　秘密保持契約の締結の強制

　企業は従業員に対して優越的な交渉力を有することが多いため，優越的な交渉力を用いて秘密保持義務に関する合意を成立させた場合の効力が問題となり，一方的に署名を求める，署名がない場合は退職金を支給しない態度を見せる等した場合において，「労働基準法の精神に反」するとして効力を認めなかった裁判例もある[10]。

　そこで，企業としては，合意を成立させようとする場合，不当なプレッシャーを与えないなど，交渉態度に留意が必要である[11]。また，退職時は合意

8　土田道夫「競業避止義務と守秘義務の関係について─労働法と知的財産法の交錯」中嶋士元也先生還暦記念論集刊行委員会編『労働関係法の現代的展開』(信山社出版，2004年) 197頁。
9　田村461頁。
10　東京地判平成15・10・17労経速1861号14頁〔消防試験協会事件〕(ただし，競業避止義務の例)。また，大阪地判平成12・9・22労判794号37頁〔ジャクパコーポレーション事件〕は，競業避止義務を定めた誓約書につき，誓約書を拒絶しがたい状況の中で，意思に反して作成提出させられたものというべきであり，任意の合意といえるかには多大な疑問があるとした。
11　前掲大阪地判平成12・9・22，東京地判平成15・9・19労判864号53頁〔東京コムウェ

の取得が困難となることから，合意は退職時より前に得ることが望ましい。具体的には，配置転換やプロジェクトの立ち上げ時等のように，企業の営業秘密に接する職務等，競業避止義務・秘密保持義務を課す必要のある職務に新たに就任する時点が考えられる。業種や職種上，営業秘密に接する職務に就く蓋然性が高い場合には採用時に取得することが望ましい。さらには，これらを併用し，採用時に合意を取得した上で，特定の職務に就く時点で，改めて営業秘密等を具体化して合意するなど，きめ細かい対応が必要な場合もあろう。

なお，誓約書へのサインを拒否した従業員に対する措置として，業務命令違反または企業秩序を侵すとして懲戒処分を行うことは問題があると考えられる。これは，労働契約上，使用者が有する業務命令権が及ぶとは考えられず，また，署名しないことが企業秩序を乱しているとまではいえないと考えられるためである。ただし，人事権の行使として，機密性の高いプロジェクトに参加させないといった対応をとることは可能と考えられる[12]。

イ　違約金の定め

なお，退職後の秘密保持義務の定めを実効的なものにするためには，違反に対する違約金を定めておくことも考えられる。

この点，退職後の競業避止義務や秘密保持義務違反に対する違約金の定めは労働基準法16条[13]との関係でその有効性について議論がある。この点，会社が営業担当社員に対し退職後の同業他社への就職をある程度の期間制限し，右制限に反して同業他社に就職した退職社員に支給する退職金の額を一般の自己都合による退職の場合の半額と定めることは，同条に違反しないと判断した判例[14]があり，退職後の競業避止義務や秘密保持義務を課す定めの中に，義務違反に対する制裁として違約金を定めることは同条に違反しないという考え方も有力であるが，裁判例における判断は必ずしも確立しているとはいえない[15]。

ル事件〕。
12　情報セキュリティ法律要求事項89頁等。
13　使用者は，労働契約の不履行について違約金を定め，または損害賠償額を予定する契約をしてはならない。
14　最判昭和52・8・9労経速958号25頁〔三晃社事件〕。
15　東京地判昭和59・11・28判時1157号129頁〔総合行政調査会地方人事調査所事件〕。在職中・退職後双方を対象とした競業避止義務，守秘義務を定め，これに違反した場合には一定割合額の違約金を支払う旨の契約は労働基準法16条に違反して無効であるとした。

したがって，企業としては，無効となる法的リスクを念頭に置きつつ，違約金の定めを設けることの是非を検討すべきであるとされる[16]。

3. 設問についての考え方

　以上のとおり，退職後にも秘密保持義務を課すためには，明示的な契約を締結すべきであるが，かかる秘密保持条項については，退職者の職業選択の自由の観点から一定の制約を受け，その有効性は，対象となる秘密の限定性・特定性のほか，要保護性，退職者の従前の地位等をも総合的に考慮して決せられることに留意が必要である。

　また，競業避止義務の有効性判断と同様，労働法的観点から，かかる秘密保持契約締結の際には強制にわたらないようにするとともに，また，違約金の定めについても慎重な検討が必要である。

16　経済産業省「情報セキュリティ関連法令の要求事項集」102頁。

Q22　秘密保持のための従業員管理

秘密情報の流出を防止するために，従業員の活動を管理することはどの程度許されるか。

1．労務指揮権・業務命令権

　労働者が労働契約によって労働力の処分を使用者に委ねたことによって，使用者は労働者の労働義務の遂行に関して指揮命令権を有し，この権限は労務指揮権などと称されている[1]。

　このため，使用者は，従業員に対し，業務上の秘密を保持するために必要な指揮監督を行うこともできると考えられ，実際，実務上も，業務上の秘密を保持するための様々な指揮監督が従業員に対してされている。例えば，パソコンの立上げ時や，パソコンから一定時間離れた後に再度パソコンを利用する場合に，パスワードを入力する必要がある設定を義務付けること，各自のパスワードを他の社員も含め，第三者に開示・漏えいすることを禁止すること，秘密書類やデータの無許可での持出しを禁止すること，個人所有のパソコンや記録媒体を業務に使用することを禁止すること，不適切な秘密の利用や持出しがないことを確認するため，従業員のパソコンをモニタリングし，また，アクセスログを管理すること，特に重要性が高い秘密が保存されたファイルへのアクセスを一部の従業員のみに許可すること等は，広く行われているところである。

　もっとも，使用者による指揮監督にも限界は存在し，濫用にわたる場合には違法になると考えられており[2]，一般的に，業務上の必要性に比して，従業員の不利益が大きい場合には，使用者による指揮監督が違法になるおそれがあると考えられる。

　なお，「使用者がその雇用する労働者に対して業務命令をもつて指示，命令することができる根拠は，労働者がその労働力の処分を使用者に委ねることを約する労働契約にあると解すべきである。すなわち，労働者は，使用者に対し

1　菅野149頁，最判昭和61・3・13民集40巻2号258頁。
2　菅野149頁，最判平成8・2・23労判690号12頁。

て一定の範囲での労働力の自由な処分を許諾して労働契約を締結するものであるから、その一定の範囲での労働力の処分に関する使用者の指示、命令としての業務命令に従う義務があるというべきであり、したがつて、使用者が業務命令をもつて指示、命令することのできる事項であるかどうかは、労働者が当該労働契約によつてその処分を許諾した範囲内の事項であるかどうかによつて定まるものであつて、この点は結局のところ当該具体的な労働契約の解釈の問題に帰するもの」であって、「使用者が当該具体的労働契約上いかなる事項について業務命令を発することができるかという点についても、関連する就業規則の規定内容が合理的なものであるかぎりにおいてそれが当該労働契約の内容となつているということを前提として検討すべきこととなる。」とされており（前掲（注1）最判昭和61・3・13）、個別具体的な業務命令が全て就業規則等において、規定されている必要はないものの、可能な業務命令の範囲を明らかにするためには、規定を設けておくことが望ましいと考えられる。ただし、規則を定めても、従業員が同規則に違反した場合に直ちに懲戒処分を行うことができるとは限らず、違反の経緯や動機（違反がやむを得ないといえる事情はないか。）、規則が徹底されている度合い（上司が違反を容認した発言をしたり、誰も規則を守っていなかったりする状況はないか。）、他の違反者への対応状況（過去に違反した者に対しては懲戒処分を行ったか。）等を検討する必要がある点には留意が必要である。

以下、情報流出の対応に関する措置について検討する。

2．情報流出の対応に関する措置
(1) パスワード設定の義務付けおよび共有禁止

パソコン内に様々な事業遂行上の秘密情報が保存されている可能性や、パソコンから様々な秘密情報へのアクセスができる可能性は高く、使用者において、パソコンへのアクセスを制限する必要性は高いと思われる一方、パソコンの立上げ時や、パソコンから一定時間離れた後に再度パソコンを利用する場合に、パスワードの入力が必要となることによる従業員の不利益は、若干の手間が増えることのみであると考えられる。したがって、使用者が、従業員に対して、このようなパスワード入力が必要な設定を義務付けることは問題がない。

また、パスワードの開示・漏えいを許可した場合、そもそもパスワードの設

定を義務付けた効果が半減するため，パスワードを第三者に開示・漏えいすることを禁止する必要性は高いと思われる一方，パスワードを開示・漏えいできないことによる従業員個人の不利益は基本的に見当たらない。したがって，パスワードの共有禁止も問題がない。

　もっとも，例えばパスワードの共有を禁止している場合において，業務上の理由から同僚にパスワードを開示した（すなわち違反を行った）者に対する懲戒が可能であるかは別論であり，仮に，業務上の必要性等から，そのような事態が横行し，特段の懲戒処分もされていない場合には，当該規定は形骸化した実効性のないものとなるため，具体的な措置の在り方としては，現実的かつ実効性のある規定となるように留意すべきである。

(2) 秘密書類等の無許可持出しの禁止

　秘密書類やデータが社外に持ち出された場合，紛失による情報漏えいのリスクは社内における紛失の場合と比べて格段に高く，また，上司等の目が届かないため，情報が不適切に利用されるおそれも社内と比べて大きいと考えられる。このため，秘密書類等の持出しを許可制とする必要性は高いと思われる一方，それによる従業員の不利益は若干の手間が増えるのみであると考えられる。したがって，秘密書類等の無許可持出しを禁止することは問題がないと考えられる。

　もっとも，例えば，無許可持出しの禁止される書類の範囲が不明確で持出しに許可の必要な書類か否かが不明である場合の対応や，自宅で残業する等の必要がある場合に書類持出しの決裁者が不在のときの対応等，現実の具体的な業務実態の中で実効性の確保が可能な規定としておかなければ，規定が形骸化していくおそれがある点は留意しておく必要がある。

(3) アクセス制限

　秘密情報は，一旦アクセスをされてしまうと，その後，拡散を完全には防ぐことができないため，使用者としては，特に重要な秘密情報については，そもそもアクセスさせる従業員の範囲を限定する必要性は高いと考えられる。一方，従業員は，自身の個人情報等を除き，自身が開発，取得，作成等した情報も含め，使用者の秘密情報にアクセスする権利を有しないと考えられているため，

使用者の秘密情報にアクセスすることができないことによる不利益は基本的にないと考えられる。したがって，使用者が従業員による秘密情報へのアクセスを制限することに問題はない。

(4) 個人所有のパソコン等の使用禁止・持込み禁止

個人所有のパソコンや記録媒体は，使用者が管理できないため，セキュリティの設定が使用者の求めるレベルに達していない可能性や，コンピュータウイルス等に感染している可能性，使用者が紛失等に気がつかず，適時適切な対応ができない可能性，フォレンジック調査が必要となった場合にも，機種や使用態様等によっては，同調査ができない可能性等があるほか，後述のモニタリング等もできないため，不適切な秘密の利用や開示等がされやすいと考えられる。このため，個人所有のパソコンを社内に持ち込むことや，個人所有のパソコンを業務に使用することを禁止する必要性は高いと思われる。

他方で，それらによる従業員の不利益は基本的に見当たらないと考えられる。

したがって，個人所有のパソコンを社内に持ち込むことや，個人所有のパソコンを業務に使用することを禁止することは適法であると考えられる。

(5) 所持品検査

営業秘密等の不正な持出しや，持込みを禁止した物品（個人所有のパソコン等）の持込みがされていないか等を確認するため，定期的に，または，何らかの疑いが生じたときに，従業員の所持品を検査する必要性は高いと思われる。他方で，従業員の所持品には従業員のプライバシー等が存在するため，その検査により従業員が受ける不利益は大きいと思われる。判例上も，所持品検査を行うためには，
① 所持品検査を必要とする合理的理由に基づくこと
② 一般的に妥当な方法と程度で行うこと
③ 制度として職場の従業員に対して画一的に実施されること
④ 就業規則その他の明示の根拠に基づいて行うこと
が必要とされている[3]。

したがって，所持品検査については，上記の点を十分に留意する必要がある

と考えられる。

(6) **私用メール禁止**

　秘密情報の不正な送信を防ぐためや，業務時間中は職務に専念させるために，使用者が従業員に提供したパソコンやサーバを利用した私用メールを禁止する必要性は高いと考えられる。他方で，従業員が，使用者により提供されたパソコンやサーバを利用して私用メールを送信できない場合に事実上不便であったとしても，その権利までは保障されていないと考えられ，私用メールの利用を禁止することに問題はないものと考えられる。

　もっとも，就業規則等によって私用メールが禁止されている場合も，全ての私用メールの送信を就業規則違反とすることはできず，私用メールの頻度や，内容，業務に具体的な支障を生じさせた事情の有無等を考慮し，社会通念上許容される範囲を超える場合に限り，就業規則違反を問うことができるとした裁判例も存在する[4]。

(7) **パソコンのモニタリング等**

　秘密漏えい等が疑われる場合に事実を調査するため，また，秘密漏えい等が存在しないかを日常的に調査するため，使用者が従業員に貸与したパソコンやメールシステム等を確認したり，それらへのアクセスを記録したりする必要性は高いと思われる。

　一方，従業員が会社のパソコンやメールシステム等を私用に用いることはあり得るとしても，これらは会社の資産であり，従業員が会社のパソコンやメールシステム等を自由に使用する権利は保障されていないと考えられるため，それらのモニタリングをされたり，それらへのアクセスを記録されたりすることによって従業員が受ける不利益は大きくないと考えられる。

　したがって，秘密漏えい等が疑われる有事の場合のほか，日常的な調査の場合においても，使用者がパソコンのモニタリング等をすることは，基本的には適法であると考えられる。もっとも，一般的に，従業員が会社のパソコンやメー

3　最判昭和43・8・2民集22巻8号1603頁。
4　東京地判平成19・9・18労判947号23頁。

ルシステム等を私用に使用することの一切が常に禁止されているとはいえないものと考えられるため、会社としては、一定の配慮を講じることが必要である。

　この点、裁判所は、使用者のネットワークを通じて送受信された私的な電子メールを使用者に閲覧された従業員およびその配偶者が当該使用者に対して損害賠償を請求した事案で、職務上従業員の電子メールの私的使用を監視するような責任ある立場にない者が監視した場合、あるいは責任ある立場にある者でも、これを監視する職務上の合理的必要性が全くないのにもっぱら個人的な好奇心等から監視した場合あるいは社内の管理部署その他の社内の第三者に対して監視の事実を秘匿したまま個人の恣意に基づく手段方法により監視した場合など、監視の目的、手段およびその態様等を総合考慮し、監視される側に生じた不利益とを比較衡量の上、社会通念上相当な範囲を逸脱した監視がなされた場合に限り、プライバシー権の侵害となると判示している[5]。

　また、経済産業省は、電子メール等のモニタリングを行う際は、規程を整備した上で、当該規程に沿ってモニタリングを行い、許容限度を超えた従業員の権利・利益の侵害と評価されることのないように留意することが必要であるとの見解を示している[6]。

　このため、情報漏えいが疑われる有事の場合などにパソコンのモニタリング等を行うに当たっては、例えば、①事前の通知なく、パソコンやメールシステムの内容を確認する可能性があることを就業規則等にあらかじめ明示すること、②事前の通知なく実施する場合には、事前に通知することで、調査に支障が出ることを確認し、事前の通知なく実施する必要性を確認すること、③モニタリングは、権限者が就業規則等に従って目的の範囲内で行うこと、④問題がないことが明らかな私用メール等は閲覧をせず、あるいは閲覧を中止すること、といった点等に留意すべきである。また、日常的な調査・モニタリングを行う場合には、有事の場合に比べると必要性は低いことから、より慎重さが求められ、また、実施理由、実施時間帯、収集される情報内容等を事前に通知しておくべきものと考えられる。

　なお、従業員の個人所有のパソコン等を業務に使用することを許可している

5　東京地判平成13・12・3労判826号76頁。
6　経済産業省「情報セキュリティ関連法令の要求事項集」(2011年) 90頁以下。

場合，同様の措置を講じることで個人所有のパソコン等を調査することも可能と考えられるが，従業員の個人所有のパソコン等には従業員の私的領域も含まれることから，調査の範囲は最低限に抑えるべきであると考えられる。

(8) パスポートの管理

　従業員が秘密情報を海外に持ち出すことを防ぐため，使用者が従業員のパスポートを預かることが考えられる。しかしながら，秘密情報は実際に海外に渡航せずとも，利用，開示，漏えい等をされてしまう可能性は十分にあり，パスポートを預かることで秘密情報の海外への流出防止の効果は高いとはいえないと考えられ，使用者がパスポートを預かる必要性は低いと思われるのに対し，パスポートは従業員にとって非常に重要な書類である上，休日や休暇等の本来，従業員が自由に利用できる時間において，自由に海外に渡航することが阻害されるため，従業員にとっての不利益は著しく大きいと考えられる。したがって，使用者が従業員のパスポートを預かることは違法かつ無効となる可能性が高いと考えられる。ただし，特に海外現地での実際の伝授が必要な秘密情報が存在し，その秘密情報が極めて重要であって，海外現地での伝授可能性がある場合などにおいて，当該秘密情報を保有する従業員に対して，必要な期間パスポートを預かり，申請をすれば都度返還する等の措置については，当該秘密情報を保有した場合に当該措置をとることがある旨あらかじめ定めておくなど特に慎重な対応を検討することによって有効となる余地も考えられる。

3. 設問についての考え方

　以上のとおり，秘密情報の流出防止のために必要と認められる範囲内で，従業員の管理を行うことは，基本的には問題がないが，従業員のプライバシーや人格的利益を害するおそれのある場合には，不必要ないし不当な侵害がないか等を検討する必要がある。

　また，こうした管理については，その制度それ自体が適切に運用されず，死文化したり，形骸化したりして実効性が失われることのないよう，管理の必要性およびその手間・コストを踏まえて制度・規程を整備しなければならない。

Q23 退職後の競業避止義務

従業員等と締結する契約で，退職後の競業避止義務を定めることは有効か。

1. 競業避止義務とは

(1) いわゆる競業避止義務とは，競合他社等のために技術情報や営業情報が利用されることを防止するため，従業員が会社の業務と競業する事業を自ら営んだり，そのような事業に就職したりしない義務をいう。従業員は，在職中，明示的な合意がなくても，労働契約上の付随義務として，使用者に対して競業避止義務を負うものと解されている[1]。裁判例においても，「使用者，従業員相互が誠実に行動すべしとの要請に基づく付随義務として，従業員が少なくとも雇用関係の存続期間中は，使用者の営業上の秘密を保持すべき義務を負うことは当然である。また，この誠実に行動すべしとの要請から，従業員は，使用者の利益に著しく反する競業行為を差し控える義務が，一般的に存するというべきである。」とされている[2]。なお，在任中の取締役や執行役は会社法上，善管注意義務や忠実義務を負っている（会社法355条，330条，419条2項等）。

競業避止義務の違反があった場合であっても，不競法上の要件を満たさない限り，流出した情報を利用しようとする競合他社に対しては義務違反を主張できず，また，義務違反者に対して刑事罰が科されるわけではない。しかしながら，不競法上の営業秘密における秘密管理性が必ずしも要件となるわけではなく，また，競業避止義務違反の有無は，営業秘密や秘密保持義務違反の場合の秘密情報の漏えいの有無よりも外形的に把握，立証することが容易であるため，使用者側としては，競業避止義務を定めておきたいとの実務上の要請がある[3]。

---

1 我妻榮『債権各論中巻二（民法講義V3）』（岩波書店，1962年）568頁，幾代通＝広中俊雄編『新版注釈民法 (16)』（有斐閣，1989年）46頁。
2 東京地判平成17・9・27労判909号56頁〔アイメックス事件〕。

(2) もっとも，退職後は自由に職業活動をなし得るのが原則であるため，退職後の従業員による秘密情報の流出の防止等のために競業避止義務を課そうとする場合，就業規則や従業員との間の契約において競業避止義務を定める必要があるとする見解が学説・裁判例ともに多数となっている。

そこで，企業としては，従業員が退職後に会社の秘密情報を流出させることを防止するため，契約等によって退職後の競業避止義務を定めることが考えられるが，他方で，退職後の従業員に競業避止義務を負わせることは，退職した従業員の職業選択の自由を制約することになることから，公序良俗に反し無効になるのではないかが問題となる。

なお，競業避止義務の具体的な内容は様々であり，一概に論じることはできないものの，秘密保持義務は従業員による情報の漏えい自体を禁止するのに対し，競業避止義務は情報漏えいにつながり得る行為を広く禁止対象とするものであって，従業員の退職後の職業選択の自由に対する制約の度合いも大きいため，一般的には，競業避止義務の定めの方が，秘密保持義務の定めよりも，その有効性は認められにくいと考えられている[4・5]。

---

3 このような観点から，平成24年度経済産業省委託調査「人材を通じた技術流出に関する調査研究」の委員会では，競業避止義務に関連する判例を分析するとともに企業の営業秘密の管理実態に関するアンケートを行い，これをもとに，平成25年8月16日の旧営業秘密管理指針の改定の際には「裁判になった際にも契約の有効性が認められやすい競業避止義務契約の規定ぶり」が参考資料として加えられた。なお，営業秘密の管理実態に関するアンケートによれば，就業規則とは別に従業員と個別の秘密保持契約を締結している企業の割合は55.5％であるのに対して，競業避止義務特約を締結している企業の割合は14.3％であり，締結していないと回答した企業の23.9％が，「契約の効果が不明瞭なため」と回答している（三菱UFJリサーチ＆コンサルティング「平成24年度経済産業省委託調査 人材を通じた技術流出に関する調査研究報告書」（2013年）7頁参照）。

4 経済産業省「情報セキュリティ関連法令の要求事項集」（2011年）99頁参照。もっとも，秘密保持義務であっても特に顧客情報等に関しては，その使用を禁止することが，競業を禁止することと実質的に同義であることも多く，その場合には競業避止義務と同様に，その有効性については厳しい吟味が必要となる（田村461頁）。

5 大阪地判平成25・9・27労働判例ジャーナル21号10頁〔TKC25502050〕では「従業員の退職後の秘密保持義務を定める特約は，営業秘密等の情報の漏洩等を制約するものにとどまるから，競業避止義務を定める特約に比較すれば，従業員の職業選択の自由や営業の自由に対する制約の程度は緩やかなものということができる。しかし，上記のような秘密保持特約において定められた営業秘密等の範囲が不明確で過度に広範であったり，そもそも営業秘密等として保護する必要がなかったりするような場合には，当該特約は従業員の職業選択の自由や営業の自由を不当に侵害するものとなり得るものである。」としている。

2. 退職後の競業避止義務の定めの有効性の判断枠組み

(1) 個別合意の有効性

　退職後の競業避止義務の定めの有効性について議論する前提として，企業は従業員に対して優越的な交渉力を有することが多いため，その優越的な交渉力を用いて合意を成立させた場合の効力が問題となる。この点について，一方的に署名を求める，署名がない場合は退職金を支給しない態度を見せるなどした場合において，労働基準法の精神に反するとして効力を認めなかった裁判例がある[6]。そのため，企業としては，合意を成立させようとする際の交渉態度に留意が必要となる。なお，一般的に退職時は合意の取得が困難となることから，上記に留意しつつも，合意は退職時より前（入社時，配置転換や個別のプロジェクトの立ち上げ時等）に取得することが望ましいといえる。

(2) 職業選択の自由との調整

　退職後の競業避止義務の定めの有効性について規範を示した最高裁判例は見当たらず，一律の判断基準はないものの，学説・裁判例によれば，企業のノウハウや顧客の流出を防止するという営業上の利益と，従業員の職業選択の自由という対立する利益が比較衡量されることとなる。具体的には，企業側の正当な利益，従業員の地位，禁止される業務の内容およびその場所的・時間的範囲，代償措置といった点が考慮要素となる[7,8]。

ア　企業側の正当な利益

　競業避止特約によって守るべき使用者の正当な利益として，裁判例上認めら

---

[6] 東京地判平成15・10・17労経速1861号14頁〔消防試験協会事件〕。

[7] この点，従業員が行った具体的行為に着目し，その背信性や使用者に与える打撃の程度を特約違反の成否判断の重要な要素としている裁判例も見受けられる（東京地判平成2・4・17判時1369号112頁〔アーク進学研究会事件〕，大阪地判平成3・10・15労判596号21頁〔新大阪貿易事件〕，福岡地小倉支判平成6・4・19労働法律旬報1360号6頁〔西部商事事件〕等）。

[8] 最近の裁判例は，特約における制限の期間・範囲（地域・職種）を最小限にとどめることや一定の代償措置を求めるなど，厳しい態度をとる傾向にある（大阪地判平成12・6・19労判791号8頁〔キヨウシステム事件〕，大阪地判平成15・1・22判決846号39頁〔新日本科学事件〕，大阪地判平成17・10・27労判908号57頁〔特許事務所事件〕等）とする見解がある（菅野153頁）。一方で，合理的限定解釈により限定的に合理性を認める裁判例が出てきており，競業避止義務について緩やかに判断する傾向があるとの見解もある（島田陽一・土田道夫「労働判例この1年の争点」日本労働研究雑誌604号15頁）。

れたものには，①独自性のある技術上・営業上の情報（営業秘密）の流出を防ぐことや，②その形成に特別な投資を必要とする既存顧客との関係の維持といったものが挙げられる。

(ｱ) 独自性のある技術上・営業上の情報（営業秘密）の流出防止：営業秘密の保護は，不競法において法的に保護される利益である以上，正当な利益ということができる[9]。この点，不競法上の「営業秘密」に該当するか否かを重視する裁判例（東京地判平成20・11・18判タ1299号216頁）もあるが，裁判例の一般的な傾向としては，特にこの点を明確に意識することなく，また「営業秘密」か否かについて厳密に判断することなく，使用者の保護利益の有無・程度を判断しているようである[10]。

(ｲ) 既存顧客との関係維持[11]：原則としてこれのみで正当な目的であるとはいえないとする裁判例が多い[12]。もっとも，当該顧客の開拓の功績が，従業員の才能や努力によるというよりも，企業の資本投下に基づいているとみなし得る場合で，禁止される競業の範囲が狭い場合は企業側の正当な利益と認められるとする裁判例もある[13]。

イ 従業員の地位

従業員の地位は，上記アとの関係で考慮される。すなわち，会社の経営を担う地位にある者や会社の重要な営業秘密や顧客との接触のある従業員である場合は，秘密情報や顧客情報に触れる可能性が高いため，競業避止義務を課す必

---

9 横地大輔「従業員等の競業避止義務等に関する諸論点について（上）」判タ1387号9頁〜10頁においても，「不正競争防止法上の『営業秘密』が使用者の保護利益として認められることは当然であろう。」とされている。

10 横地・前掲（注9）10頁。

11 顧客名簿のような形があれば，具体的に営業主の財産として保護することができ，これを持ち出したり利用することは禁止できる。しかし，事実として従業員の対人関係から生ずる顧客の奪取については，顧客の立場からすると，取引の自由は顧客にもあり，その意思を無視してどちらの顧客かを決めるというわけにはいかない。もっとも，雇用主と従業員の約束である程度律することは可能である（小野昌延他編『不正競争の法律相談』（青林書院，2010年）375頁）。

12 顧客を奪われることは，競争の必然的な結果であり，これを制限することは競争阻害効果を有する。東京地判平成24・1・13労判1041号82頁〔アメリカン・ライフ・インシュアランス・カンパニー事件〕等。

13 東京地判平成14・8・30労判838号32頁〔ダイオーズサービシーズ事件〕，福岡地判平成19・10・5労判956号1頁〔アサヒプリテック事件〕。

要性があると考えられるが、そのような情報に触れることの少ない従業員との間については、それに比べて、競業避止義務を課す必要性が一般的には低いことから、競業避止特約の有効性を否定する方向で斟酌される。

　ウ　禁止される業務の内容および時間的・地理的範囲

(ア)　業務の内容：競業行為の自営や競業企業への就職を全面的に禁止することによって直ちに無効とされるものではない。しかしながら、企業側の利益等との関係で、不必要に広汎な制約であると判断される可能性がある。他方、前使用者の顧客への営業活動を禁止するなど、使用者の利益を侵害するおそれが特に大きい行為に限定されている場合には、従業員の職業選択の自由に及ぼす制約が小さくなるため、特約の有効性は認められやすくなるといえる。

(イ)　地域：禁止される地域が限定されている方が望ましいことは言うまでもないが、その限定を欠いている場合でも、使用者の営業が日本全国に及んでいる場合や保護されるべき使用者の利益の性質（技術情報たる営業秘密等）によっては、限定がなくてもやむを得ないと判断する裁判例が少なくない[14]。

(ウ)　期間：競業避止義務の存続期間が5年間、あるいは無制限であっても有効と認めた裁判例[15]がある一方で、1年や6か月でも無効とした裁判例[16]も存在する。したがって、形式的に何年以内であれば認められるというわけではなく、企業の守るべき利益や従業員の不利益の程度を考慮する上での一要素として判断されている。もっとも近年では概して、2年間の競業避止義務期間について否定的に捉えている裁判例が見られる一方で、1年以内の期間については肯定的に捉えている例が多くみられる。

　エ　代償措置の有無

　代償措置がなければ、競業避止義務は原則として無効となると考えるべきであるとの見解も有力であり[17]、そのような立場に立つ裁判例も存在する[18]。他

14　「地域的な制限がないが、全国的に家電量販店チェーンを展開する会社であることからすると、禁止範囲が過度に広範であるということもない」と判断した裁判例（東京地判平成19・4・24判942号39頁〔ヤマダ電機事件〕）等。
15　東京地判平成20・11・18判タ1299号216頁〔トータルサービス事件〕、東京地判平成17・6・27裁判所HP〔中国野菜営業秘密事件〕等。
16　大阪地判平成23・3・4労判1030号46頁〔モリクロ事件〕、大阪地判平成12・6・19労判791号8頁〔キヨウシステム事件〕等。
17　使用者の利益を保持するために労働者の転職の自由を一部犠牲にする以上、代償措置が

方，秘密保持のために競業まで禁止する必要性があるのであれば，代償が不要となる場合があることを否定しない裁判例もある[19]。また，営業秘密の保護を目的とする場合と既存顧客の維持を目的とする場合とで，代償措置の有無の判断枠組みを異にすべきであるとの見解も存在する。

　この点，裁判例の大勢は，代償措置の要素の考慮に当たり，退職者が受領した金銭について，明確な代償措置として支払われたか否かについては厳格に考えず，当該金額の支給・算定の経緯および金銭の趣旨を考慮しつつ，退職者が受領した経済的利益が十分であるかどうかという点から代償措置や代償措置に代わる不利益減少要素の有無を実質的に検討して，競業避止特約の有効性を判断しているように見受けられる[20]。

(3) 包括禁止特約の限定解釈について

　以上のとおり，競業避止義務特約の有効性は比較的厳格に判断されるが，特約において，競業制限の内容が相当包括的となっている場合であっても，直ちにこれを無効とせず，様々な事実関係を考慮して合理的な範囲内に限定解釈し，その効力を認めた上で，当該義務の違反があったかどうかを判断する裁判例がある[21]。他方で，3年間，地域，業務に何ら制限なく，およそ情報機器等の販売等に従事すること一切を禁止する規定について，従業員が単なる営業職であり，十分な代償措置を講じたことも認められない事例において，全部無効と判断した裁判例（大阪地判平成26・3・18裁判所HP〔システムプラン事件〕）もある。

　この点，退職者に広範な競業避止義務を定め，必要性のないものまで禁止対象に含める場合，労働者の転職の自由に対する萎縮効果を与えることから，限定解釈により部分的に有効とする手段を用いることには慎重であるべきと思わ

　　必要であるなどとする（土田道夫「労働市場の流動化をめぐる法律問題（上）」ジュリ1040号57頁）。
18　東京地判平成7・10・16判時1556号83頁〔東京リーガルマインド事件〕，大阪地判平成17・10・27労判908号57頁〔特許事務所事件〕。
19　東京地決平成14・8・30労判838号32頁〔ダイオーズサービシーズ事件〕等。
20　「従業員等の競業避止義務等に関する諸論点について（上）」判タ1387号12頁。
21　合理的限定解釈を行った上でその限度で差止めを認めた例として東京地決平成16・9・22判時1887号149頁〔トーレラザールコミュニケーション事件〕，合理的限定解釈を行った上で義務違反を否定した例として東京地判平成17・2・23労判902号106頁〔アートネイチャー事件〕。

れる。他方，一切限定解釈を許さないとすれば，使用者側は過不足ない競業避止義務を設定しなければならないことになり，使用者側に酷である。そこで，無制限かつ包括的な競業制限は，使用者に正当な理由があり，かつ，代償措置（経済的利益）がない限りは限定解釈による救済は不適当であり，無効と解すべきである一方で，一定の正当な利益が認められ，代償措置があるような事案においては，制限に必要な範囲内で合意内容を限定解釈することによって適切な判断をすべきとの見解があり[22]，妥当と思われる。

3．設問についての考え方

従業員等との間で締結する退職後の競業避止義務を定める条項が直ちに無効となるものではない。しかしながら，従業者等の転職の自由との関係から，裁判所はその有効性を厳しく判断する傾向があることから，実効的な競業避止義務を課すためには，裁判例の判断要素等を踏まえた内容，方法によることが必要である。

---

22 横地・前掲（注9）15頁。

Q24 退職後の引抜き行為

退職者による従業員の引抜き行為は、どのような場合に違法になるか。また、従業員等との契約で、退職後の勧誘や引抜きを禁止することは有効か。

1. 従業員の引抜き等

従業員の引抜きには、二重の雇用契約が生じるケースと、退職後の雇用のケースとがあるが、通常問題となるのは、適法に退職して競争関係のある会社へ就職するケースである。この場合でも、求人サービス業者等が独自に行うヘッドハンティングという形式のものもあれば、退職した従業員による引抜きという形式のものもある。

従業員の勧誘や引抜きは、労働契約上の債権の侵害を構成するとし、いわゆる債権侵害の一事例として論じられてきた。この点、退職した従業員は、かつての同僚や部下の持つ能力や人的資産についてよく知り得る立場にあるが、少なくとも在職中は、企業(使用者)に対して誠実義務を負っており(労働契約法3条4項)、役員には善管注意義務や忠実義務(会社法355条、330条、419条2項等)が課されるなどしている。この反面において、転職する側の従業員には、転職の自由が保障されており(憲法22条)、自由意思による転職は不当に制約されてはならないという要請が働いている。

そこで、退職者が、引抜き行為を行うことが違法となる場合があるか、それはどのような場合か。また、企業が、秘密情報やノウハウの漏洩、顧客情報や顧客そのものの流出を防止するため、退職する従業員に対して、当該企業の他の従業員の勧誘や引抜き行為を禁止する旨を約束させることの有効性・有用性が問題となる。

2. 引抜きと不法行為

上述のとおり、退職後の従業員は、かつての同僚や部下の能力について最もよく知り得る立場にあるが、そのような知識も、従業員が前使用者のもとにお

いて獲得した知識と同様に考えられる。そこで，かかる知識については，それが営業秘密に該当したり，あるいは，信義則上の秘密保持義務や競業避止義務に違反するような態様であったりしない限り，原則として自由に使用することができるはずである。

　この点，多くの裁判例においても，勧誘や引抜き行為があれば直ちに責任を認めるわけではなく，悪質な態様の勧誘・引抜き行為のみ違法とする旨を示している。例えば，東京地判平成3・2・25判時1399号69頁〔ラクソン事件〕では，「右転職の勧誘が引き抜かれる側の会社の幹部従業員によって行われたとしても，右行為を直ちに雇用契約上の誠実義務に違反した行為と評価することはできない」とし，「その引抜きが単なる転職の勧誘の域を超え，社会的相当性を逸脱し極めて背信的方法で行われた場合には，それを実行した会社の幹部従業員は雇用契約上の誠実義務に違反したものとして，債務不履行あるいは不法行為責任を負うというべきである」としている。同様に，東京地判平成8・12・27判時1619号85頁〔シーアイシー事件〕でも，「従業員の引抜行為が単なる転職の勧誘にとどまるなど，その手段・方法・態様等が社会的に相当であると認められる限りは，自由で公平な活動の範囲内として違法性を欠き，それがたとえ引き抜かれる会社の幹部従業員によって行われたとしても，直ちに雇用契約上の誠実義務に違反した行為ということはできない」としている。

　このように，勧誘や引抜きについて，裁判例は，通常の勧誘行為の範囲内にある限り自由に行うことができるが，社会的相当性を逸脱した方法で引き抜いた場合には，債務不履行または不法行為責任を負うとの立場を示している。すなわち，労働者の転職の自由の観点から，勧誘行為は原則として自由であるものの，勧誘・引抜き行為の態様やこれにより会社の正当な利益が侵害されたかどうかに着目し，損害賠償責任を認めるか否かの判断要素としている。具体的には，①従業員の自由な意思決定を害する態様での勧誘（前使用者に関する虚偽の情報を伝えたり，金銭供与を行ったり，一斉に1つの場所に集めて行う勧誘行為等，労働者の自由な意思決定を害すると考えられる行為）を行っていること[1]，②退職の際に予

---

[1] 原告の営業所が閉鎖されるとの虚偽の事実を伝え，金銭供与を行うなどして転職を勧誘した大阪地判平成14・9・11労判840号62頁〔フレックスジャパン事件〕，転職に難色を示す営業マンに対し胸ぐらをつかんで暴言を浴びせ退職を強要した東京地判平成11・2・

告期間を置いていないこと[2]，③得意先との引継ぎ作業をしていないこと[3]，④労働力の獲得よりも，競合他社の競争力を減殺させることや顧客奪取を目的としていること[4]等が社会的相当性を逸脱している方法での引抜きであると判断される要素として挙げられ，その判断に当たっては，引き抜かれた従業員の当該会社における地位や引き抜かれた人数，従業員の引抜きが会社に及ぼした影響等を重視している。

3．引抜き禁止の合意の有効性

(1) 上述のような勧誘・引抜き行為を牽制するため，退職者が元同僚を競業会社に勧誘したり，引き抜く行為を禁止する旨を定めた場合，その効力が問題となる。

(2) この点，引抜き禁止合意の有効性について，学説では，かかる特約は使用者の財産的情報とのかかわりでは保護法益がなく，合理性が認められないため，原則として無効と解すべきであるとする見解もある[5]。他方，クラブの女性従業員の引抜き禁止規定について，クラブ経営における女性従業員の重要性に鑑みれば相応の合理性を有しており，法的効力を有するとした裁判例もあることから[6]，引抜き禁止条項が有効と認められる場合もないとはいえな

22判時1685号121頁〔ゼンケントップ事件〕，事情を知らないセールスマンをまとめて連れ出し，ホテルの一室で説得を行い，翌日から新会社の営業所で一斉に稼働させた東京地判平成3・2・25判時1399号69頁〔ラクソン事件〕等。

2 退職を決意し翌日にはそろって出勤しなかったため主要なせり人を欠いてせり業務に支障をきたして混乱したとされた福岡地久留米支判昭和56・2・23労判369号74頁〔福岡県魚市場事件〕，退職時期を考慮し，あるいは事前の予告を行う等，会社の正当な利益を侵害しないよう配慮すべきである（従業員は，一般的に2週間前に退職の予告をすべきである。民法627条1項参照）とした東京地判平成3・2・25判時1399号69頁〔ラクソン事件〕。

3 一斉退職により原告の営業が一時頓挫するであろうことを十分に承知しながら，突然一斉に退職申し出をし，営業担当員として当然必要とされる得意先との事務引継ぎも行わずそのまま退職したとされた東京地判昭和51・12・22判タ354号290頁〔東日本自動車用品事件〕。

4 原告作成のメモに「被告の内部混乱をチャンスととらえ，被告顧客の獲得を中心に営業活動を強化し，原告顧客増を図る」と記載されていた東京地判平成20・12・10判時2035号70頁〔東京学習協力会事件〕。

5 石橋洋「企業の財産的情報の保護と労働契約」日本労働法学会誌105号33頁。

6 東京地判平成22・10・15平成20（ワ）37960。

い[7]。むしろ，何らかの合意をしない限り，企業としては悪質な引抜き行為を差し止めることができないことがあることからすれば，正当な競争行為の範囲を逸脱した態様による従業員の引抜きを規制する使用者の正当な利益は認められるべきであり，特約による規制も許容されるべきである。もっとも，この場合，対象となる従業員を使用者の営業秘密に関する情報を持つ従業員や顧客に個人的影響力を及ぼし得る従業員等，その労働者が引き抜かれたならば，営業秘密や顧客の維持についての使用者の保護をなし得ない者に限定したり，合理的期間に限定する等，従業員の転職の自由に鑑み，特約による規制を最小限にとどめる必要がある[8・9]。

4. 設問についての考え方

退職者が退職した企業の従業員を引抜きする行為やその勧誘を行うことが直ちに違法となるものではなく，社会的相当性を逸脱した方法により会社の正当な利益を害する場合に違法となる可能性がある。

企業が，従業員と締結する契約で，退職後の勧誘・引抜き禁止義務を定めることについては議論があるが，そのような契約が直ちに無効とされるものではなく，一定の場合には有効であると考えられる。

---

[7] 「企業が就業規則により競業避止義務を課していない理由には，単に怠慢であったとか，代償措置を嫌って意図的に回避していたとか，さまざまな理由があろうが，いずれにせよ自衛手段を講じていない以上，一定の引抜きに遭うことは企業として勘案しておかなければならないリスクといえる。」田村479頁。

[8] 日本労働法学会編「労働契約（講座21世紀の労働法 4巻）」（有斐閣，2000年）146頁。

[9] 石橋洋「会社間労働移動と競業避止義務」日本労働法学会誌84号118頁～119頁は，「規制される期間や場所を合理的に画すのは困難である面もあるものの，使用者の正当な利益を保護するために必要な期間や場所に限り，規制が許容されるものと思われる」とする。

Q25 秘密保持休暇（ガーデンリーブ）

秘密保持休暇（ガーデンリーブ）とは何か。従業員との契約等における秘密保持休暇に関する定めは有効か。

1. 秘密保持休暇とは

(1) 秘密保持休暇は，法律上定められている制度ではない。それゆえ明確な定義は存在しないが，一般的には，退職の理由を問わず，退職が決定した従業員に対し，退職までの一定期間休暇を取得させ，その間に種々の義務を負わせる制度を指すことが多い。秘密保持休暇は，「ガーデンリーブ」とも呼ばれ，外資系企業等を中心に活用されている。

　実務上，秘密保持休暇の期間は1か月から6か月程度であることが多く，当該期間中は給与の満額が支払われることが多いと思われる。

　使用者が退職予定の従業員に秘密保持休暇を取得させる主なメリットは，従業員は秘密保持休暇の期間中，在職したままであるため，退職後とは異なり，従業員としての義務を負わせ続けることができる上，その間は基本的に業務に従事しないため，使用者の最新の営業秘密に触れることはなく，その結果，当該従業員が記憶や何らかの媒体に保持する営業秘密を最新の状態ではなくすることができる点にある。なお，秘密保持休暇の終了後，すなわち，退職後に，さらに競業禁止義務や引抜き禁止義務を負わせる場合と，秘密保持休暇が終了し，退職した後は，特段の義務は負わせない場合の両方があり得る。

(2) 秘密保持休暇中に従業員に負わせる義務の内容は，使用者の業種やニーズ等によって様々であるが，例えば，以下のような規定とすることが考えられる。なお，秘密保持休暇の規定は，就業規則や雇用契約書，秘密保持契約等に置かれることが一般的であると考えられる。

＜規定例＞
第●条（秘密保持休暇）
1．会社は，従業員が会社を退職する場合（退職の事由を問わない。），従業員に対して，6か月間を上限として，秘密保持休暇を取得させることができる。
2．従業員は，秘密保持休暇の期間中，以下の義務を負う。
　(1)　会社の指示に従い，会社の職務を一切遂行しないか，会社が指示する職務のみを遂行する。
　(2)　会社の指示がある場合，会社の業務に関連して取得した一切の資料およびデータ（これらのコピーおよびこれらに基づいて作成された資料およびデータも含む。），並びに，会社から貸与を受けた名刺，セキュリティカード，パソコン，携帯電話，その他の会社の所有物を，会社に対して返還または廃棄する。
　(3)　会社の指示がある場合，就いている役職から直ちに辞任する。
　(4)　有償・無償を問わず，自らまたは他の会社，組織若しくは個人のために業務，事業または活動を行わない。
　(5)　会社の営業上または技術上の機密を第三者に開示または漏えいせず，会社の業務以外の目的に使用しない。
　(6)　会社の事前の承認なく，会社の敷地または建物に立ち入らない。
　(7)　会社の事前の承認なく，会社の顧客，取引先，委託先，関連会社等（潜在的なものも含む。）および会社の役員，従業員等と接触しない。
　(8)　その他，会社の規程および会社との契約を遵守する。
3．会社は，秘密保持休暇の期間中，従業員に対し，給与の全額を支払い続ける。

2．秘密保持休暇を定めること等の有効性

　秘密保持休暇の合意，規則または命令の有効性が判断された裁判例は見当たらないが，以下のように考えられる。

(1) 合意による秘密保持休暇

　休暇は，従業員の労働条件の1つであるところ，使用者および従業員は，その合意により，労働条件を変更することができる（労働契約法8条）。したがって，

従業員が，一定の時期に休暇を取得する旨の合意をすることは，公序良俗等に反しない限り，有効であると考えられる。なお，使用者は，秘密保持休暇の合意をする従業員の範囲も自由に決定することができると考えられ，公序良俗等に反しない限り，一部の従業員との間で締結する秘密保持休暇の合意も有効であると考えられる。

(2) 業務命令による秘密保持休暇

　使用者は，従業員に対して，指揮監督権を有し，業務上必要な義務を遵守するよう命じることができるため[1]，従業員との合意ではなく，一方的な業務命令により，全部または一部の従業員に対して，秘密保持休暇を取得させることも可能であると考えられる。しかしながら，後述のとおり，従業員は比較的自由に退職することができ，また，従業員による秘密保持義務違反があったとしても，その立証等は一般的に困難であるため，秘密保持休暇の取得を一方的に命じることができたとしても，当該秘密保持休暇中に，従業員が退職してしまった場合，これを引き留めることはできず，また，従業員が一方的な命令に納得せず，定められた義務を任意に遵守しないでいたりしたとしても，その違反を立証することができない可能性もあるため，秘密保持休暇により使用者が享受し得る利益は半減してしまう可能性がある。このため，使用者が秘密保持休暇の効果を最大限に享受するためには，従業員の同意を得て，秘密保持休暇を取得させることが望ましいと考えられる。

3．秘密保持休暇の実効性を高める工夫

(1) 工夫の必要性

　無期雇用の従業員は，法律上，2週間前に予告をすることにより，いつでも退職をすることができるとされており（民法624条1項），当該予告期間は，従業員の同意の有無にかかわらず，使用者のためには延長することができないと考えられている[2]。

　一方，有期雇用の従業員は，法律上，やむを得ない事由がなければ，雇用期

1　菅野149頁，最判昭和61・3・13民集40巻2号258頁。
2　東京地判昭和51・10・29判時841号102頁。

間中に退職できないとされている（民法628条）。そこで、秘密保持休暇の実効性を高める目的で、無期雇用の従業員との間で、秘密保持休暇の期間のみ、有期雇用に切り替える合意を行うことも考えられるが、仮にかかる合意が成立したとしても、かかる合意は民法624条1項を潜脱するもので、実質的には無期雇用が継続していると判断される可能性が高いと思われるため、従業員は、2週間前に予告をすることにより、いつでも退職をすることができると考えられる。

また、一般的に、秘密保持義務の違反は、違反をしたことを示す証拠の収集が難しく、加えて、秘密保持義務や競業避止義務の違反は、違反により使用者が被った損害額の算定および立証も困難であるため、単に秘密保持休暇を導入するだけでは、秘密保持休暇中の義務違反が疑われるにもかかわらず、事実上、対抗し得る措置がないことがあり得る。

このため、使用者は、秘密保持休暇の制度を整備するだけではなく、従業員が秘密保持休暇中の義務を任意に遵守するための工夫を行うことが望ましいと考える。

(2) 工夫の内容

従業員に対して、秘密保持休暇中の義務を任意に遵守させるために最も有効と思われる工夫は、賃金相当額の支払いを継続することであると考えられる。

この点、使用者は、従業員に対し、労務の対価である賃金を支払えば足りるため（民法623条、労働契約法6条）、労務に服さない秘密保持休暇中は、何らの対価も支払わないと合意することも法律上は有効であると考えられる。ただし、何らの対価も支払わない場合、特に秘密保持休暇が長期となると、無期雇用の従業員が退職を選択する可能性、また、有期雇用の従業員について、退職にやむを得ない事由があると認められる可能性、さらに、従業員が任意に義務を遵守しない可能性等が高まると考えられるため、秘密保持休暇を合意することによって享受し得る効果を最大化するためには、賃金の全額か、少なくとも大半の相当額を支払うことが考えられる。

4. 設問についての考え方

　我が国において，秘密保持休暇は必ずしも一般的なものでなく，裁判例等の蓄積もないが，合意等によって秘密保持休暇を定めることは，基本的には有効であると考えられる。

　もっとも，単に秘密保持休暇制度を設けるだけでは，必ずしも実効的なものとならない可能性があるため，一定の工夫を検討することが有益であると考えられる。

Q26 秘密保持義務と退職金

秘密保持契約等で，一定期間，退職金の支払いを留保すること，または，契約違反が判明した場合に退職金の返還を義務付けることは有効か。

1．退職金の性質

退職金とは，一般的に，使用者が従業員の退職時に支払う金員をいう。

もっとも，法律上，使用者は退職金の支払いを義務付けられていないため，使用者は，そもそも退職金を支払うか否か，また，退職金を支払うこととする場合の金額，計算方法，支払方法等の設計を，原則として自由に行うことができる。ただし，退職金は，就業規則，労働契約等によってあらかじめ支給条件が明確に定められている場合，労働基準法上の「賃金」に該当し，その性質の許す限り，労働基準法の賃金に関する規制（労働契約法24条等）が適用されると考えられている（昭和22・9・13発基17号）。

なお，退職金は，一般的に，賃金の後払い的性質（毎期の賃金の一部を積み立てて，退職時に支払う趣旨）と功労報償的性質（使用者に対する功労・貢献の度合いに応じて支払う趣旨）の両方を有すると考えられており，そのどちらの性質が強いかは，各退職金制度の支給基準や計算方法等を踏まえて検討される[1]。

2．支払留保の有効性

従業員が退職する場合，当該従業員に対する「賃金」は，従業員から請求があってから7日以内に支払わなければならないが（労働基準法23条），賃金のうち，退職金は，あらかじめ就業規則等で定めた時期に支払えば足りると考えられている（昭和26・12・27基収5483号，昭和63・3・14基発150号）。

したがって，退職日と合理的に接着した期間（3か月～6か月程度等），退職金の支払いを留保することは，あらかじめ就業規則等で定めていれば可能であると考えられる。

---

1 菅野422頁。

3. 不支給および減額の有効性

(1) 前述のとおり，退職金の設計は原則として使用者が自由に行うことができるため，秘密保持契約に違反した場合に退職金の全部または一部を支払わないと定めることも可能であると考えられる[2]。ただし，一定の事由に基づいて退職金を不支給または減額するためには，就業規則に定めを置く必要がある（労働基準法89条，昭和63・1・1基発1号，平成11・3・31基発168号）。

(2) 賃金はその全額を支払う必要があるが（全額払いの原則：労働基準法24条1項），秘密保持契約に違反する場合に退職金を不支給または減額する旨の定めをおくと，秘密保持契約の違反がある場合，不支給または減額される部分については，そもそも支払うべき退職金が発生しないと考えられるため，全額払いの原則には違反しないと考えられる[3]。

(3) ただし，退職金の不支給および減額の定めを有効に置いたとしても，具体的な事案において，実際に不支給または減額が認められるかは，当該使用者における退職金が賃金の後払い的性質と功労報償的性質のいずれを強く有するか，当該従業員による契約違反の程度，当該使用者が被った不利益の程度等，各事案の個別具体的な事情を考慮して決定されており[4]，退職金の全部を支払わないことが認められる場合は限定的であると考えられる。

例えば，退職金が従業員の勤続年数に基づいて算出されるとすれば，賃金の後払い的性質が比較的強いと考えられるため，退職金のうち，かかる性質を有する部分の不支給は許されない可能性がある。また，退職金のうち，功労報償的性質を有する部分についても，従業員による契約違反の程度や使用者が被った不利益の程度等を勘案し，従業員の背信性が，当該従業員が在職中に積み重ねてきた功労の全てを抹消する程度にまで及んでいないと考えられるときには，功労報償的性質を有する部分についても，その全額を不支給とすることは許されない可能性がある。

裁判所は，元従業員が競業禁止義務と義務違反の場合の退職金の半額の返

---

2 大阪高判昭和59・11・29労判453号156頁（円満退職の場合にのみ退職金を支給する旨の就業規則の規定は，労働者に永年勤続の功労を抹消するほどの不信行為がある場合には退職金を支給しない趣旨の限度で有効であると判示された。）参照。
3 最判昭和52・8・9集民121号225頁等，菅野423頁。
4 東京地判平成19・4・24労判942号39頁等。

還義務が定められた誓約書を退職時に提出していたにもかかわらず，在職中から競業他社への転職を決めており，退職直後から当該競業他社で就労した事案において，同社の退職金制度上，自己都合退職の場合には退職金の支給率が異なることに着目し，同社の退職金は功労報償的な性格も有すると判断して，元従業員に対して，退職金の半額の返還を命じている[5]。そのほかにも，裁判所は，元従業員が在職中に使用者の営業秘密である菌等を自己の経営する会社で活用するために持ち出したところ，同使用者の規程には，在職中の背信行為が発覚した場合，退職金を返還させることができる旨の定めがあるという事案において，元従業員の行為は懲戒解雇事由に該当するのみならず，持ち出された営業秘密の重要性，元従業員の行為の目的，当該行為が使用者に与える損害の程度等を考慮すれば，高度の背信性が認められると判断し，元従業員に対して，退職金の全額の返還を命じている[6]。

4．返還義務の有効性

使用者は，労働契約の違反について違約金を定めることができないため（労働基準法16条），退職金を確定的に支払った上で，秘密保持契約に違反した場合に，支払済みの退職金を返還させる制度は無効となる場合もあると考えられている。

このため，退職金を一旦支払う制度を採る場合も，前述の退職金の不支給および減額の一種として制度を構築するべきと考えられる。すなわち，退職金は一旦仮に支払うものの，秘密保持契約の違反がある場合には，退職金の全部または一部がそもそも発生しないこととし，従業員は支払われた退職金相当額のうち，発生しなかった部分を返還する義務を負うという内容の制度は，有効である可能性が高いと考えられる[7]。

5．各制度の優劣

一般的に，秘密保持契約に違反したことを示す証拠を収集することは難しく，

---

5 前掲東京地判平成19・4・24。
6 東京地判平成22・4・28判タ1396号331頁。
7 前掲最判昭和52・8・9。

また、違反により使用者が被った損害を算定および立証することも困難であるため、使用者としては、違反が発生した後に、対応に苦心するよりも、従業員が秘密保持契約を任意に遵守するような工夫を行うべきであると考えられる。

そして、従業員の心理としては、退職金が一度手に入ると安心し、秘密保持契約を遵守する意欲が減退する可能性が高いため、従業員が保持している営業秘密の価値が特に高い期間について、退職金の支払いを留保し、当該期間中に違反がないことが確認できた場合に退職金を支払う制度が秘密保持契約の履行を期待しやすいと考えられる。

なお、前述のとおり、退職金の不支給または減額には限界があり得るため、退職金としてではなく、秘密保持義務を負うことに対する対価（秘密保持対価）を支払うこととし、この支払いを留保することとすることも考えられる。なお、退職後の秘密保持義務に対して退職後に支払われる秘密保持対価は、労働の対償[8]として支払われるものではないと考えられるため、賃金には該当しないと考えられる。

6．設問についての考え方

以上のとおり、退職日と合理的に接着した期間（3か月～6か月程度等）に係る退職金の支払留保については、あらかじめ就業規則等で定めていれば可能であると解される。

他方で、退職金の不支給・減額による対応については、それ自体としては基本的に有効と考えられるものの、実際に不支給または減額が認められるかは、当該退職金の性質、当該従業員による契約違反の程度、当該使用者が被った不利益の程度等の個別具体的な事情による。退職金の返還を義務付ける方法については、労働基準法16条との関係を踏まえ、退職金の不支給および減額の一種として制度を構築するべきである。

秘密管理に向けた制度設計を、退職金、賃金等を絡めたかたちで行うに当たっては、秘密保持対価といった選択肢も含め、従業員が任意に秘密保持を遵守するようにする観点が重要である。

---

8 労働基準法11条。

Q27　秘密情報管理と偽装請負

秘密保持の目的で，外注先従業員を管理することは，偽装請負に該当しないか。

1．秘密保持のための外注先従業員に対する管理と偽装請負

　請負，業務委託等の契約（以下「請負等」という。）においては，発注（委託）企業から請負（受託）企業に対し，当該業務の遂行に必要な範囲で，一定の機密情報を提供せざるを得ない場合がある。その場合，企業間で秘密保持契約を締結し，請負企業に対し，秘密保持義務を負わせることは当然である。

　発注企業としては，その実効性を高めるため，さらに，請負企業における当該機密情報に接する従業員に対して，直接，秘密保持の誓約をさせ，秘密保持のための管理等を行うことが想定されるが，かかる行為については，いわゆる「偽装請負」の問題を引き起こす可能性がある。

2．「偽装請負」とそのリスク

(1)　契約の形式上は請負等とされているものの，注文主が直接請負労働者を指揮命令するなど，その実質が，労働者派遣法2条1号に規定する「労働者派遣」（または職業安定法が禁止する労働者供給[1]）に該当する場合には，いわゆる「偽装請負」として，請負企業側はもちろん発注企業側においても違法行為となる。

　すなわち，請負企業については，許可・届出を行わずに労働者派遣事業を行っていること等，各種労働者派遣法違反となることはもちろんのこと，発注企業においても，労働者派遣法において派遣先事業主が遵守すべきことを要請されている各種規制を潜脱していることになる。

---

[1]　労働者供給とは，「供給契約に基づいて労働者を他人の指揮命令を受けて労働に従事させることをいい，労働者派遣法2条1号に規定する労働者派遣に該当するものを含まないもの」をいう（職業安定法4条6項）。労働者供給を業として行うことは，職業安定法44条により禁止されている。

(2) 偽装請負に該当した場合のリスクとしては，以下が挙げられる。

　ア　請負企業および発注企業は，管轄都道府県労働局から，是正勧告または指導を受けることがある。また，当該是正勧告または指導を受けてもなお是正しない場合，業務停止命令を受けることもある（労働者派遣法14条2項）。より悪質な場合，請負企業および発注企業は，労働者派遣事業の許可または届出をせずに労働者派遣事業を行ったとして刑事罰[2]を受けることがある。

　イ　発注企業は，請負企業の従業員に労働災害が発生したときに，当該従業員から，安全配慮義務違反を理由に損害賠償請求を受けることがある（東京地判平成17・3・31労判894号21頁等）。また，労働者派遣の実態がある場合には，発注企業は，労働者派遣法44条以下により，労働基準法や労働安全衛生法の適用を受け，当該規定において労働基準法上の使用者または労働安全衛生法上の事業者とみなされ，労働時間の管理や安全設備の設置や管理を求められることになる[3]。

　ウ　発注企業は，請負企業の従業員から，雇用関係の主張をされる可能性がある[4,5]。

2　1年以下の懲役もしくは100万円以下の罰金（労働者派遣法5条1項，59条2号），または6月以下の懲役もしくは30万円以下の罰金（労働者派遣法16条1項，60条1号）。
3　その他，例えば，発注企業が労働者派遣法45条により，労働安全衛生法上の事業者とされ，同法上の安全体制をとっていなかったために派遣労働者が死亡した場合，送検・起訴され，懲役刑を含む刑事罰に処せられる可能性がある。
4　業務委託契約に基づき，注文者の工場に派遣されていた請負人の労働者が注文者から直接具体的な指揮命令を受けて作業に従事していたために，請負人と注文者の関係が偽装請負状態にあり，当該労働者が注文者に対して雇用契約上の地位確認を求めた事案〔松下プラズマディスプレイ事件〕で，控訴審（大阪高判平成20・4・25労判960号5頁）は，請負人と注文者との間の業務委託契約は脱法的な労働者供給契約として職業安定法44条および労働基準法6条に違反し，強度の違法性を有し，公序良俗違反により無効であるとし，請負人と当該労働者との間の雇用契約も公序良俗違反により無効であるとした上で，注文者が当該労働者を直接指揮命令して工場で作業させ，当該労働者の給与等の額を実質的に決定する立場にあったとして，注文者と当該労働者との間に黙示の雇用契約が成立すると判断した。しかし，上告審（最判平成21・12・18労判993号5頁）は，本事案は労働者供給ではなく，労働者派遣の問題であるとした上で，仮に労働者派遣法に違反する労働者派遣が行われた場合においても，特段の事情のない限り，そのことだけで，派遣労働者と派遣元との間の雇用契約が無効になることはないと解し，①注文者が請負人による当該労働者の採用に関与していたとは認められないこと，②当該労働者が請負人から支給を受けていた給与等の額を注文者が事実上決定していたといえるような事情はうかがわれないこと，③請負人が配置を含む当該労働者の具体的な就業態様を一定の限度で決定し得る地位に

2. 区別の判断基準

請負等と労働者派遣の区別の要件については,「労働者派遣事業と請負により行われる事業との区分に関する基準を定める告示」(昭和61・4・17労働省告示37号)および「労働者派遣事業関係業務取扱要領」(厚生労働省職業安定局,最終改正:平成27年9月)において詳細に定められている[6]。

概要としては,①業務遂行方法の管理,②業務遂行評価の管理,③労働時間の管理,④時間外休日労働の管理,⑤服務上の規律の管理,⑥労働者の配置の決定,⑦資金の支弁,⑧事業主としての法律上の責任,⑨機械設備機材の調達または企画力・専門技術・経験の提供,⑩労働者派遣法違反を免れるために故意に偽装したものではないことが挙げられている。

なお,上記①ないし⑩は,それぞれ関連するものであり,どれか1つに違反すれば必ず偽装請負と判断されるわけではなく,それぞれを総合的に勘案して判断されることになる。

3. 問題となり得る管理ごとの検討

以上を踏まえ,発注企業が,秘密管理を目的として,「請負企業」の従業員に対して直接行うことが想定される管理方法ごとに,当該管理を行うことが,偽装請負に該当するリスクについて,具体的に検討する。

(1) 作業担当者を特定・限定すること

秘密管理状況を確認するために,作業担当者の氏名の報告を受ける(報告するよう求める)こと自体は問題ないと考えられる。

これに対して,発注者側が,作業担当者の具体的な特定・限定等を行うと,

あったことなどの下では,注文者と当該労働者との間に雇用契約関係が黙示的に成立していたとはいえないと判断している。
5 労働者派遣法の平成24年改正により,いわゆる偽装請負により役務の提供を受けたときは,派遣先が,当該派遣労働者に対して,当該派遣労働者と派遣元との間の労働条件と同一の労働条件を内容とする労働契約の申込みをしたものとみなすという規定が導入された(労働者派遣法40条の6)。ただし,この労働契約申込みみなし制度においては,派遣先が偽装請負であることを「知らず,かつ,知らなかったことにつき過失がなかったとき」は適用されない。なお,労働契約申込みみなし制度は平成27年10月1日に施行されている。
6 請負等と労働者供給の区別については,職業安定法施行規則4条で規定されている。

「労働者の配置等の決定及び変更」を発注者が行っていることになる可能性があり，その場合，「労働者に対する業務の遂行方法に関する指示その他の管理」を発注者が行っていると認められるリスクがある[7]。

(2) 作業の分担・配置等を指示すること

秘密管理体制・状況を確認するために，作業の分担・配置等につき報告を受ける（報告するよう求める）こと自体は問題ないと考えられる。

これに対して，発注企業側から積極的に，具体的な請負労働者の配置の決定や業務遂行に関する指示（「労働者の配置等の決定及び変更」）を行うと，「労働者に対する業務の遂行方法に関する指示その他の管理」を発注者が実質的に行っていると認められるリスクがある[8]。

(3) 秘密保持誓約書を提出させること

各作業担当者に対し，発注企業宛て誓約書を提出させること自体については，それが秘密保持のために必要である限り，問題ないと考えられる。

ただし，各人に対する誓約書提出の指示・要請は，あくまで各人との間に直接の契約関係（雇用契約）に基づく業務命令権限を有する請負企業から行われるべきであり，かかる請負企業からの指示・要請に基づかずに，発注企業が直接各人にかかる指示・要請を行ってしまうと，発注企業が「労働者に対する業務の遂行方法に関する指示その他の管理」またはそのような管理を行い得る状況にあることを窺わせる事情として評価されるおそれがあり，リスクを高めることになると考えられる。

(4) 労働時間等の管理を行うこと

発注企業が，労働時間，休憩，休日等に関する指示・管理，残業等の指示・管理を行うことは，「労働時間等に関する指示その他の管理」を行うことになるため，基本的には許されないと考えられる。

---

7 厚生労働省「『労働者派遣事業と請負により行われる事業との区分に関する基準』（37号告示）に関する疑義応答集（第2集）」（以下「疑義応答集第2集」という。）問12。
8 疑義応答集第2集・問6参照。

ただし，秘密管理のために，発注企業が請負企業に対し，作業のための施設や備品等を提供している場合において，それら施設・備品等に対する管理の反射的効果として，作業日や作業時間等に制約がかかることは差し支えない。また，そのような管理の必要性がある場合に，請負企業から作業時間等の実績の報告を受けることも差し支えないと考えられる[9]。

(5) 服務規律を及ぼすこと

秘密管理のために，発注企業が請負企業に対し，作業のための施設や備品等を提供している場合において，その施設管理・災害事故防止・警備・機密保持等の理由から所定の拘束を受けることはやむを得ない。例えば，それらの目的のために，入退場管理の必要性から請負労働者の氏名・性別等を通知させ，名札を付けさせ，入退場証を交付し，それを装着させることや，必要に応じて制服等を着用させること等は問題ないと考えられる。

ただし，このような「労働者の服務上の規律に関する事項についての指示その他の管理」を行うのはあくまで請負企業であり，請負企業からの指示等に基づかずに，発注企業から直接請負労働者に指揮監督を行うようなことはリスクが高いと考えられる。

(6) 就業場所を指定すること

秘密管理のために，作業場所として，例えば発注企業ビル構内のスペース等が指定されることが想定されるが，それ自体で請負人の独立性が失われるわけではないと考えられる。

もっとも，かかる就業場所の指定の結果，例えば同じ業務を両当事者の従業員が混在して（協働して）行うという場合には，業務上および指揮命令上の独

---

[9] この点については，経済産業省「情報セキュリティ関連法令の要求事項集」（2011年）3-2.1.12（111頁以下）においても，施設管理権に基づいて，委託元（発注企業）の委託先従業員（請負企業従業員）に対する直接の関与が許容され得ることを前提に，それが許容されるための「合理的な理由」については，施設管理権に基づいて施設に立ち入る者に対して等しく求められる措置という性格が強い事項であること等が，その根拠となり得る，とされていることが参考となる。

立性が失われるおそれがあると考えられる[10]。

ただし，独立性確保の観点からは，請負企業側の従業員の就業場所を特定し，原則として有償とし，その占有・使用権限を明確にした書面（契約書）を作成しておくことが望ましい（請負等の契約書自体に盛り込んでおくことも考えられる。）。

(7) ＰＣ，ＵＳＢメモリその他の設備・備品等の取扱いにつき指示すること

請負契約であれば，請負人は自らの独立した仕事として請負業務を遂行すべきであり，発注者に対して単に労務の提供を行う（その指揮命令に従って動く）ものではないから，そのような業務遂行上の独立性の確保の観点で，「自ら提供する機械，設備，器材（業務上必要なる簡易な工具を除く。）若しくはその作業に必要な材料，資材を使用しまたは企画若しくは専門的な技術若しくは専門的な経験を必要とする作業を行うものであつて，単に肉体的な労働力を提供するものでないこと」（職業安定法施行規則4条1項4号，前掲告示2条2号ハ(1)参照）に該当するかどうかが問題となり，該当しないとされた場合には偽装請負とされるおそれがある。

もっとも，秘密管理の必要性がある限り，発注企業の指定する設備・備品等を使用させることはやむを得ないと考えられ，また，上記の「企画または専門的な技術若しくは専門的な経験を必要とする作業」（例えば，情報処理サービスなど）でない場合には，対象となる設備・備品を秘密管理上必要な範囲で特定し，原則として有償とし，その占有・使用権限を明確にした書面（契約書）を作成しておくことが望ましい（請負等の契約書自体に盛り込んでおくことも考えられる。）。

4．設問に対する考え方

以上のとおり，発注企業が，秘密管理を目的として，「請負企業」の従業員に対して直接行う管理については，発注企業が当該従業員に対して業務上の指示，命令，指揮，監督等を行ったものとして，「請負企業」側の請負人ないし

---

10 同じ部屋で作業する場合でも，実際の業務内容がそれぞれ独立している場合や，作業スペースが衝立などで客観的に区分されて，請負企業側に置かれた責任者の管理下にあることが確立されている場合であれば，必ずしも「混在している」とはいえず，ゆえに業務上および指揮命令上の独立性はなお失われないと考え得る。

受託者としての自由裁量性ないし責任性を損なわないように留意する必要がある。他方で,発注企業の秘密管理のために真に必要な管理については,適切に請負企業側に対する義務付けを行うなどにより,「偽装請負」に当たらないかたちでの対応が可能であると言える。

第3章

不正競争防止法

1 営業秘密の帰属

Q28　従業員が創出した営業秘密の帰属

従業員が業務に際して自ら創出した秘密情報は，会社の営業秘密として保護されることになるのか。

1．従業員等が業務上創出した情報の取扱い

　従業員等が，業務に際して，発明や創作的表現をした場合には，それぞれ特許法や著作権法において，当該発明等に係る権利の帰属に関する取扱いが定められている[1]。他方で，従業員等が業務に際して，創出した有用な非公知の情報を，会社が秘密として管理した場合，当該情報は，「営業秘密」に該当することとなるが，不競法上，当該営業秘密に係る権利の帰属に関する取扱いを直接定める規定が存在しない。この点，従業員が，業務に従事する過程において創出した情報の取扱いについて，就業規則，契約によって合意がなされている場合には，当該契約に従った解決が可能である場合があるが，特に，そのような明確な合意がない場合に，従業員が，自ら創出した営業秘密を転職先で自由に使用・開示することが不競法2条1項7号の不正競争に該当するのか，そのような情報は，従業員，会社のいずれのものか，いずれに帰属するかという点と

---

[1] 例えば，発明に関する権利の取扱いについては，特許法上，以下のとおり定められている。すなわち，産業上利用することができる発明をした（従業者等その他の）自然人は，特許を受ける権利を取得する（特許法29条1項柱書，36条1項2号参照）。使用者等は，かかる発明が職務発明（その性質上使用者等の業務範囲に属し，かつ，その発明をするに至った行為がその使用者等における従業者等の現在又は過去の職務に属する発明をいう（35条1項）。）である場合，契約，勤務規則その他の定めにより，従業者等がした職務発明について特許を受ける権利等を承継することができ（同2項参照），当該従業者等が当該職務発明について特許を受けたときなどはその特許権について法定の通常実施権を有する（同1項）。また，使用者等は，従業者等から職務発明について特許を受ける権利を承継した場合，当該従業者等に対して相当の対価を支払う義務を負う（同3項）。なお，特許法等の一部を改正する法律（平成27年7月10日法律55号）の施行後における職務発明の取扱いについては，職務発明規程等によりその権利（特許を受ける権利）を初めから使用者等に帰属することが可能となる。

関連して問題となる[2]。

2．学説および裁判例の動向
(1) 学説
ア　原始的帰属を問題とする見解

　この見解は，当該営業秘密のもともとの保有者（以下「本源的保有者」という。）が企業と従業員のいずれかになるのかを判断し，当該営業秘密が従業員にもともと帰属[3]する場合には，企業から示された営業秘密ではないため，従業員によるその利用・開示行為は不競法2条1項7号の「競争行為」に該当しないとする[4]。営業秘密の本源的保有者が誰であるかは営業秘密ごとに判断されることとなるが，各種の知的財産権の実体法の趣旨を考慮に入れ，①企画，発案したのは誰か，②営業秘密作成の際の資金，資材の提供者は誰か，③営業秘密作成の際の当該従業員の貢献度等を勘案しながら判断すべきであるとする[5,6]。

2　同号に該当するためには図利加害目的等の要件も充足する必要があるが，本書では，「営業秘密を示された」の要件該当性のみを検討している。
3　ここでいう「帰属」とは，特定の者に当該情報に関して特許権のような権利が発生することを意味するものではなく，不正競争防止法に定める不正競争の要件を満たす場合に不正行為に対する法的救済を請求できるという意味で用いられている（営業秘密－逐条解説92頁）。
4　産業構造審議会財産的情報部会「財産的情報に関する不正競争行為についての救済制度のあり方について」NBL447号23頁。これに対しては，大寄麻代「営業秘密をめぐる差止請求権の帰属主体について―従業員が自ら開発・取得した営業秘密の利用・開示を企業が差し止めることはできるか―」牧野利秋ほか編『知的財産法の理論と実務第3巻』（新日本法規出版，2007年）357頁以下は，上記アの見解は，同見解が，各種の知的財産法の実体法の趣旨を勘案すべきとしている点について，その趣旨は，それら実体法上の権利帰属者と不正競争防止法上の権利帰属者の範囲を一致させるべきという価値判断があると考えられるものの，不正競争防止法は，「特許法・著作権法等の実体法とは，その制度趣旨が異なるものであるからそれらを一致する必要はなく，不正競争防止法2条1項7号の趣旨にかんがみると，信頼関係に基づいて情報が作成されたか否かを検討する必要があり，「情報が具体的に形成・取得された一連の経緯・目的，使用者による情報の収集及び管理状況，使用者・従業員間の規約・合意等の具体的な事情に照らしてするほかない」との指摘もある。
5　営業秘密－逐条解説86頁。
6　なお，鎌田薫「『財産的情報』の保護と差止請求権（5）」L&T11号43頁以下は，特許を受ける権利等の営業秘密が本源的には従業員に帰属する場合であっても，職務発明に関する契約等によって，当該営業秘密が使用者に承継されている場合には，法的な観点から，「示された」と評価でき，従業員による使用・開示行為は同号に基づく差止めの対象になるべきであるとし，大寄・前掲（注4）は，上記アの見解を原始的帰属説と呼んだ上で，これを修正帰属説として区別している。

イ 「示された」かどうかの事実関係を問題とする見解

　この見解は情報の原始的帰属を問題とせず情報が「示された」かどうかの事実関係に着目する。不競法2条1項7号の条文上は，示した者と示された者という相対的な関係のみが問題なのであって，同号の適用を検討する上では，営業秘密が誰に帰属するのかという議論は不要であり，従業員が在職中に開発したノウハウや自らの営業活動で収集した顧客情報は，たとえそれが企業の下で秘密管理されている場合であっても，企業が「示した」情報ではないから，少なくとも本号の規律はおよび得ず，契約上救済が認められるかどうかの問題にすぎないとする[7]。

ウ 原始的帰属を問題とせず，秘密管理性の有無を問題とする説

　この見解も，保有者の営業秘密の保護の必要性という点では，情報を不正使用した者が当該情報の最初の情報源であった場合と，そうでない場合とで，結論を異ならせる理由はないとして，情報の原始的帰属を問題とはせず[8]，情報の秘密管理性に着目する。営業秘密情報の情報源が従業員であったとしても，事業者が当該従業員の得た情報を事業者の営業秘密として管理している以上，当該従業員は事業者からその営業秘密を示されたといってよいとする。

(2) 裁判例[9]

ア 知財高判平成24・7・4裁判所HP〔投資用マンション顧客情報事件〕（肯定）

　本事案は，投資用マンションの販売業等を営む会社とその子会社であるY（被控訴人（1審原告））らが，その元従業員および同人が一審原告を退社後に設立した会社である控訴人（1審被告）らに対して，1審原告らの営業秘密である顧客情報を取得し，これを使用して1審原告らの顧客に連絡したなどとして，

---

[7] 田村244頁。
[8] 牧野利秋監修，飯村敏明編『座談会 不正競争防止法をめぐる実務的課題と理論』（青林書院，2005年）181頁〔尾崎英男発言〕，なお，山根崇邦「不正競争防止法2条1項7号の『その営業秘密を示された場合』の再構成―投資用マンション事件を契機として―」（L&T61号57頁以下）は，この見解に立って，アの見解は，予見可能性を趣旨とする秘密管理性の考え方にもそぐわないこと，イの見解は企業内部の実態にそぐわないと述べる。
[9] 実際の事案においては，業務に際して自ら営業秘密を創出した従業員・役員が，その後に他の従業員・役員と仲間割れをして，会社（使用者）を退職したような場合に紛争となるものが多い。

不競法2条1項7号等に基づいて損害賠償を求めた事案である。知財高裁は，1審原告らの事業内容や当該事業における顧客情報の重要性に関する事実を詳細に認定した上で，当該顧客情報は，いずれも1審原告らの従業員が「業務上取得した情報」であるから，「これを従業員が自己の所有する携帯電話や記憶に残したか否かにかかわらず，勤務先の1審原告らに当然に帰属する」と認定した上で，不競法2条1項7号該当性を肯定した。

イ　大阪地判平成10・12・22裁判所HP（肯定）

フッ素樹脂シートの溶接技術等をノウハウとして保有していると主張する原告が，当該技術情報は不競法上の営業秘密に当たるとして，原告の元役員および従業員等である被告らに対し，対象ノウハウを使用した製品の差止め・損害賠償等を求めた事案において，裁判所は，対象ノウハウは被告が1人で考案して実用化したものであるからその権利は被告に帰属する旨の被告の主張に対して，対象ノウハウの確立等に当たって被告らの役割が大きかったとしても，それは原告における業務の一環としてなされたものであり，しかも，同被告が1人で考案したものとまで認めるに足りる証拠はないから，本件ノウハウ自体は原告に帰属するとして，被告らに帰属するものとは認められないとした。

ウ　札幌地判平成6・7・8判例不正競業法1250ノ228ノ16（肯定）

原告が，その元従業員の設立した株式会社である被告に対して，当該元従業員らが原告在職中に原告から開示された顧客情報を不正目的により営業活動に使用したなどとして，顧客との取引の停止等を求めた事案において，裁判所は，「一般的には，秘密として管理されている顧客情報は，当該会社の従業員が集客活動を行って積み重ねられるものであり，そのいちいちを右従業員が記憶していることはあり得ない。しかし，当該従業員の集客活動により得られた顧客情報は，右従業員を通して，顧客情報として会社に蓄積されるものであり，一旦そのように秘密情報として会社において管理された以上，右顧客情報は，当該従業員に対し，『開示』されたものであると解すべきである」として，不競法2条1項7号該当性を肯定した。

エ　大阪地判平成22・10・21裁判所HP（否定）

不動産の売買等を営む原告が，元従業員である被告らに対して，原告の顧客情報を持ち出すとともにその情報を用いて不動産の売買等の勧誘等をするため

に第三者に開示した行為につき，不競法2条1項7号所定の不正競争に該当することなどを理由として，被告らに対して当該行為の差止請求等をした事案において，裁判所は営業秘密該当性を否定したが，その顧客情報の営業秘密性の判断において，「そもそも，不正競争防止法で『営業秘密』として保護されるために秘密管理性が要件とされているのは，営業秘密として保護の対象となる情報とそうでない情報とが明確に区別されていなければ，事業者が保有する情報に接した者にとって，当該情報を使用等することが許されるか否かを予測することが困難となり，その結果，情報の自由な利用を阻害するだけでなく，従業員の職業選択・転職の自由を過度に制限することになりかねないからである。とりわけ本件において営業秘密として問題とされる原告の顧客情報は，予め事業者である原告のもとにすべてあって従業員に示すことになる顧客情報だけではなく，従業員が日々の営業活動において取得して原告に提供することにより原告が保有し蓄積する顧客情報となるものも含まれている。その上，その顧客情報を利用した営業活動においては，従業員が特定の顧客との関係で個人的な親交を深め，その関係が会社を離れた個人的な交際関係も同然となる場合も生じ得る。そうすると，そのような情報を含む顧客情報をもって，退職後に使用が許されなくなる事業者の『営業秘密』であると従業員に認識させ，退職従業員にその自由な使用を禁ずるためには，日々の営業の場面で，上記顧客情報が『営業秘密』であると従業員らにとって明確に認識できるような形で管理されてきていなければならず，その点は，実態に即してより慎重に検討される必要がある」とした。

3. 設問についての考え方

裁判例には，事案の内容や当事者の主張に応じて，営業秘密の「帰属」を問題にしているように思われるもの，営業秘密の「管理」を問題にしているように思われるものや，営業秘密の取得や成立の経緯に着目しているように思われるものなどが存在するため，一般化できる基準を導くことは難しい。問題の本質は，秘密管理性が認められる場合の権利関係にある以上，裁判所が，諸般の事情を考慮して「帰属」という言葉を用いた判断をしていることにも理由があり，今後は，この点について，いかなる事情が勘案されるのか（上記2(2)を敷衍

すれば，仮に，従業員が，業務上，ほとんど独力で創出したと評価できる情報についてはどのように考えるべきか，対価（給与）等も勘案されるのか等々）についての裁判例の集積を待つ必要があるであろう。いずれにせよ，実務においては，従業員が業務に際して自ら創出した情報につき，使用者が秘密管理するに至ったことまたは現に秘密管理していることを，従業員をして明確に認識させることによって秘密管理性を確保するとともに，その営業秘密の帰属について合意によってあらかじめ明確にしておくことが有用であると思われる。

Q29 取引に伴う営業秘密の帰属

取引の過程で新たに創出された秘密情報は，誰の営業秘密として保護されることになるのか。

1. 企業間取引における知的財産の取扱い

企業間取引に係る秘密情報やこれを使用して作出した成果の取扱いについては，通常，契約によってその帰属・使用・開示等に関する定めが設けられる。例えば，企業間の共同研究開発等においては，契約当事者が秘密情報を使用して作出した成果に関して，特許を受ける権利を共有とするなど，その知的財産の取扱いに関する定めが設けられることが多く，企業間取引に係る契約に基づく成果やその過程において生じた秘密情報ないし営業秘密の取扱いについても，契約上の合意が明確である場合には，独禁法違反となる等の一定の例外的場合を除き，当該合意に従って解決がなされると考えられる。

しかし，企業間取引においても，そのような取扱いに関する定めがない場合や，不明確・不十分である場合等も少なくない。

この点，特許法上の権利[1]や著作権法上の権利[2]に関しては，基本的には，明

---

1 具体的には，特許法上は，産業上利用することができる発明をした（従業者等その他の）自然人が特許を受ける権利を取得するが（特許法29条1項柱書，36条1項2号参照），使用者等は，かかる発明が職務発明（その性質上使用者等の業務範囲に属し，かつ，その発明をするに至った行為がその使用者等における従業者等の現在または過去の職務に属する発明をいう（35条1項）。）である場合は，契約，勤務規則その他の定めにより，従業者等がした職務発明について特許を受ける権利等を承継することができる（同2項参照）。なお，特許法等の一部を改正する法律（平成27・7・10法律55号）の施行後における職務発明の取扱いについては，職務発明規程等によりその権利（特許を受ける権利）を初めから使用者等に帰属することが可能となる。

また，共有に係る特許権については，①持分譲渡，持分に対する質権設定やライセンス（専用実施権の設定，通常実施権の許諾）については他の共有者の同意が必要となるが（特許法73条1項および3項），②特許発明の自己実施は各共有者が単独で行える（同2項）。同様に，特許を受ける権利については，持分譲渡とライセンス（仮専用実施権の設定，仮通常実施権の許諾）に他の共有者の同意を要する旨の規定がある（33条3項および4項）。

2 著作権法上は，一定の要件の下に法人等の使用者を著作者としており（著作権法15条），この場合には著作者人格権を含め全ての権利が原始的に使用者に帰属する。

また，共有著作権については，①持分譲渡，持分に対する質権設定について他の共有者の同意を必要とし（65条1項），また，②著作権の「行使」，すなわち，著作物の自己利用

文等によりその帰属・使用・開示等に関する定めが設けられているため，当事者間の合意がない場合には，かかる規定に基づく取扱いがなされる。

以上に対して，営業秘密の取扱いについては，上記のような帰属等に関する明文の定めがないため，そのような場合において，その営業秘密がいずれの当事者のものといえるか，いずれの当事者に帰属するのかといった点と関連して問題が生じ，紛争となることがあり得る。

2. 学説および裁判例の動向
(1) **学説**

学説上は，原始的帰属先を問題とするもの[3,4]，不競法2条1項7号の適用を否定するもの[5]，秘密管理性の有無を問題とするもの[6]などがある。詳細は，Q28を参照されたい。

(2) **裁判例**

　ア　東京地判平成16・2・13判タ1114号279頁，判時1802号145頁（否定）

大手製薬会社である原告が，ドラッグストアを営む被告との間に取引基本契約を締結して，医薬品等の商品を卸売りしていたところ，被告が原告からの仕入価格を明示してその価格による安売りセールを行ったことを受け，原告が，原告からの仕入価格は営業秘密であり，被告がこれを開示して安売りセールを行ったことなどは，不競法上の不正競争行為に該当するなどと主張して，被告に対して損害賠償および仕入価格の開示行為の差止めを求めた事案。

東京地裁は，「売買価格は，民法上の典型契約たる売買の主要な要素であり，契約当事者たる売主と買主との間での折衝を通じて形成されるものであるから，

（複製等）や他者へのライセンスについては共有者全員の合意を必要としている（同2項）。ただし，各共有者は，正当な理由がない限り，これらの同意を拒みまたは合意の成立を妨げることはできないものとされている（同3項）。
3　産業構造審議会財産的情報部会「財産的情報に関する不正競争行為についての救済制度のあり方について」NBL447号23頁。
4　鎌田薫「財産的情報の保護と差止請求権（5）」L&T11号43頁等。
5　田村244頁。
6　牧野利秋監修，飯村敏明編『座談会　不正競争防止法をめぐる実務的課題と理論』（青林書院，2005年）181頁〔尾崎英男発言〕。

両当事者にとっては、それぞれ契約締結ないし価格の合意を通じて原始的に取得される情報というべきであり、各自が自己の固有の情報として保有するものというべきである」とした上で、「被告…は原告と共に原告商品の売買の当事者となっている者であり、原告商品の仕入れ価格（卸売価格）は、被告…が売買契約の当事者たる買主としての地位に基づき、売主との間の売買契約締結行為ないし売買価格の合意を通じて原始的に取得し、同被告自身の固有の情報として保有していたものであって、原告が保有し管理していた情報を取得し、あるいは原告から開示を受けたものではない。したがって、被告…との関係においては、原告商品の仕入れ価格（卸入価格）は、その保有者から示されたもの」ではないと判示した。

イ　東京高判平成16・9・29（否定）（上記アの裁判例の控訴審判決）

東京高裁は、「被控訴人…（著者注：上記裁判例における被告）が一般消費者に開示したのは、被控訴人…が販売しようとしている控訴人商品の仕入価格、つまり、控訴人と被控訴人…との間における控訴人商品の売買代金額である。いうまでもなく、売買代金額は、売買契約の主要な要素の一つであり、契約当事者が合意することにより形成されるものである。本件においても、控訴人と被控訴人…が卸し・仕入れとして、売買代金額（控訴人にとっての卸価格、被控訴人…にとっての仕入価格）を合意したことにより、仕入価格という情報が成立し、双方が保有することになったのであり、控訴人が保有していたものが被控訴人…に『示された』ものでないことは明らかである」ことを理由に、原判決と同様、被控訴人は、控訴人商品に関する被控訴人と控訴人との間における売買代金額（仕入価格）という情報を「示された」ものではないのであるから、これを一般消費者に開示しても、不競法2条1項7号が対象とする行為には該当しないと判示した。

ウ　東京地判平成19・6・29裁判所HP（否定）

被告との間で被告本店内におけるダイニングサービスに関する業務委託契約を締結した原告が、本件マニュアルに記載された内容が原告の営業秘密に当たり、被告は、原告から示された営業秘密を原告に損害を加えるなどの目的で他者に開示したと主張して、被告に対して、本件マニュアルの使用の差止めおよび損害賠償を求めた事案。

東京地裁は，①原告との業務委託契約の締結により，被告におけるダイニングサービスの手順や方法を定めたマニュアルがあった方が原告としても業務を進めやすいだろうと考え，被告担当者が原告代表者と話し合い，具体的な手順等を書面化したマニュアルを作成することを合意したこと，②原告代表者がマニュアルの作成を担当し，被告担当者の意見を取り入れて修正を加えるなどして，本件マニュアルの原型を完成し，その後，マニュアルは，原告側からの提案や被告側の提案に基づき順次改定されていったが，その改定はいずれも被告担当者の了解を得た上でされたものであり，被告担当者の了解が得られないまま付け加えられたものはないこと，③本件マニュアルには，被告の役員の氏名，使用する食器，ケータリング会社の業者名，弁当の名称，被告のロゴなども記載されていて，被告の各役員や会議の種類に応じて異なったサービスの内容や具体的な手順が，初めてダイニング業務を行う者でも円滑に業務が行える程度に極めて具体的かつ詳細に記載されていることなどの事実を認定した上で，「本件マニュアルは，業務委託契約に基づき業務を履行するための具体的な手順を詳細に記載したものであり，本件契約書別紙１の内容の一部分ともいうべき内容であって，平成13年１月に最初の業務委託契約が締結された後，原告と被告…の合意の下に作成されたものである。したがって，原告と被告…は，本件マニュアルという情報が成立した時に，本件マニュアルの情報をお互いに原始的に保有することになったものであって，被告…は，原告から原告が保有していた本件マニュアルの情報を『示された』ものではないと認められる」と判示した。

エ　東京地判平成18・3・30判タ1242号300頁，判時1958号115頁（否定）

原告が，いわゆる回線交換方式による直収電話サービスに関する営業秘密を被告らに開示したところ，同被告らが，同営業秘密を他の被告に不正に開示し，同被告がその営業秘密を不正に利用して原告と同様の電話サービスを提供しているとして，被告らに対して，当該営業秘密の開示の差止めなどを求めた事案。

東京地裁は，原告が主張する各営業秘密について，営業秘密の要件を欠くことや，被告ら間における不正開示行為が認められないことを認定して請求を棄却したが，原告が訴外Ｎに対して開示したと主張するノウハウに関して，次のとおり判示した。すなわち，①原告および訴外Ｎ間の契約において，共同でな

したノウハウ等は両者の共有とし相手方の了承も対価の支払いもなく自ら実施できること，および，単独でなした発明およびノウハウは当該発明等をなした者に単独で帰属すると定められている以上，訴外Nが単独でなしたノウハウは訴外Nに単独で帰属する。また，②「契約に特段の合意がない限り，製造メーカーであるNECが発注者である原告からの要求に応じて仕様を変更し，改修，改良した過程で取得したノウハウについては，製造メーカーであるNECがこれを取得すべきものであ」ると判示した。

3． 設問についての考え方

　営業秘密のいわゆる「帰属」の問題は，①企業内における従業員と会社との間で問題となることがあることはQ28のとおりであるが，そこでは，会社内における業務上の行為という前提のもとにおける会社の利益と従業員の転職の自由等との関係が問題となり得るところであるのに対して，②企業間取引における問題においては，純粋にそれぞれの企業の営業・取引活動の自由ないし予見可能性等との関係が問題となり得る（したがって，Q28とは問題状況が異なる。）。

　この点，そもそも企業間取引の過程で当事者が新たに営業秘密を創出したような事案を取り扱った裁判例の数が少ないものの，不競法2条1項7号の要件を満たすと判示したものは見当たらず，契約による定めが尊重され，契約による定めがない以上は，事実として当該情報を創出し，秘密として管理している者が優位であるように見受けられる。ただし，いかなる場合に「当該情報を創出」したといえるか等については，今後の裁判例の集積を待つ必要があろう。

　いずれにせよ，実務においては，企業間取引に際しては，契約書等により十分に手当てしておくことが重要となる。

2 不正競争行為

Q30 第三者による営業秘密の不正取得への救済

第三者が営業秘密を窃盗や不正アクセスによって取得した場合に，営業秘密の保有者はいかなる法的請求ができるか。

1. 考えられる法的措置について

　第三者によって，営業秘密が不正に取得された場合，会社としては，その第三者の具体的な行為態様如何によって様々な法的措置をとることが考えられる。

　まず，民事的な措置としては，会社と当該第三者との間に契約がない以上は，原則として，不法行為責任（民法709条）を追及することが考えられるが，不法行為責任の特則として，当該第三者の行為が不正競争行為（不競法2条1項4号）に該当する場合は，不競法に基づく請求を行うことが考えられる。具体的には，損害賠償請求（不競法4条）および取得した営業秘密の廃棄・除却請求（不競法3条2項），また会社の信用が害された場合には信用回復措置請求（不競法14条）を行うことが考えられる。さらに，不正取得した営業秘密が使用された場合には，使用の差止請求（不競法3条1項）を行うことが考えられる。

　また，刑事的な措置として，第三者の行為が，機密文書の持出し等有体物の窃取に該当する場合には窃盗罪（刑法235条），正当な理由がないのに建造物に侵入する行為を伴う場合には建造物侵入罪（刑法130条），他人のID・パスワードを無断で使用してコンピュータにアクセスする等の不正アクセス行為に該当する場合には，不正アクセスの禁止等に関する法律11条違反，それによって業務が妨害された場合には偽計業務妨害罪（刑法233条），威力業務妨害罪（刑法234条）または電子計算機損壊等業務妨害罪（刑法234条の2），さらには，営業秘密侵害罪（不競法21条1項各号）等に該当する可能性がある。会社としては，こうした刑事的な措置に関して，告訴ないし被害届を行うことが考えられる。

2. 不正競争行為（不競法2条1項4号）

不競法2条1項4号の規定する不正競争行為は，

❶ 窃取，詐欺，強迫その他の不正の手段により営業秘密を取得する行為（以下「不正取得行為」という。）（下記(1)を参照），または，

❷ 不正取得行為により取得した営業秘密を使用し，または開示する行為（秘密を保持しつつ特定の者に示すことを含む。）（下記(2)を参照）

である。以下詳述する。

(1) 不正取得行為

ア 「不正の手段」について

条文上の「窃取」「詐欺」「強迫」は，「不正の手段」の例示にすぎず，窃盗罪や詐欺罪等の刑罰法規に該当するような行為だけでなく，社会通念上，これと同等の違法性を有すると判断される公序良俗に反する手段を用いる場合も含まれると解されている[1]。したがって，第三者が営業秘密を窃盗で取得した場合はもちろん，不正アクセスによって取得した場合[2]にも，かかる取得行為はいずれも不正取得行為に該当する。なお，問題となるケースとして，①被用者買収・契約破棄の誘引や，②リバースエンジニアリングなどがある。上記①被用者買収等については，競業者が，競争相手の被用者に対し，当該被用者が知っている他人（競争相手）の営業秘密を開示させるために，金銭による被用者買収や地位提供による雇用契約破棄の誘引を伴うような行為をなすことも，「その他の不正の手段」に含まれ得ると考えられる[3]。また，上記②リバースエンジニアリングについては，「公の市場から正当な手段により入手できるハードウェア，ソフトウェア製品のリバース・エンジニアリングおよびそれにより得

---

1 営業秘密－逐条解説77頁。
2 不正競争行為のうち特に違法性の高いものを対象とした営業秘密侵害罪である不競法21条1項1号において，「財物の窃取」等と並べて「不正アクセス行為（不正アクセス行為の禁止等に関する法律（平成11年法律218号）2条4項に規定する不正アクセス行為をいう。）」が規定されている。
3 もっとも，実際の紛争において誘引行為を立証することは難しいため，このような行為については，不競法2条1項5号の不正取得者からの悪意重過失による取得の不正競争行為に該当するとの主張がなされているとの見解がある（小野・新・注解（上）532頁〔小野昌延＝苗村博子〕）。

られた情報の使用または開示は，法律上有効な契約で禁止されない限り，財産的情報に関する『不正な行為』ではない」と考えられている[4]。

イ 「取得」について

「取得」については，不競法21条1項1号についてではあるが，逐条解説において，「不正競争防止法における営業秘密の『取得』とは，自己又は第三者が，営業秘密を知得すること（再現可能な状態で記憶すること）又は営業秘密が化体された有体物（営業秘密記録媒体等又は営業秘密が化体された物件）を占有することをいう。有体物の占有の取得には，営業秘密が化体された有体物の占有を取得する場合と，占有している有体物に営業秘密を記載，記録又は化体させることにより取得する場合とが考えられる。」とされていることが参考になる[5]。

ウ 取得の方法について

第三者が「不正アクセス」により営業秘密を取得する場合，当該営業秘密を固定した媒体の取得，コピー等がないことがあり得るが，このような場合でも，不正アクセスによる営業秘密の取得は不正取得行為と認定することが可能と考えられる。それは，営業秘密の本質は，無体物たる情報であり，その取得手段は，営業秘密が固定されている媒体の取得（占有の移転）に限定されないからである。営業秘密の取得方法として，具体的には，次のようなケースがあると考えられている[6]。

① 営業秘密が媒体に固定されている場合に窃取，強取，詐欺，強迫等によって，その媒体ごと取得するケース
② 営業秘密が媒体に固定されている場合に，保有者の意思に反して，保有者の保管する媒体の複写，ダビング，ハッカー等により複製を作成し営業秘密を取得するケース
③ 営業秘密が媒体に固定されている場合に，保有者の意思に反して，保有者の保管する媒体を，信書開披，閲覧等により記憶（窃視）して営業秘密を取得するケース

---

4 産業構造審議会財産的情報部会「財産的情報に関する不正競争行為についての救済制度のあり方について」NBL447号28頁。
5 逐条23・24年改正版186頁。
6 営業秘密−逐条解説77頁〜78頁。

④ 営業秘密が媒体に固定されていない場合（保有者の記憶にある場合）に，盗聴，電波傍受等の手法で，または暴行，強迫，欺罔等により保有者から取得するケース

エ 主観的要件の必要性

窃取，詐欺，強迫等の場合には，①行為自体の悪性が強いこと，②通常の取引関係により営業秘密を取得する場合と異なり，取引の安定性に配慮する必要がないことから，不正取得行為の該当性の有無の判断について，取得したものが営業秘密であるという認識等（主観的要件）は不要と考えられている[7]。

オ 従業員による不正取得

従業員による営業秘密の漏えい行為は，一般には，不競法2条1項7号が問題となることが多いと考えられがちであるが，従業員が，営業秘密を，業務上の権限を超えて取得，あるいは目的外取得した場合も，不正取得行為となる場合があり得る。実際に，元従業員や元役員が退職までに無断で営業秘密の複製を作成した事案について同項4号を適用するものも多く見受けられ[8]，従業員が，アクセス権限を有しない営業秘密を取得したり，アクセス権限を持っている営業秘密についてその権限の趣旨を超えて営業秘密を複写する等の行為が4号違反と判断される場合もあり，7号との境界事例が多い[9]。この点，後述のとおり，4号の事案において，不正取得行為の立証が困難であり，使用や開示が問題とされることも多いため，その限りでは7号との守備範囲の問題が顕在化しにくい側面もあるが，次のとおり考えることができる。

---

7 産業構造審議会財産的情報部会・前掲（注4）29頁。
8 例えば，商品企画部特別開発担当次長という立場を利用して，正規の手続を踏むことなく，実際には顧客情報を第三者に売却する意図であったのにもかかわらず，情報管理室の操作担当者に虚偽の事実を述べて，顧客情報のプリントアウトを取得した行為について，詐欺による不正取得行為と認めた裁判例（東京地判平成11・7・23判時1694号138頁）。また，放射線測定機器具の販売等を目的とする会社で，当時の従業員が，担当社員に対し，値上げをするための検討材料にするという理由で，顧客情報を出力するよう指示し，担当社員が特別にプログラムを作成してホストコンピュータからデータを出力し，圧縮して収録したフロッピーディスクおよびプリントアウトした段ボール箱一杯の紙の形で手渡したが，同従業員が解凍できないと言ってきたため，同従業員の個人所有のパソコンに複写し解凍した事案で，同従業員による顧客情報の不正取得行為を認めた裁判例（東京地判平成12・10・31判時1768号107頁，控訴審（東京高判平成13・6・20裁判所HP）もこれを支持）。
9 小野・前掲（注3）529頁〔小野昌延＝苗村博子〕，産業構造審議会財産的情報部会・前掲（注4）28頁。

7号の不正競争行為の対象は，「営業秘密を保有する事業者」から示された営業秘密である。この「示された」とは，保有者から行為者に対して秘密として開示されたことを意味する。類型的には，①在職中の役員・従業員，契約中の受任者等（委任契約，請負契約，寄託契約，代理契約等により財産的情報の保有者のために事務を処理する者），②退職後の役員・従業員，契約終了後の受任者等，③ライセンシー等（保有者の財産的情報を自己のために使用する者）があり得ると考えられる[10]。そして，これらの者については，契約上の守秘義務等があると解される場合には契約に基づく差止めが考えられるが，契約上守秘義務等が明示されていない場合であっても，守秘義務等が生じることもあり得，その場合，不正の利益を得る目的で，またはその保有者に損害を加える目的で営業秘密を使用または開示する行為については，7号の規定する積極的な主観的要件を満たし，同号の不正競争行為として差止請求の対象となる。他方，保有者から行為者に対して「示された」ものではなく，公序良俗に違反するような態様で保有者から営業秘密を取得した場合にはもちろん，保有者から行為者に対していったん「示された」ものの，さらに行為者が公序良俗に違反するような態様で営業秘密を取得した場合には，4号の不正取得に該当すると考えられる[11]。

(2) **不正取得行為により取得した営業秘密の使用・開示**

　不正取得行為により取得した営業秘密を使用・開示する行為も，不競法2条1項4号の不正競争行為として規定されている。特に営業秘密が使用されている場合には，使用の差止請求を行う必要性が高い。なお，実務では，不正取得行為自体の特定が難しいことから，使用・開示行為について，様々な間接事実を積み上げた上で，不正取得行為があったものと認定することが多い[12]。

10　産業構造審議会財産的情報部会・前掲（注4）27頁。
11　営業秘密侵害罪のうち，不競法21条1項3号の罪に関連して，立案担当者が「『営業秘密を保有者から示された者』であっても，その立場を利用して委託信任関係に違背した『領得』の方法によらず，『詐欺等行為』または『管理侵害行為』によって営業秘密に対する支配を及ぼすことができる状況を作出した場合には，不正に『取得』したものと評価すべきものと解されるから，この場合には第1号の罪の対象となる。」と述べていることが参考になる（営業秘密－逐条解説188頁）。
12　小松一雄編『不正競業訴訟の実務』（新日本法規出版，2005年）346頁。

ア 「使用」について

「使用」とは，立案担当者によれば，「営業秘密の本来の使用目的に沿って行われ，当該営業秘密に基づいて行われる行為として具体的に特定できる」行為を意味するとされ，具体例としては，「製品の製造・事業活動等の実施のために営業秘密を直接使用する行為として，製造技術等の各種技術，設計図等の使用による製品の製造行為や顧客名簿，仕入先リスト，販売マニュアル等の使用による営業活動の実施」「研究開発・事業活動等の実施のために営業秘密を参考とする行為として，研究開発における実験データを参考とすることによる研究開発投資の削減や自社の生産・販売計画等の策定における他社の生産コスト・販売データ・在庫管理情報等を参考にすることによる営業活動の実施」があげられている[13]。

イ 「開示」について

「開示」とは，①営業秘密を公然と知られたものとすること，②営業秘密を非公知性を失わない状態で特定の者に通知することを意味するとされている。また，営業秘密は無体物であることから，具体的な営業秘密の開示行為は，①営業秘密の内容が固定された媒体の移転を通じて営業秘密の内容が他人に通知されること，②口頭で伝える等の方法により，当該営業秘密の内容が他人に通知されるという態様で行われると考えられている[14]。

ウ 使用の差止請求

研究開発，営業活動等の行為自体は，通常，様々な情報に基づいて行われていると考えられるため，当該行為を営業秘密の使用行為に当たるとしてその差止請求を行う場合には，当該行為が当該営業秘密に基づいて行われることの因果関係を明らかにする等，具体的にする必要があるとされている[15]。

実際にはどのような使用行為の差止めを求めることができるかが問題となるが，例えば以下のような裁判例がある。

▶男性用かつらの販売業者の顧客名簿について，元従業員（店長）が，これを無断で持ち出しコピーして，コピーを利用して名簿記載の顧客に電話を掛け

---

13 営業秘密－逐条解説75頁。
14 営業秘密－逐条解説76頁。
15 営業秘密－逐条解説75頁。

るなどして勧誘し，来店した顧客からかつらの注文を受けるなどの営業行為を行った事案で，顧客名簿に登載された顧客に対して，面会を求め，電話をするなどしてかつらの受注行為を行うことを禁止するにとどまらず，顧客名簿に登載された顧客からの来店・電話連絡を受けてかつらの受注や付随するサービスを提供することまで禁じた裁判例[16]。なお，後段の差止めまでが認められたことに関して，本判決は，当該顧客名簿に登載された顧客はもともと原告の顧客であり，一方被告はほとんど宣伝広告活動を行っておらず，顧客の獲得は全て当該顧客名簿を使用した原告の顧客に対する勧誘行為に依存しているといっても過言ではないから，特段の反証のない本件においては，これらの顧客も一度は当該顧客名簿を使用して勧誘を行った顧客であると推認すべきであるとし，これらの営業行為は，先に行った当該顧客名簿を使用した原告の顧客に対する勧誘によってもたらされる必然的な結果を利用する行為であり，不競法3条2項の立法趣旨をも考慮すると，当該勧誘と一体をなすものとして営業秘密の使用に当たると解するのが相当であると判断した。

▶顧客情報の使用差止めに関して，顧客情報記載の者らに対し，面会を求め，電話をし，郵便物を送付しまたは電子メールを送信するなどして，自動車，自動車部品その他自動車に関する商品の売買契約を締結し，同契約の締結を勧誘しまたは同契約に付随する営業行為をすることの差止めを認めた裁判例[17]。

▶PCプラントに関する図面および図表の使用（および開示）の差止めに関して，当該図面等を，ポリカーボネート製造装置の建設，改造，増設，補修，運転管理において，自ら使用し，または第三者に使用させてはならないこと，さらに，当該図面等が記録された文書，磁気ディスク，光ディスクその他の記録媒体の廃棄することを認めた裁判例[18]

エ　営業秘密を使用した製品の製造・販売

営業秘密を使用して製造された製品を販売する行為について，立案担当者は

16　大阪地判平成8・4・16知的裁集28巻2号300頁〔男性用かつら事件〕。
17　大阪地判平成25・4・11判時2210号94頁。
18　知財高判平成23・9・27裁判所HP（平成22（ネ）第10039号，平成22（ネ）第10056号）〔PCプラント図面不正開示事件〕。

営業秘密の使用行為には該当しないため、使用行為の差止請求の範囲外であるが、営業秘密の使用行為の差止請求を行うために必要な措置に関する請求として、営業秘密の使用行為により作成された製品の廃棄請求を認めることが可能であると考えられる旨述べていた[19・20]。しかしながら、この営業秘密を不正に使用して生産された物品について、その譲渡等に関する規制が存在しないという問題点については、不競法の平成27年改正（平成28年1月1日施行）により、一定の条件（技術上の営業秘密を使用する不正競争行為により生じた物品であることについて、その譲受け時に悪意・重過失である場合等）下で、営業秘密侵害品について譲渡・輸出入等する行為を新たに不正競争行為と規定し、差止請求および損害賠償請求の対象となることが明示された。

　オ　ソースコードの使用

　ソースコードの使用が営業秘密の「使用」に該当するかどうかについて、7号の事案であるが、商用ソフトウェアのソースコードの使用について、ソースコードをそのまま複製した場合や、異なる環境に移植する場合に逐一翻訳したような場合などが「使用」に該当するものというべきであり、原告が被告による「使用」として主張する「ソースコードに表現されるロジック（データベース上の情報の選択、処理、出力の各手順）を、被告らにおいて解釈し、被告ソフトウェアの開発にあたって参照したこと」は、ソースコードの記述そのものとは異なる抽象化、一般化された情報の使用をいうものにすぎず、同号にいう「使用」には該当しないと判断した裁判例がある[21]。

3. 設問についての考え方

　第三者が営業秘密を窃盗や不正アクセスによって取得した場合の法的措置を

19　営業秘密－逐条解説76頁。
20　また、裁判例においては、第5号の事例で、営業秘密を使用した製品の製造・販売の差止めを認めるものがあったほか（大阪地判平成15・2・27裁判所HP（平成13（ワ）第10308号、平成14（ワ）第2833号）、福岡地判平成14・12・24判タ1156号225頁、7号・8号の裁判例として、大阪地判平成10・12・22知的裁集30巻4号1000頁）、裁判例は、このような行為も営業秘密の使用行為に該当すると考えているとの見解があった（小野・前掲（注3）535頁〔小野昌延＝苗村博子〕）、仙台地判平成20・1・31判タ1299号283頁などがあった。
21　大阪地判平成25・7・16判時2264号94頁。

まとめると以下のとおりである。

　すなわち，民事的な措置としては，契約がない以上は，不法行為責任（民法709条）を追及することが考えられるが，不正な手段により営業秘密が取得された場合には不正競争行為（不競法2条1項4号）が成立し，使用の差止請求（不競法3条1項），損害賠償請求（不競法4条），営業秘密の廃棄・除却請求（不競法3条2項），信用回復措置請求（不競法14条）などを行うことができる。

　また，刑事的措置としては，行為態様によっては窃盗罪（刑法235条），建造物侵入罪（刑法130条），不正アクセスの禁止等に関する法律11条違反，偽計業務妨害罪（刑法233条），威力業務妨害罪（刑法234条）または電子計算機損壊等業務妨害罪（刑法234条の2）に該当する可能性がある。さらには，不正な手段によって営業秘密を取得等する行為は，営業秘密侵害罪（不競法21条1項各号）等にも該当する可能性がある。

Q31　従業員による営業秘密侵害への救済

従業員等が会社から開示を受けた営業秘密を，業務の範囲外で使用した場合や第三者に開示した場合に，会社はいかなる法的請求ができるか。

1. 考えられる法的措置について

　従業員等によって，営業秘密が不正に使用，開示された場合には，会社としては，その従業員等の地位や具体的な行為態様如何によって様々な法的措置をとることが考えられる[1]。

　すなわち，まず，(1)営業秘密を不正に使用又は開示した従業員等に対しては，①契約・就業規則上の守秘義務違反に基づく差止請求，損害賠償請求等を行うこと[2]，②不競法2条1項7号に基づく差止請求（同法3条1項），廃棄・除却請求（同2項），損害賠償請求（同法4条），信用回復措置請求（同法14条）を行うこと，あるいは③不法行為（民法709条）に基づく損害賠償請求を行うことなどが考えられる。なお，以上のほか，④当該従業員に対する懲戒処分等も当然考えられるところである。

　つぎに，(2)営業秘密の開示を受けた第三者に対しては，当該第三者との間に契約がないことを前提とすれば，⑤不競法2条1項8号等に基づく差止請求等上記(1)②と同様の請求を行うこと，あるいは⑥不法行為（民法709条，719条）に基づく損害賠償請求を行うことなどが考えられる。

　さらに，場合によっては，刑事的な措置として，(3)営業秘密を使用または開示した従業員等に対しては，業務上横領罪（刑法253条）や背任罪（刑法247条）等が成立する場合も考えられ，(4)営業秘密の開示を受けた第三者に対しては営業秘密の不正開示等をそそのかす等して不正開示により営業秘密を取得した場合には営業秘密侵害罪（不競法21条1項1号ないし6号）の共犯，不正取得した営業

---

[1] 請求の具体的内容については，Q37，Q38，Q40，Q41も参照されたい。
[2] 一般に，雇用契約や就業規則において，営業秘密の目的外使用や第三者への開示を禁止する規定が設けられていることが多い。また，明示的な規定がない場合であっても，雇用契約に伴う，誠実に労務に服すべき義務に基づき，付随的義務としての使用者の正当な利益を侵害してはならない義務，秘密保持義務を負う場合が多いと考えられる。

秘密を使用または開示する場合には営業秘密侵害罪（不競法21条1項7号，8号）が成立し得る。

　以上のうち，ここでは，上記(1)の②を中心に検討する（上記(1)①に関してはQ19，③に関してはQ37，上記(2)⑤についてはQ32，⑥についてはQ37，上記(3)および(4)についてはQ33を参照）。

2．従業員の不正競争行為（不競法2条1項7号）

　不競法2条1項7号の不正競争行為は，営業秘密を保有する事業者（以下「保有者」という。）からその営業秘密を示された場合において，不正の利益を得る目的で，又はその保有者に損害を加える目的で，その営業秘密を使用し，又は開示する行為をいう。

　行為者の取得行為自体は正当に行われた場合の取得後の営業秘密不正利用行為であるため，不競法2条1項4号の不正競争行為のような不正取得型の行為とは異なり信義則違反型の行為であると位置付けられている。

(1)　営業秘密を保有する事業者

　保有者は事業者でなければならないが，現在は事業を行っていなくても，事業を開始する意思を有していることが客観的に明らかな者や，開業の準備に取り掛かっている者も入ると解される。

(2)　保有者からその営業秘密を「示された」こと

　ア　「示された」とは

　保有者から行為者に秘密として開示されるという意味である。典型例として雇用契約における会社から従業員への開示がある[3]。なお，営業秘密侵害罪における不競法21条1項3号にいう「示された」という文言について以下のように解されている点が参考となる（逐条23・24年改正版187頁以下）。すなわち，営業秘密を「示された」とは，営業秘密の「取得」と同義であり，自己または第三者が営業秘密を知得することまたは営業秘密が化体された有体物〔媒体〕を占有

---

[3]　小野・新・注解（上）545頁〔小野昌延＝平野惠稔〕。

することを意味する。具体的には、A．情報を知っており、媒体を占有しているケース、B．情報を知っているが、媒体を占有していないケース[4]、およびC．情報は知らないが、媒体を占有しているケース、については営業秘密が「示され」、その者は営業秘密を「取得」した状態にあるが、D．情報も知らず、媒体も占有していないケースについては「示され」ていない。

　イ　「示された」をめぐる紛争

　裁判上、「示された」という要件が特に問題となるのは、いわゆる営業秘密の「帰属」をめぐる場合が多く、その点についてはQ28およびQ29を参照されたい。また、いったん営業秘密を「示された」者が、営業秘密の媒体を不正に取得した場合等7号と4号の守備範囲の問題についてはQ30参照。

(3) 「不正の利益を得る目的で、又はその保有者に損害を加える目的で」(図利加害目的)[5]

　ア　「不正の利益を得る目的」

　「不正」とは、営業秘密を示した保有者との間で当該営業秘密をみだりに使用・開示してはならない信義則上の義務が存在する場合に、この義務に反することを意味し[6]、①当事者間の信頼関係の程度、②営業秘密の保有者の利益、③営業秘密を示された者の利益、④営業秘密の態様等を勘案して判断されることになる[7]。

　イ　「損害を加える目的」

　純粋に保有者を害する意図しか持ち合わせていない場合には行為の違法性は高くとも、典型的な競争行為であるとは必ずしもいえないこともあるために規

---

[4] 記憶に残っていた顧客情報についても示されたものであると認めた事案として知財高判平成24・7・4裁判所HP（平成23（ネ）10084号、平成24（ネ）10025号）〔投資用マンション顧客情報事件〕参照。

[5] なお、平成21年改正前は「不正の競業その他の不正の利益を得る目的で、又はその保有者に損害を加える目的で」と規定されており、同改正の際に、例示されていた「不正の競業その他の」という文言が削除されたが、実質的な変更はない（逐条23・24年改正版73頁）。

[6] 営業秘密－逐条解説88頁。

[7] 営業秘密－逐条解説90頁。退職者による競合行為について諸般の事情から図利加害目的を否定した事案として、大阪地判平成9・8・28TKC28032623参照。

定されたものである[8]。行為の結果，保有者に損害が生じていることを必要としない。

(4) 使用・開示

「使用」，「開示」については，Q30を参照されたい。

3．請求権の競合

　保有者と保有者から営業秘密を示された者との間で営業秘密の使用・開示を制限する契約が存在し，保有者から営業秘密を示された者がこの契約に違反して営業秘密を使用・開示している場合には契約違反に基づく差止請求を行うことができるため，この場合には不競法2条1項7号に基づく請求と契約違反に基づく請求は競合することになる[9・10]。その場合には，いずれの請求を行うことも可能であり，事案によって異なるものの，契約法に基づく請求のほうが立証が容易である場合は少なくないと考えられる（なお，営業秘密侵害が認められた事案に係る秘密保持義務違反の主張について，「図利加害目的による本件顧客情報の使用（不正競争防止法2条1項7，8号）及び信用毀損（同項14号）により損害賠償責任を負うものであるから，これと競合する（中略）債務不履行に基づく損害賠償請求については，判断を要しない」とした知財高裁平24・7・4[11]参照。）。

8　営業秘密－逐条解説88頁。
9　営業秘密－逐条解説90頁。
10　営業秘密－逐条解説94頁は，❶通信販売業を営む企業Aと労働者Bとの雇用契約上，退職後の営業秘密の使用又は開示制限については何も規定されていない場合に，労働者Bが退職時に，企業Aと競業関係に立つ同種の通信販売業を営む目的で在職中に知りえた営業秘密たる顧客名簿を持ち出して，退職後にこれを使用して競業活動を行う場合には，企業Aは契約上の履行請求はできないが，労働者Bの行為は不正競争行為（7号）に該当し，差止めを請求することができるとし，❷例えば，雇用契約上，営業秘密の保有者たる企業Cに対して守秘義務を負う従業員Dが，企業Eとのノウハウ・ライセンス契約締結交渉に際して，守秘義務に違反するにもかかわらずライセンス商談を成立させようとして営業秘密の一部を開示するような場合において，当該事実を知るに至った企業Cは，従業員Dに対して営業秘密のさらなる開示の差止めを請求する場合には，当該従業員Dには「不正の利益を得る目的」「損害を加える目的」が認められないため，不正競争行為（不競法2条1項7号）に基づく請求は行い得ず，契約法に基づく請求のみが可能となるとする。
11　（注4）参照。

4. 設問についての考え方

　従業員等が，会社から示された営業秘密を，業務の範囲外で使用しまたは無断で第三者へ開示した場合の民事的な措置としては，在職中の秘密保持義務あるいは退職後の秘密保持契約等の契約上の義務に違反する場合には，契約上の差止請求，損害賠償請求が可能となり，当該使用・開示が図利加害目的に該当する場合には，不競法2条1項7号に基づく差止請求，損害賠償請求等も可能となる。不競法に基づく請求に当たっては，営業秘密性や図利加害目的の要件を立証しなければならないことから事案に応じた検討が必要である。

Q32 営業秘密の転々取得

営業秘密を転々取得した者に対して、営業秘密の保有者はいかなる法的請求ができるか。

1. 採りうる法的措置

営業秘密が、従業員ないし外部の第三者等によって侵害された後、それを取得した者に対する民事上の法的措置としては、当該取得者の行為が不正競争行為（不競法2条1項5号、6号、8号、9号または10号）に該当する場合は、不競法違反に基づく差止請求（不競法3条1項）、廃棄・除却請求（不競法3条2項）、損害賠償請求（不競法4条）、信用回復措置請求（不競法14条）を行うことが考えられる[1]。

また、刑事的措置としては、営業秘密の開示を受けた第三者に対しては営業秘密の不正開示等をそそのかす等して不正開示により営業秘密を取得した場合には営業秘密侵害罪（不競法21条1項1号ないし6号）の共犯、不正取得した営業秘密を使用または開示する場合には営業秘密侵害罪（不競法21条1項7号）が成立し得る。

転得者に対して不正競争行為が成立し得る各行為類型については以下のとおりである。

2. 行為類型

営業秘密の転々取得がなされた場合の不正競争行為の類型として、次のようなものがある。

(1) 不正取得された営業秘密の転々取得（不正取得についてはQ30参照）

　ア　悪意者の営業秘密不正取得行為等（不競法2条1項5号）

その営業秘密について不正取得行為（4号）が介在したことを知って、もし

---

[1] 当事者間に契約関係（秘密保持契約等）がある場合には債務不履行責任を主張できる場合もある。

くは重大な過失により知らないで営業秘密を取得し，またはその取得した営業秘密を使用し，もしくは開示する行為は不正競争行為となる（下記3参照）。

　　イ　不正取得行為を事後的に知った者の使用・開示行為（不競法2条1項6号）

　　5号と同様に，不正取得行為によって取得された営業秘密を再転得した者が，事後的に悪意になった場合に，営業秘密を使用または開示する行為は不正競争行為となる（下記4参照）。

(2)　正当に取得された後に不正開示された営業秘密の転々取得（正当取得（「示された」）についてはQ31参照）

　　ア　不正開示行為の悪意者の不正取得行為等（不競法2条1項8号）

　　7号の行為により直接的に営業秘密を取得した者から，その不正開示行為であること，または，それが介在していることを知りながら営業秘密を取得，使用または開示する行為は不正競争行為となる（下記5参照）。

　　イ　不正開示行為を事後的に知った者の使用・開示行為（不競法2条1項9号）

　　8号と同様に，不正開示行為により営業秘密を転得または再転得した者が，事後的に悪意になった場合に，営業秘密を使用または開示する行為は不正競争行為となる（下記6参照）。

(3)　営業秘密侵害品の譲渡・輸出入（不競法2条1項10号）

　　技術上の営業秘密を使用する不正競争行為により生じた物品であることについてその譲り受け時に悪意・重過失である場合等の一定の条件をみたす場合に営業秘密侵害品を譲渡・輸出入する行為について，平成27年の改正不競法において，不正競争行為となることが規定された。

3．不正取得行為について悪意・重過失の者の取得・使用・開示行為（不競法2条1項5号）の要件

(1)　要件

　　ア　「その営業秘密について不正取得行為が介在したこと」

　　(ｱ)　「不正取得行為」についてはQ30参照。

　　(ｲ)　「介在」とは，不正行為等が自己に至る取引系列のいずれかの段階にあ

ることを意味する。したがって，不正取得行為をなした者から直接取得する場合だけでなく，途中に第三者を介在して間接的に取得する場合であっても，その取得行為，取得後の使用・開示行為は不正行為となる[2]。

イ 「知って，若しくは重大な過失により知らないで」（悪意または重過失）

(ア) 意義

「知って」（悪意）とは，不正取得行為が介在していることの認識があることをいう。より積極的な「不正競争の目的」「自己又は第三者の」利益を図り，もしくは「他人に損害を加える目的」といった積極的な意図等は必要ない。

「重大な過失」（重過失）とは，取引上要求される注意義務を尽くせば，容易に不正取得行為の事実が判明するにもかかわらず，その義務に反する場合をいう。重過失については，改正不競法に関する「中間とりまとめ」[3]において，我が国企業に求められるべき取引上の注意義務に照らし，営業秘密の取得時の客観的状況から，他社の営業秘密を侵害するおそれが大きいことが容易に予期できたにもかかわらず，その疑いを払拭するための合理的努力を怠ったこと，すなわち悪意と同視し得るほどの取引上の著しい注意義務の懈怠があることをいい，通常の企業活動において重過失が認められることは極めて限定的であると想定される旨述べていることが参考になる。また，「中間とりまとめ」において，重過失の有無に関し以下のような具体例が挙げられている。

❶重過失ありと考えられるケース

- 競合他社A社からの転職者X（技術者）の雇入れ時に，B社からXに対してA社の技術情報を持ち出すことを要求し，その後B社に就職したXが研究開発においてA社の営業秘密に属する技術を用いたが，B社としてはそれを明確に認識していなかった場合
- 同業者であればその性質上当然に他社の営業秘密であることを認識可能な技術情報の取引を技術ブローカーないし他社従業員から持ちかけられたが，情報の出所や合法性等の確認を一切行わずに高額の対価を支払って大量の情報を買い取った場合

---

2 営業秘密－逐条解説82頁。
3 産業構造審議会 知的財産分科会 営業秘密の保護・活用に関する小委員会「中間とりまとめ」(2015年)。

❷ 重過失なしと考えられるケース
- 転職者の採用に当たり，元勤務先の秘密技術を持ち出したり，使用しないことを誓約させる（技術の内容を特定・限定することなく，「元勤務先の営業秘密全般」の持出しを行わないという誓約書を締結する場合も含まれる）等の相当の防止措置を講じており，かつ当該転職者が秘密技術の持出し等を行ったことが明らかであるといった特段の事情のない場合
- 技術情報について売込みを受け，その具体的な出所，取得態様について正当性を確認した上で買い取ったところ，その情報が実は売り込んだ者が他社の営業秘密を不正取得したものであった場合

ウ　取得行為，取得後の使用・開示行為

「取得」，「使用」，および「開示」については，Q30参照。

(2) 裁判例等

　裁判例において，(i)営業秘密を不正取得した者が，会社を設立し，その会社でこの営業秘密を用いているというケースが多く，この場合には悪意が比較的容易に認定されている。他方で，(ii)それ以外のケースについては，この5号所定の悪意または重過失を認めるために綿密な事実認定がなされていると指摘されている[4]。

　ア　例えば，(i)の事例として，東京地判平成12・11・13判時1736号118頁は，墓石販売業者である原告の元従業員らが，原告の保有管理する顧客名簿等の営業資料を社外に持ち出し，営業秘密を窃取したことを認定した上，元従業員らが設立した同種目的の会社である被告会社が，同資料を利用して営業活動を行ったことについて，悪意があるとして5号該当性を認定している。

　イ　これに対して，(ii)の事例については，以下のような裁判例がある。

【肯定例】（大阪地判平成15・2・27裁判所HP[5]）

　土木工事や造園工事の設計，施行，請負およびコンサルタント等を主な事業としておりそれまで精密機械の製造と関係のなかった被告会社が，会社の目的

4　小野・新・注解（上）538頁〔小野昌延＝苗村博子〕。
5　平成13（ワ）第10308号，平成14（ワ）第2833号。

に「電子部品製造機械の企画開発，設計，加工，販売及び輸出入」等を加え，その後，原告会社を退社した元従業員ら（被告ら）を雇用してセラミックコンデンサー積層機および印刷機の設計を行わせ，その製造販売を行っていた事案で，被告らが原告を退社する際に，本件電子データを原告に無断で複製して取得し，これを自ら使用し，または被告会社に開示して4号の不正競争行為を行ったことを認定し，被告会社については，被告らが，退社後すぐに約6000枚にのぼる設計図の電子データを用いて短期間に原告と同様なセラミックコンデンサー積層機および印刷機を完成し，これを原告の顧客であった者に販売することにより利益を上げられる旨申し向けて，セラミックコンデンサー積層機および印刷機の製造販売への出資を要請し，被告会社代表者がそれに応じて出資をしたことが推認されるとし，したがって，被告会社は，本件電子データを取得するに当たり，原告会社の元従業員らが，原告の営業秘密である本件電子データを原告に無断で複製して不正に取得したことを知っていたものと推認され，5号の不正競争行為を行うにつき故意があったものと推認されるとした。

【否定例】（東京地判平成11・7・23判時1694号138頁）

被告会社に原告の顧客名簿を売却した原告の元従業員の行為につき，4号の不正取得およびその開示・使用行為であると判断したが，被告会社については，その代表者が，同社が開設しているインターネットホームページで被告会社の概要を知ったという者（これは被告である元従業員であると推認されている。）から本件顧客情報を15万円で購入したという経緯は認定したものの，全証拠から，被告会社の代表者が，原告の元従業員をして本件顧客情報を持ち出させたこと，元従業員が不正の手段により原告の営業秘密として管理されている本件顧客情報を取得した事実を知っていたこと，または知らないことにつき5号の重大な過失があったことを認めることはできないと判断した。

ウ　なお，上記イで挙げた否定例の裁判例のようなケースに関しては，身元不詳のブローカー等から低廉な価格で，何ら調査もせず重要な営業秘密を取得する場合には重過失が認められるとする見解があるほか（営業秘密－逐条解説82頁），他社の顧客名簿を売る行為自体に，その顧客名簿の取得に何らかの不正行為があったと疑うのが常識であって，上記裁判例において，重過失を認定しなかったことに疑問があるとし，顧客情報については個人

情報保護法の施行後、社会における名簿の価値や重要性についての認識が変わってきており、今後は、上記裁判例のような顧客情報を購入するケースにおいて容易に悪意、重過失が否定されることはないであろう、という指摘がある点には留意すべきであろう[6]。

4．不正取得行為について事後的に悪意・重過失となった者の使用・開示行為（不競法2条1項6号）

第三者が営業秘密を取得した際には不正取得行為の介在の事実について善意・無重過失でも、その後の事情変化によっては、悪意に転化する場合（例えば、保有者から警告を受けて事実を知る場合、産業スパイ事件が大々的に報道されて事実を知る場合等）が考えられる。このような場合、動産の善意取得とパラレルに考えるならば、取得後の知情は一旦取得した権利に影響を来さないことになろうが、営業秘密の場合は、元の所有者が占有を喪失する動産と異なり、保有者はなお営業秘密を保有し、その利益を保護する必要性がある。このため、このような第三者（事後的悪意者）の使用・開示行為も不正行為として位置付けられている[7]。

不競法2条1項6号に規定する不正競争行為に該当するための要件は以下のとおりである。

(1) 要件

ア 「その取得した後に」悪意・重過失となること

(ｱ) 第三者が悪意・重過失になる時点はいつでもよい。差止請求であれば遅くとも口頭弁論終結時、損害賠償請求であれば損害発生時までに、悪意・重過失になっていれば足りる。取得時に善意であったものが、事後的に悪意になる場合としては、保有者から警告状を送達される、差止請求の訴状を送達されるといった場合が考えられる。

(ｲ) なお、何らの営業秘密侵害の裏付けがない警告状が送付され、裁判の結果警告状記載の事実が認定された場合の損害賠償義務については、立案担

6　小野・新・注解（上）539頁〔小野昌延＝苗村博子〕、589頁〔小野昌延＝平野惠稔〕。
7　営業秘密－逐条解説84頁。

当者は，善意占有者の果実収取権に関して善意占有者が本権の訴えにおいて敗訴した場合にその訴え提起の時より悪意とみなす旨の民法189条2項の規定に準じた解釈が可能であろうとしている[8]。

　イ　悪意・重過失については，上記3(1)イ参照。

(2) 対象は「取得した後に」「使用」または「開示」する行為のみであること

　4号や5号とは異なり，6号の対象は，営業秘密を「取得した後」の行為であることから，「使用」または「開示」行為のみで，取得行為は対象とされていない。なお，「取得」，「使用」，および「開示」については，Q30参照。

(3) 裁判例等

　ア　立案担当者は，単に差止請求をするならば，仮に本来5号に該当する行為であったとしても，立証の容易性の観点から，6号の要件事実を主張・立証する場合が多くなると想定される旨述べるが[9]，実際には，6号の事件はほとんどない[10]。

　イ　否定例として，前掲東京地判平成11・7・23があり，同事案では，第5号を否定した上で6号についても否定している。判決は，6号該当性を否定した理由を詳細に論じていないが，本訴に関連して申し立てられた保全手続の際に，被告会社は原告に対し，本件顧客名簿を原告に返還していることが認定されているため，事後的な使用行為がなされていないと認定された可能性がある（なお，本事案は，被告会社が本件顧客情報を15万円で購入したことから，適用除外の場合であるとも考えられる[11]。）。

(4) 不競法19条1項6号の適用除外規定による利害関係の調整

　ア　事後的悪意者の行為を不正行為とすることは，営業秘密の保有者の保護に資するものの，他方で，取引によってノウハウを取得した第三者等に不

8　営業秘密－逐条解説86頁。
9　営業秘密－逐条解説85頁。
10　小野・新・注解（上）541頁〔小野昌延＝苗村博子〕。
11　小野・新・注解（上）541頁〔小野昌延＝苗村博子〕も参照。

測の損害を与えるおそれがあることから,取引の安全の保護の見地から,取引によって善意・無重過失で営業秘密を取得した者が,その取引で得た権原の範囲内での使用・開示する行為は差止め・損害賠償等の適用除外とされている(不競法19条1項6号)。もっとも,この適用除外規定は,「取引により」営業秘密を取得した場合であり,立法担当者によれば,「取引」とは,民法192条の解釈と同様に,売買,贈与等の契約,代物弁済,競売による取得等を含むが,他企業の旧従業員の採用それ自体は取引ではなく,取得の態様を具体的に判断するものと考えられている[12]。

イ なお,他企業の旧従業員の採用,あるいは他企業の研究員の中途採用に基づく営業秘密の善意取得者である事後的悪意者に対しても,不競法19条1項6号の準用を認めてよい場合があるという見解や,結果として必然的に秘密を取得する関係が認められるのであれば,これを取引による取得と解してもよいのではないかという見解,また,設備などの使用については,利益衡量の見地から権利濫用を適用すべき場合も出てくるであろうとの見解がある[13]。

5. 不正開示行為について悪意・重過失の者による取得・使用・開示行為(不競法2条1項8号)

不競法2条1項8号に規定する不正競争行為に該当するための要件は以下のとおりである。

(1) **要件**

ア 不正開示行為

不正開示行為とは,「前号に規定する場合において同号に規定する目的でその営業秘密を開示する行為又は秘密を守る法律上の義務に違反してその営業秘密を開示する行為をいう」とされており(8号),次の2つの類型がある[14]。

(ア) 7号に規定する場合において同号に規定する目的でその営業秘密を開示

---

[12] 営業秘密-逐条解説115頁。
[13] 小野・新・注解(上)540頁〔小野昌延=苗村博子〕,渋谷達紀「営業秘密の保護」法曹時報45巻2号20頁。
[14] 営業秘密-逐条解説96頁。

する行為[15]

この場合，7号の成立要件として同号の行為者に図利加害目的が認められなければならず，かつ，その目的を含めた不正開示行為について，後述の悪意・重過失が認められなければならないため，7号の不正競争行為に該当するというためには二重の主観的要件の立証が必要となる。主観的要件を判断する時点は，第三者が間接的に営業秘密を取得した時点であり，営業秘密の保有者の利益と，営業秘密を善意・無重過失で取得した者の利益を保護し取引の安定性を確保するという要請が，比較衡量される[16]。なお，契約等に基づいて営業秘密を正当に取得した場合には，19条1項6号により，営業秘密の善意取得者は保護される場合がある。

(イ)　秘密を守る法律上の義務に違反してその営業秘密を開示する行為

秘密を守る法律上の義務に違反してその営業秘密を開示する行為の中には，秘密保持契約がある場合や，雇用契約に付随する信義則上の義務として守秘義務を負う場合をも含むと考えられる[17]。

イ　不正開示行為が「介在」したこと

この要件については，上記3(1)ア(イ)の項目を参照されたい。

ウ　「知って，若しくは重大な過失により知らないで」（悪意・重過失）

この要件については，上記3(1)イの項目を参照されたい。

また，前述のとおり，不正開示行為のうち上記ア(ア)の類型においては，開示する者に図利加害目的があることも悪意・重過失の対象となる。他方，上記ア(イ)の類型においては，営業秘密の受け手（相手方・転得者）に不正・加害の目的ないし認識がなくとも，開示する者が義務違反していることについて悪意又は重過失があればよい[18]。ただし，法律上の義務には契約上の守秘義務も含めるとしながら，本号が転得者に対して差止請求を認めるものであるから，「これらの法律上の守秘義務違反があったことを転得者が承知していたからといって，法律上の守秘義務違反があれば直ちに何でも対象となると解するべきではなく，

15　7号については，Q31を参照されたい。
16　小野・新・注解（上）589頁〔小野昌延＝平野惠稔〕。
17　小野・新・注解（上）590頁〔小野昌延＝平野惠稔〕。
18　竹田稔『知的財産権侵害要論　不正競業編（第3版）』（発明協会，2009年）185頁。

その守秘義務違反を理由として保有者と直接信義則上の関係に立つ者（元従業者等）との間で差止請求が認められる場合に限られるべきである。というのは，当事者間ですら差止請求ができないのにその転得者に対して差止請求を認めるのは均衡を失するからである。」と理解する説もある[19]。

　エ　取得行為，取得後の使用・開示行為
　「取得」，「使用」および「開示」については，Q30参照。

(2)　裁判例等
　ア　本号の典型例としては，職務発明規定などがある会社で職務発明をした従業者が，まだ発明が公開されていない時期に競業他社にその発明を開示した場合の競業他社が当該秘密を実施する行為などが挙げられている[20]。
　イ　裁判例としては，以下のような事案が挙げられる。
　㋐　名古屋地判平成20・3・13判時2030号107頁〔産業用ロボット設計図面事件〕
　産業用ロボットを取り扱う会社Xの従業員であったY3およびY4が，Xを退社して新会社を設立し，Y1・Y2が受注したロボットシステムの設計等を行い，Y1・Y2がこれを製造，販売した事案で，裁判所は，Y3・Y4が，図利加害目的で，Xのロボットシステムに関する設計図面・CADデータ等を持ち出し，使用してY1・Y2のシステムを設計したとして，Y3・Y4の行為が7号の不正競争行為に該当すると認めた。さらに，X在職中のY4に対してロボットシステムに関する設計協力を依頼し，面談を予定していた日に参考図面等の資料を持参することまでを求め，Y4がXを退職した後に被告Y2に1か月間常駐してYのシステムの設計を担当したのであるから，Y1・Y2はY4がXの営業秘密である図面・CADデータ等を使用したことを認識しており，仮に認識していなかったとしても重大な過失があったと認められるとして，Y1・Y2の行為が8号の不正競争行為に該当すると認定した。
　㋑　知財高判平成23・9・27裁判所HP〔PCプラント図面不正開示事件〕
　ポリカーボネート樹脂製造装置（PCプラント）に関する図面等の営業秘密

19　山本庸幸『要説不正競争防止法（第4版）』（発明協会，2006年）178頁。
20　小野・新・注解（上）590頁〔小野昌延＝平野惠稔〕。

を保有していた原告が，被告らが共同して，原告の従業員をして不正に開示させて取得し，その取得した営業秘密をPCプラントを建設しようとしていた中国の企業に開示した行為が，8号の不正競争行為に該当する等主張して，図面の使用，開示の差止め等と損害賠償を求めた事案。裁判所は，被告会社Y2の代表者である被告Y2が原告の従業員に働きかけて原告のプラントの図面の全体を不正開示させてプロジェクトチームに提供したこと，および，被告会社Y1および被告Y1も，被告Y2が原告の従業員に不正開示させた情報をプロジェクトチームに提供し，その情報を基にしてプロジェクトチームが図面等を作成したことを認識して，これを中国企業に引き渡したことを認定し，被告会社Y1・Y2，被告Y1・Y2について，不競法2条1項8号の不正競争行為を行ったと判断した。

6．不正開示行為について事後的に悪意・重過失となった者による使用・開示行為（不競法2条1項9号）

不競法2条1項9号に規定する不正競争行為に該当するための要件は以下のとおりである。

(1) 要件

ア 「その取得した後に」悪意・重過失となること
この点については，上記4(2)を参照されたい。

イ 「不正開示行為」，「介在」
これらについては，上記3(1)ア(イ)，5(1)アを参照。なお，不正開示行為にかかる図利加害目的の有無は，各不正開示行為の時点で判断される。

ウ 「知って，又は重大な過失により知らないで」（悪意・重過失）
この点については，上記3(1)イを参照。

エ 「取得」，「使用」または「開示」
Q30を参照。

(2) 裁判例等

9号の裁判例としては，知財高判平成27・2・19裁判所HP（上告棄却・不受理

（最決平成27・9・17TKC25542089））がある。これは，1審原告（被控訴人）が，1審被告会社（控訴人）に原告の顧客に対する商品の修理，交換等の顧客対応業務を移管し，一部の原告の従業員が被告会社に雇用されたところ，被告会社に雇用された原告の元従業員が，原告在職中に原告の顧客情報をパソコンに記憶させ，同パソコンが業務移管に伴い被告に引き渡され，当該顧客情報が被告において使用された事案である。裁判所は，元従業員の行為は8号の不正開示行為に該当すると判断した上で，原告代表者が元従業員に対して本件顧客情報の使用を詰問した事実を元従業員が被告会社の取締役に報告したにもかかわらず，当該取締役は顧客情報の使用停止を指示しなかったこと，また，原告代表者が被告代表者に対して顧客情報の無断使用を指摘等したにもかかわらず被告代表者も使用停止を指示しなかったこと，かかる指摘等を踏まえても被告取締役は従業員らに原告の顧客情報の使用を継続させたことなどを認定し，かかる被告らの行為は，9号の不正競争行為に該当すると判断した。

7. 設問についての考え方

　営業秘密の再取得あるいは転々取得については，取得時に不正開示行為について悪意または重過失である場合には，不正競争行為に該当し，民事上の差止め・損害賠償請求の対象となり得る。また，善意および無重過失で取得した営業秘密であっても事後的に悪意または重過失になった場合には，その後の使用または開示行為については不正競争行為該当性が認められることになる。さらには，営業秘密侵害行為により生じた物品についてその譲受時に悪意・重過失である場合などに営業秘密侵害品を譲渡・輸出入する行為についても，平成27年の改正不競法において，不正競争行為となることが規定された。

　このように，営業秘密の再取得者および転々取得者において，営業秘密侵害行為への悪意または重過失が認められる場合には，再取得者および転々取得者の行為も不正競争行為に該当する可能性が高いことになる。

3 刑事罰

Q33 営業秘密侵害罪

秘密情報の不正取得・利用・開示についてはどのような刑事罰が定められているのか。

1. 立法の経緯

平成2年改正で営業秘密が不競法で保護されることになったが、民事的保護にとどまり、刑事罰は定められなかった。その後、平成15年改正によって、一定の類型の営業秘密侵害行為について刑罰を「3年以下の懲役又は300万円以下の罰金」とする刑事罰が導入され、平成17年改正によって、それまで処罰の対象とされていなかった、国外犯の処罰や、退職者や転得者による営業秘密侵害行為について処罰の範囲が拡張された。さらに、営業秘密侵害罪に「1億5000万円以下の罰金」等を刑罰とする法人処罰規定が設けられ、個人に対する罰則についても、「5年以下の懲役若しくは500万円以下の罰金又はこれを併科」へと加重された。平成18年改正では「10年以下の懲役若しくは1000万円以下の罰金又はこれを併科」へと加重され、法人処罰についても罰金が「3億円以下の罰金」に引き上げられた。平成21年改正では、営業秘密侵害罪の目的要件が変更され、営業秘密の管理に係る任務を負う者の処罰範囲等が拡大した。

さらに、平成27年改正では、転得者処罰、国外犯処罰、未遂処罰等に関して罰則が強化されたほか、罰金刑の引上げ・海外重課、非親告罪化が行われ、犯罪収益の没収等の規定が新設されるなど、様々な刑事罰の見直しがなされた。

2. 刑事罰の対象となる行為

(1) 不競法21条1項では1号から9号まで、以下の刑事罰の対象となる営業秘密侵害行為が定められている。

- 第1号：不正の利益を得る目的で、または保有者に損害を加える目的で

(以下「図利加害目的」という。), 詐欺等行為または管理侵害行為により営業秘密を不正に取得する罪

- 2号：詐欺等行為または管理侵害行為により不正に取得した営業秘密を, 図利加害目的で, 使用し, または開示する罪
- 3号：営業秘密を示された者が, 図利加害目的で, その営業秘密の管理に係る任務に背いて, 有体物に記録されるなどした営業秘密を領得（有体物の横領, データの不正な複製, データを消去する義務に違反して消去したように仮装することなどを方法とした場合に限る。）する罪
- 4号：営業秘密を示された者が, その営業秘密の管理に係る任務に背いて, 3号の方法により領得した営業秘密を, 図利加害目的で, 使用し, または開示する罪
- 5号：営業秘密を示された役員または従業者が, 図利加害目的で, その営業秘密の管理に係る任務に背いて, その営業秘密を使用し, または開示する罪
- 6号：営業秘密を示された役員または従業者であった者が, 図利加害目的で, 在職中に, その営業秘密の管理に係る任務に背いてその営業秘密の開示の申込みをし, またはその営業秘密の使用若しくは開示について請託を受けて, その営業秘密を退職後に使用し, または開示する罪
- 7号：図利加害目的で, 2号, 4号, 5号, 6号の罪または3項2号の罪に当たる開示によって営業秘密を取得して, その営業秘密を使用し, または開示する罪
- 8号：図利加害目的で, 2号, 4号, 5号, 6号, 7号の罪または3項2号の罪に当たる開示が介在したことを知って営業秘密を取得して, その営業秘密を使用し, または開示する罪
- 9号：図利加害目的で, 自己または他人の2号, 4号, 5号, 6号, 7号, 8号の罪または3項3号の罪に当たる行為（「違法使用行為」）により生じた物を譲渡し, 引き渡し, 譲渡若しくは引渡しのために展示し, 輸出し, 輸入し, または電気通信回線を通じて提供する（当該物が違法使用行為により生じた物であることの情を知らないで譲り受け, 提供する場合を除く。）罪

処罰範囲を明確に限定するため, 各号ごとに違法性を基礎付ける目的要件

(図利加害目的）が付されている。具体的には「不正の利益を得る目的」または「営業秘密の保有者に損害を加える目的」と規定されている。「不正の利益を得る目的」とは，公序良俗または信義則に反する形で不当な利益を図る目的のことをいい，自ら不正の利益を得る目的（自己図利目的）のみならず，第三者に不正の利益を得させる目的（第三者図利目的）も含まれる。そして，「保有者に損害を加える目的」とは，営業秘密の保有者に対し，財産上の損害，信用の失墜その他の有形無形の不当な損害を加える目的のことをいい，現実に損害が生じることは要しない。

(2) さらに，不競法21条3項では，上記(1)の罪に関する以下の海外重課が定められている。

- 1号：日本国外において使用する目的で1項1号または3号の罪を犯す場合
- 2号：相手方に日本国外において1項2号または4号〜8号の罪に当たる使用をする目的があることの情を知って，これらの罪に当たる開示をする場合
- 3号：日本国外において事業を行う保有者の営業秘密について，日本国外において1項2号または4号〜8号の罪に当たる使用をする場合

3．未遂犯

21条1項各号および3項各号の営業秘密侵害罪（1項3号およびこれに係る部分を除く。）については，その未遂行為が刑事罰の対象となる（21条4項）。

4．国外犯

日本国内において事業を行う保有者の営業秘密については，日本国外で不正使用または不正開示（21条1項1号〜8号，3項1号，2号，4項（1項9号に係る部分を除く。））が行われた場合についても，日本国内で不正使用または不正開示が行われた場合と同様に，処罰の対象となる（21条6項）。

5．非親告罪化

平成27年改正前は，営業秘密侵害罪は告訴がなければ公訴を提起することが

できない親告罪とされていたが（平成27年改正前の21条3項），平成23年改正による整備のほか，個人情報，共同開発に係る秘密等，営業秘密の保有者と実質的に被害を受ける者とが必ずしも一致しないケースなど，公益的見地からの営業秘密の保護の必要性が高まっていることを踏まえ，平成27年改正により非親告罪とされた。

6．両罰規定

　不競法22条1項の規定により，法人等の代表者，代理人，使用人，その他の従業者が，当該法人の業務に関して一定の類型の営業秘密侵害罪（21条1項1号，2号，7号〜9号（9号については，4号〜6号の罪に係る使用行為をした者が該当する場合を除く。）またはそれらの未遂犯）を犯した場合には，行為者自身が処罰されるだけでなく，その法人に対しても罰金刑が科され得る。

　なお，法人処罰の規定については，法人等の過失を推定する最高裁判例（最判昭和40・3・26刑集19巻2号83頁）に照らすと，自社の従業者等による営業秘密侵害行為を適切に防止できるよう選任監督に関して注意を尽くしたといえるような企業としての取組みがない限りは，企業が責任を免れることはできない。

7．罰則

　営業秘密侵害罪の法定刑は，10年以下の懲役または2000万円以下の罰金であり，懲役刑と罰金刑は併せて科すことができる（不競法21条1項）。また，ある法人の業務に関して，21条1項1号，2号，7号〜9号（9号については，4号〜6号の罪に係る使用行為をした者が該当する場合を除く。）に定める行為（上記2参照）またはそれらの未遂行為（上記3参照）がなされた場合には，22条1項各号の両罰規定により，その行為について，法人に5億円以下の罰金が科され得る。

　さらに，日本国外において使用する目的がある場合等（上記2(2)参照）については，法定刑の上限が3000万円（法人両罰については10億円。ただし，21条1項1号，2号，7号，8号関係の部分のみ。）へと引き上げられている（21条3項各号，22条1項1号）。

8. 過去の適用例

　実際に営業秘密侵害罪として起訴され，有罪とされた例は，必ずしも多くなかったが，近年，顧客情報（個人情報）の漏えい事案を中心に，増加している。報道等により明らかになっているものも含め，以下の各事例がある。

　以下のとおり，営業秘密侵害罪は，創設された平成15年以降しばらくの間，その実際の適用が見られていないところであったが，平成21年以降，その当初は，社会的影響力が小さくないと考えられる顧客情報の流出事案を中心に適用が見られ，近時においては，技術情報についても実刑が下されたり，両罰規定の適用を前提とする摘発がされる[1]などしている。この点，不競法平成27年改正において刑事罰の強化がなされたところであり，同改正の国会の審議において，警察庁より，「今警察といたしましては，今まで以上に企業との連携に努めまして，事件として取り上げるべき事案につきましては，着実に検挙してまいる所存であります。」[2]と述べられるなど，今後もより積極的な摘発が予想されるところである。

(1) 仙台地判平成21・8・13

　被告人が，以前勤務していた会社のメールアカウントおよびパスワードを悪用して合計1万回以上にわたって不正アクセスを行って入手した営業秘密である，ぱちんこ店の「客への還元率である割数及び売上金額等」を，競合する他のパチンコ店に送付して不正競争の目的で開示したという事案である。

　平成21年改正前の不競法21条1項1号（行為類型としては，同改正後の同法21条1項2号に相当）が適用された。営業秘密侵害罪が初めて適用された事例とみられている。

　裁判所は，当該営業秘密が，「遊客への還元率を表す『割数』等，ぱちんこ店にとって重要な営業秘密であるといえ，そのような重要な営業秘密を，2店の競合他店に開示する行為は悪質」とする一方，「競合他店において悪用されることなく，現実に公正な競争が害されるには至らなかった」として，同被告

1　報道によれば，家電量販大手の営業秘密が不正取得されたとされる事件で，営業秘密侵害罪にて法人が書類送検されている。ただし，その後不起訴となったとのことである。
2　平成27年6月5日衆議院経済産業委員会における警察庁長官官房審議官島根悟氏発言。

人を，懲役2年（執行猶予3年）とした。

(2) 大阪簡裁略式命令平成21・9・18

証券会社元社員は，転職希望先である別の証券会社から内定が出た際，先にその別の証券会社に転職していた元同僚社員2人から顧客情報の提供を持ちかけられ，顧客名簿から計約40人の情報をメモし，これを伝えていたとの事案である。

上記元同僚社員2人が，不競法違反により略式起訴され，罰金刑を命じられた。

(3) 名古屋地判平成24・10・11TKC25483225（①），名古屋地判平成24・11・29（②），名古屋地判平成24・12・20（③）

①の事件は，情報通信業を営む被害会社の代理店店長たる被告人が，契約者情報を携帯電話のメールで探偵業者に開示したとの事案であり，不競法21条1項4号及び3号ロが適用された。裁判所は，「報酬目当てに探偵業者の誘いに乗り，各犯行に及んだという動機や経緯に酌むべきところはなく，被告人が，日常的，常習的に同社の契約者情報を漏えいしていたとうかがわれることにも鑑みると，その規範意識は相当程度鈍麻していたといわざるを得ない。これらの点からすれば，被告人の刑事責任は決して軽くない。」などとして，懲役1年6月（執行猶予3年），罰金70万円とした。②の事件は，上記代理店元店員たる被告人が，代理店の端末で契約者3人の自宅電話番号などの個人情報を閲覧し，携帯電話のメールで探偵業者に教えたとの事案であり，その報酬は，1件当たり約5千円，総額約70万円であった。裁判所は，「報酬目当ての短絡的な動機に酌むべき事情はない」と指摘するとともに「常習的に契約者情報を漏えいした刑事責任は軽くないが，罪を認め反省している」と述べ，懲役1年2月（執行猶予3年），罰金10万円とした。③の事件は，上記②の探偵業者たる被告人が，指定暴力団の捜査を担当する県警幹部らの個人情報を不正に取得し，漏えいした等の事案であり，裁判所は，「報酬を持ち掛けて共犯者を誘い込み，極めて機密性の高い情報を長期間，常習的に漏えいさせた」として，懲役2年2月（執行猶予4年），罰金200万円とした。

(4) 名古屋地判平成24・11・5

　被告人は，平成22年10月から平成23年10月に，派遣先のサーバに不正にアクセスし，東京都と愛知，宮崎両県の女性契約者3人の自宅電話番号などを，千葉県の探偵業者に電子メールで教えたとして起訴された事案である。裁判所は，「収入に見合わない飲食や投資を続けるため金銭を得ようとした動機は身勝手。自ら探偵業者に情報の売却を持ち掛け，日常的に犯行を繰り返した」と述べながら「反省している」とし，懲役1年8月（執行猶予4年），罰金100万円とした。

　以上のほか，営業秘密侵害罪が認められた事例で，報道等されたものとして，機械メーカーの設計図面データに係る営業秘密侵害が問題となった横浜地判平成24・9・20，情報通信業者の顧客情報に係る営業秘密侵害が問題となった名古屋地判平成24・12・26および名古屋地判平成25・1・23，電気事業会社の顧客情報に係る営業秘密侵害が問題となった名古屋地判平成25・3・5，工作機械の設計図面等の技術情報に係る営業秘密侵害が問題となった名古屋地判平成26・8・20TKC25504719などがある。

　なお，東京地判平成27・3・9判時2276号143頁では，提携先企業の技術者が半導体の研究データを競合他社に不正開示した行為について，会社間で約331億円にて和解したことを踏まえつつ，懲役5年，罰金300万円の初の実刑判決が下されている（東京高判平成27・9・4TKC25541281にて控訴棄却）。

9. 犯罪収益の没収等

　とりわけ技術上の秘密に係る不正取得事例では，被害額が莫大な規模となることがあり，そうした営業秘密侵害罪の遂行によって得られる不正な収益との関係で，罰金刑の強化による抑止の有効性には限界があり得ると考えられるところであったため，平成27年改正により，営業秘密侵害によって得た犯罪収益を個人やその所属する法人から没収できることとされた（任意的没収。21条10項～12項）。

10. その他の刑事罰

　営業秘密侵害罪以外にも，秘密情報の取得に際して他人の物を窃取する行為

を伴った場合には窃盗罪（刑法235条）が成立する。また，自己が占有する他人の物を横領する行為については横領罪（刑法252条）が成立するし，業務上占有の場合には業務上横領罪（刑法253条）も成立し得る。あるいは，建造物侵入罪（刑法130条）等に該当する場合も考えられる。

さらには，秘密情報の不正取得・使用・開示行為が，他人のためにその事務を処理する者が，自己もしくは第三者の利益を図り又は本人に損害を加える目的で，その任務に背く行為として背任罪（刑法247条）に該当する場合もある。また，他人のID・パスワード等を不正に使用する"なりすまし"行為や，セキュリティ・ホール（プログラムの不備等）を攻撃する行為については，不正アクセス行為の禁止等に関する法律に定める刑事罰が適用される可能性がある。さらに，秘密情報が著作権法で保護される著作物に該当する場合には，秘密情報の複製等について著作権侵害罪（著作権法119条）も成立し得る。

これらの営業秘密侵害罪以外の罪と営業秘密侵害罪とは，一般法と特別法の関係に立つわけではなく，1つの行為が双方に該当する場合には，科刑上一罪としてその最も重い刑により処分される（不競法21条9項，刑法54条1項）。

例えば，営業秘密が記載された書類を不正に持ち出したというケースにおいて，営業秘密侵害罪を問う場合には「営業秘密性」や「図利加害目的」といった要件が必要であるのに対して，例えば上記窃盗罪，業務上横領罪等の罪はそのような要件が必要ない点で構成要件該当性が認められやすいといえる。

11. 設問についての考え方

秘密情報の不正取得等に係る刑事罰としては，最も直截な刑事罰としては，不競法上の営業秘密侵害罪が挙げられる。

もっとも，不正取得等の態様如何によっては，刑法その他の刑事罰に該当する場合もあり，それらの罪においては，保護法益が情報の価値とは離れる反面，営業秘密侵害罪で要求される「営業秘密性」や「図利加害目的」等の要件を要しない。

第4章

その他関連問題

Q34 特許と営業秘密

発明を特許権として保護する場合と，不競法上の営業秘密として保護する場合との違いは何か。

1. はじめに

(1) 特許法に基づく発明の保護と不競法に基づく技術情報の保護

特許法の保護対象としての「発明」とは，自然法則を利用した技術的思想の創作のうち高度のものをいう（特許法2条1項）。これに対して，不競法の保護対象としての「営業秘密」とは，秘密として管理されている生産方法，販売方法その他の事業活動に有用な技術上または営業上の情報であって，公然と知られていないものをいう（不競法2条6項）。

両者は背反する関係にある訳ではないので，一定の技術情報が特許法上の発明に該当する場合には，「特許発明」として特許権を取得して保護するか，または不競法上の営業秘密として保護するかのいずれかを選択することができる。

以下，両者の共通点および相違点を検討する。

(2) 共通点

まず，特許権等の権利侵害に対して権利者は，民事上，差止請求（特許法100条）や不法行為に基づく損害賠償請求（民法709条）等をすることができる。また，特許法には，損害賠償請求を行う権利者の負担を軽減するために，損害額の推定（102条），過失の推定（103条），損害計算のための鑑定（105条の2），相当な損害額の認定（105条の3）等の民法の特則が設けられているほか，生産方法の推定（104条），具体的態様の明示義務（104条の2），書類の提出等（105条），秘密保持命令（105条の4）等の規定が設けられている。

次に，不競法では，営業秘密について，所定の不正競争行為によって営業上の利益を侵害されるおそれのある場合，当該営業上の利益を侵害されるおそれのある者は，民事上，差止請求（3条）や損害賠償請求（4条）等を行うことができる。また，不競法でも，特許法と同様，損害賠償請求を行う者の負担を軽

減するために，損害額の推定（5条），損害計算のための鑑定（8条），相当な損害額の認定（9条）等の民法の特則が設けられているほか，具体的態様の明示義務（6条），書類の提出等（7条），秘密保持命令（10条）等の規定が設けられている。

このように，被侵害者の民事上の救済については，特許法と不競法は，基本的に共通している。

(3) 相違点

特許法は，発明の保護および利用を図ることにより，発明を奨励し，もって産業の発達に寄与することを目的とする（特許法1条）。特許権は，発明が利用されるためにその内容が公開されることを前提とし，その代償として付与される権利であって，物権と同じく原則として何人に対しても対抗できる絶対的独占権である。

これに対して，不競法は，事業者間の公正な競争およびこれに関する国際約束の的確な実施を確保するため，不正競争の防止および不正競争に係る損害賠償に関する措置等を講じ，もって国民経済の健全な発展に寄与することを目的とする（不競法1条）。営業秘密は，秘匿を前提とする，債権と同じく特定人のみに対抗できる相対的非独占権である。

両者は，かかる性質の相違から，保護を受けるための要件，効果等の点で相違する[1]。以下，具体的な相違点について検討する。

2．具体的な相違点

(1) 要件

まず，発明を特許権によって保護するためには，当該発明が特許法上の発明として完成していることや（特許法29条1項柱書参照），進歩性を有すること（同条2項）が必要である。

---

[1] なお，職務発明については，特許法上，あらかじめ使用者に特許を受ける権利や特許権を承継させることなどを，契約，勤務規則その他の条項により定めることで，使用者は従業者から当該権利を承継することができる（特許法35条2項参照）。不競法上の営業秘密の帰属については，Q29を参照されたい。

これに対して，不競法上の営業秘密については，発明として完成していることや進歩性は要求されない[2]。具体的には，事業上有用な技術上の情報であれば，例えば新薬開発に際して失敗した実験に係る化合物等に関するネガティブインフォメーションであっても，これを第三者が知ることによってあらかじめ上記化合物を実験対象から排除することにより研究開発期間の短縮や費用の軽減に役立つため，営業秘密として保護され得る。

(2) 効果

ア　保護範囲

次に，特許権者は，業として特許発明の実施をする権利を専有する（特許法68条本文）。ここでいう「実施」とは，物の発明および物の生産方法の発明については，その物または方法の使用，物の生産，譲渡および貸渡し[3]，輸出，輸入，または，譲渡および貸渡しの申出をする行為，方法の発明においてはその使用をする行為を指す（特許法2条3項1号ないし3号）。生産方法の発明については当該生産方法によって生産された物の譲渡および貸渡し，並びに，輸出，輸入も保護される。

これに対して，不競法では，「使用」等が不正競争行為として差止請求等の対象となるのみであり，営業秘密たる生産方法によって生産された物の譲渡，輸出，輸入等に係る行為については保護されない。

イ　独自に開発した者に対する権利行使

また，特許権者は，特許発明と同様の技術を別個独立に開発した者に対しても，その者が先使用権[4]等を有しない限り，差止請求や損害賠償請求等の権利行使をすることができる。

これに対して，営業秘密を保有する者は，当該営業秘密と同様の技術を別個

2　「公然と知られていないもの」でなければならないことは特許法29条1項1号と同様である。

3　その物がプログラム等である場合には，電気通信回線を通じた提供を含む。

4　特許権者の発明の内容を知らずに独自にそれと同じ発明をしたような場合であって，特許権者の出願した際にその発明を実施して事業や事業の準備をしていたときに，一定の範囲で認められる法定の通常実施権（特許法79条）。先使用権については，特許庁作成に係る先使用権制度ガイドライン（事例集）「先使用権制度の円滑な活用に向けて―戦略的なノウハウ管理のために―」等を併せて参照されたい。

独立に開発した者に対しては，差止請求や損害賠償請求等の権利行使をすることはできない。

　ウ　保護期間

　特許権の存続期間は，特許出願の日から20年をもって終了し（特許法67条1項），それ以降はパブリックドメインとして何人も利用することができる。

　これに対して，営業秘密は，保護の要件を満たす限り，無期限で保護される。

(3)　コスト

　特許権を取得するためには，特許出願をしなければならず（特許法36条1項参照），そのための費用を要する。いったん取得した後の権利維持コスト（特許料の納付や，無効審判が請求された場合の対応等）は高くない。

　これに対して，不競法上の営業秘密は無方式で発生するため，権利取得にあたり特段のコストは要しない。不競法上の営業秘密として保護を受けるためには，高度の秘密管理性が要求されるため，権利維持コストを要する。

3．設問についての考え方

　民事上の救済の仕組みについては共通するものの，技術内容が公開されることを前提に一定期間独占排他権を付与される特許権によって保護される発明と，技術内容が秘匿されたままであることを前提に相対的に保護される不競法上の営業秘密とでは，保護されるための要件や効果等の点で相違する。

　ある技術情報について，特許法上の発明として特許権により保護する場合と，不競法上の営業秘密として保護する場合のどちらが望ましいかは，上記の相違点を踏まえ，①特許権の取得可能性が高いか低いか[5]，②被疑侵害行為の発見が容易か困難か[6]，③競合他社における独自開発の可能性が高いか低いか，④技術

5　特許出願をしたが進歩性等の要件を満たさずに特許権が付与されなかった場合，特許権による保護が受けられないのみならず，発明の内容が公開されるため不競法上の営業秘密としても保護を受けることができなくなる。

6　例えば，検定法，測定法，分析法等に関する技術情報は被疑侵害行為の発見が困難な場合が多いため，不競法上の営業秘密として保護される場合が多いと思われる（なお，方法の発明に係る特許権に基づき，当該方法を使用して品質規格を検定した物の製造販売の差止めを請求することはできないとした判例につき，TKC28041263参照）。

情報が有する経済的価値の存続期間等の諸要素を総合考慮して決定する必要がある。

Q35　他人の営業秘密の出願

契約に基づいて開示した秘密情報に関して受領者が無断で特許出願した場合，開示者はどのような措置をとることができるか。

1. 秘密情報の特許出願

　新製品の調査（feasibility study等）の目的で秘密情報を開示する場合や共同開発の目的で秘密情報を開示する場合など，契約を締結した上で相手方に秘密情報を開示する場合には，契約で相手方に対して開示した情報の秘密保持義務や特許出願の取扱いなどについて規定しておくことが一般的である。このような契約に反して，開示した秘密情報に関して，受領者が無断で特許出願したような場合，開示者はかかる特許出願にどのような対抗措置をとることができるのかにつき，以下，概説する。

2. 特許法上の措置

(1) 「発明」と特許出願

　特許法は，「発明の保護及び利用を図ることにより，発明を奨励し，もつて産業の発達に寄与すること」を目的とする（特許法1条）。かかる目的の下，発明公開の代償としての特許権による保護を受けるためには，その発明につき，所定の出願を行う必要がある。かかる出願後，特許庁の審査等を経て，設定登録されることにより特許権が発生する（特許法66条1項）。特許出願をするためには，特許を受ける権利，すなわち，その発明について特許出願を行い，国に対し特許付与を請求する法的地位を取得する必要がある。特許法上，発明者は，発明をした時点で，特許を受ける権利を取得する（特許法29条1項柱書参照）。ここに，発明者とは，発明をした自然人をいい，発明における具体的な解決手段の創作に現実に貢献した者をいうと解されている[1]。また，発明の具体的な解決

1　例えば，①具体的な解決手段を示さずに，単に一般的な研究テーマや抽象的な助言・指導を与えたにすぎない者（単なる管理者）や，②発明者の指示に従い，データをまとめたり，文書を作成したり，実験を行ったにすぎない者（単なる補助者），③発明者に資金

手段の創作が複数人によって行われた場合，その発明は共同発明となり，発明をした複数人は共同発明者として，特許を受ける権利を原始的に共有する。なお，発明者その他の特許を受ける権利を有する者は，当該権利を他者に譲渡（移転）することができる（特許法33条1項）。

特許を受ける権利を有しない者による出願は冒認出願[2]と呼ばれ，後述するとおり，拒絶理由や無効理由を含むことになる。秘密情報を受領した者が無断で特許出願した場合における開示者の取り得る措置は，開示者の開示した秘密情報が特許法上の「発明」として完成している場合と，「発明」としては未完成であって受領者がその後に秘密情報を利用して発明を完成させた場合とに分けて考える必要がある[3]。

(2) 特許法上の「発明」として完成している技術情報に係る秘密情報を開示した場合[4]

この場合，当該秘密情報に係る「発明」については開示者の従業者等が発明者であり，当該従業者等，または，当該従業者等から職務発明に関する規程等に基づいて権利を承継した当該従業者等の使用者等（開示者）[5]が，特許を受ける権利を有することとなる。したがって，受領者が，契約に基づいて特許を受ける権利を承継したといえない限り，受領者による特許出願は冒認出願に該当し，拒絶理由や無効理由を有することとなる（特許法49条7号，123条1項6号）[6]。

を提供したり，設備利用の便宜を与えたにすぎない者（単なる後援者）は，発明者ということはできない。
2 現行特許法上，「冒認出願」という用語は存在しないが，現在でも広く定着している。
3 なお，開示者は冒認者による特許出願とは別に，自ら特許出願して特許権を有効に取得できる可能性もある。すなわち，冒認出願には先願の効力は認められず（特許法39条6項，29条の2本文かっこ書参照），また，冒認出願の内容が出願公開等された場合であってもこれによる新規性の喪失は真の権利者の意に反する公知にあたるため，新規性喪失の日から6月以内に出願をすることで新規性喪失の例外規定の適用を受けることが可能である（特許法30条1項）。
4 例えば，(i)新製品のfeasibility studyの目的で秘密管理していた製造技術を開示したような場合において，受領者が当該技術に関する発明について特許出願したときや，(ii)改良技術を共同開発するために，秘密管理していた基礎となる製造技術を開示したような場合において，受領者が当該基礎となる製造技術に関する発明について特許出願したときなどが該当する。
5 特許法35条2項参照。
6 なお，受領者が，特許を受ける権利の一部の持分しか取得していないのに単独で出願

開示者としては，冒認出願人に対する権利移転請求（特許法74条1項）や無効審判請求（同123条）の措置をとることができ，また，仮に開示者が当該特許権の行使を受けた場合には特許無効の抗弁（同104条の3）を主張することなどが考えられる。

なお，特許法上，特許出願の日から1年6月を経過した場合または出願公開請求があった場合は，特許掲載公報の発行をしたものを除き，その特許出願について出願公開がされる（特許法64条1項）。いったん特許出願の内容が公開されると，当該特許出願に係る技術情報は公知の情報となったものと評価される可能性が高く，この場合には以後，不競法上の秘密情報としての保護を求めることはできない[7]。

(3)　「発明」として完成していない開示者の秘密情報を受領者が発明を完成させた場合[8]

この場合には，まず，真の発明者の特定が問題となる。真の発明者の特定は，職務発明対価請求訴訟等のこれまでの裁判例の考え方からすれば，当該発明の課題解決手段としての具体的な特徴を把握した上で，その特徴的部分の創作に寄与した者が真の発明者ということになる。また，受領者が真の発明者であったとしても，特許を受ける権利の帰属は契約によって譲渡可能であることから，共同開発契約，秘密保持契約，取引契約等の当事者の合意内容も踏まえる必要がある。これらの検討を踏まえて，受領者が特許を受ける権利を単独で保有しているといえる場合には，当該特許出願には冒認出願や共同出願違反に係る拒絶理由・無効理由は存しないことになる。一方で，開示者と受領者が特許を受ける権利を共同で保有しているといえる場合や，開示者が特許を受ける権利を

した場合は共同出願違反に該当し，同様に拒絶理由や無効理由を有することとなる（特許法49条2号，123条1項2号）。

[7]　なお，冒認出願に係る特許出願や出願公開等の差止めが争われた事案ではないが，旧法下において発明者権に基づく差止請求権が原則として認められないとした裁判例として，東京地判昭和30・7・5下民集6巻7号1303頁参照。また，出願公開前における不競法に基づく措置について，後述3参照。

[8]　例えば，新薬を共同開発するために，これまでに失敗した実験に係る化合物等に関するネガティブインフォメーションを開示したような場合において，受領者が，その後，単独でまたは開示者と共同で完成した新薬に関する発明について特許出願したときなどが該当する。

単独で保有しているといえる場合には，受領者の特許出願は共同出願（特許法38条）違反または冒認出願となり，開示者は上記(2)で記載した措置をとることができる。

3．不競法その他の措置

開示者が受領者による特許出願前または出願公開前に冒認の事実を把握することができた場合には，理論上，発明に係る情報が不競法上の営業秘密に該当するときは，受領者による特許出願行為が不競法に定める営業秘密侵害の行為類型に該当する限りにおいて，開示者は受領者に対して不競法に基づき，出願等の差止めを請求する余地があろう。

もっとも，開示者が冒認出願の事実に気がつくのは出願公開後であることが多いため[9]，そもそも受領者による特許出願前または出願公開前に開示者が冒認の事実を把握できるケースは稀であると考えられる。開示者が出願公開後に冒認出願の事実に気がついたような場合には，かかる発明は公知情報となっており，出願公開後は不競法上の秘密情報としての保護を受けることはできず，出願公開前までの不正使用・開示等に関する損害賠償を請求し得るにとどまるであろう。また，不競法上の請求とは別に，民法上，秘密保持義務違反として債務不履行責任（民法415条）や特許を受ける権利の侵害として不法行為責任（民法709条）[10]を追及して損害賠償請求することなどが考えられる。

4．設問についての考え方

契約に基づいて開示した秘密情報に関して受領者が無断で特許出願した場合，当該秘密情報がすでに発明として完成している場合には，当該特許は，冒認出願として，拒絶理由や無効理由を有することとなり，開示者としては，冒認出願人に対する権利移転請求や無効審判請求の措置をとることができ，また，仮に開示者が当該特許権の行使を受けた場合には特許無効の抗弁を主張すること

---

[9] 日本国際知的財産保護協会『特許を受ける権利を有する者の適切な権利の保護の在り方に関する調査研究報告書』（日本国際知的財産保護協会国際法制研究室，2010年）144頁等参照。
[10] 意匠に関する事件であるが，最判平成5・2・16判時1456号150頁参照。

などが考えられ，開示した秘密情報が未だ発明として完成していない場合には，その完成した発明について，開示者が（も）（共同）発明者と認められる場合には，上記と同様の措置をとることができると考えられる。

　また，以上とは別に，当該秘密情報が営業秘密と認められる場合には，不競法上等の措置をとり得る場合があると考えられる。

Q36 著作権法による営業秘密の保護

営業秘密は著作権法で保護されるか。

1. 保護対象の相違

　不競法が定める「営業秘密」が著作権法により保護されるか否かを検討するためには，不競法が「営業秘密」として保護するものはどういった情報か，著作権法が「著作物」として保護する対象は何かをまず検討する必要がある。不競法上「営業秘密」とは，①秘密として管理されている，②生産方法，販売方法その他の事業活動に有用な技術上又は営業上の情報であって，③公然と知られていないもの（不競法2条6項）とされている。そして，営業秘密の不正利用行為（同条1項4号ないし10号）に対しては，差止請求（同法3条），損害賠償請求（同法4条）等が認められる。

　他方，著作権法が保護する「著作物」とは「思想又は感情を創作的に表現したものであって，文芸，学術，美術又は音楽の範囲に属するもの」（著作権法2条1項1号）である。これらの著作物に関する著作者人格権や著作権の侵害行為に対しては，差止請求（同法112条），損害賠償請求（同法114条）等が認められる。

　以上のとおり，不競法と著作権法がそれぞれ保護する対象は異なっているものの両者に重なり合いが認められる場合，すなわち，不競法で保護される「営業秘密」に当たる情報が，著作権法で保護される「著作物」にも当たる場合には，著作権法に基づいた保護を受けることができる。なお，「営業秘密」が「著作物」に当たることを前提にその著作権侵害を主張するためには，当然のことながら，著作権の侵害行為（例えば，複製行為や翻案行為等）を具体的に特定して主張・立証する必要がある。

2. 営業秘密と著作物

　前述のとおり，不競法上の「営業秘密」であっても，著作物としての要件を満たせば，「著作物」として保護されることになるが，その具体例としては，

企業が独自に開発したソフトウェアやデータベースなどが挙げられる[1]。

では，いわゆる「ノウハウ」が著作物として保護されるのだろうか。

この点，ノウハウの定義について明確に述べた裁判例は見当たらないが，「ノウハウ」とは「技術的知識・情報。物事のやり方。こつ。」[2]とされている。著作権法は，「表現」を保護する法律であり，単なるアイディアや表現行為を伴わないもの（例えば，日々の業務で形成され共有化された知恵のようなものなど）は著作権法上保護されない（アイディア・表現二分論）。また，いかに労力を費やして収集したものであったとしても，データや数字それ自体は事実であり「思想または感情を創作的に表現したもの」には当たらないため，これらも著作権法上保護されない。したがって，いわゆる「ノウハウ」は具体的な表現行為を伴わないものが多く，一般に，著作権法による保護よりも，不競法上の「営業秘密」としての保護（あるいは特許法による保護）の方が，親和性があると考えられる。

もっとも，その中でも例えば，設計図，仕様書，説明書，業務フロー，マニュアル，新製品のデザイン画など表現行為を伴うものについては表現上の創作性が認められれば著作権法上の著作物として保護を受けることとなる。一般に設計図には著作物性が認められる場合が多いであろうし，仕様書，説明書，業務フローやマニュアルといった書面も業務の効率化・合理化を目的として作成された書面であって，そこに創作者の個性が発揮されている場合もあると考えられる。

では，新製品のデザイン画などいわゆる工業用製品のデザインは著作権法上「美術の著作物」として保護されるのであろうか。

この点，著作権法10条1項4号は，「絵画，版画，彫刻その他の美術の著作物」を保護すべき著作物の1つとして規定し，同法2条2項は「美術の著作

---

1 著作権法114条の6は，一方当事者から訴訟で提出される準備書面または取り調べられる証拠等に不競法上の営業秘密が含まれる場合において，裁判所が秘密保持命令を発することができる旨定めているところ，「著作権侵害訴訟において，秘密保持命令の発令が必要となるのは，プログラムの著作物か，あるいはデータベースの著作物の著作権侵害が問題となる事件のみであろう」とされている（三村量一＝山田知司「知的財産権訴訟における秘密保持命令の運用について」判タ1170号13頁）。
2 新村出編『広辞苑〔第6版〕』（岩波書店，2008年）2191頁。

物」に美術工芸品が含まれる旨規定している。したがって，もっぱら鑑賞目的で創作される美的創作物（純粋美術）や実用品ではあっても美術工芸品は著作権法上保護の対象となることは明確であるが，他方で，実用に供され，あるいは，産業上利用される美的な創作物（応用美術）が「美術の著作物」に含まれるか否かが問題となる。

これまで応用美術の著作物性について判断した裁判例は多く存在するが，いわゆる応用美術が美術の著作物として保護されるためには，純粋美術と同視し得る程度の美的創作性が必要であるという考え方が従来の裁判例の大勢を占めており[3]，工業用製品のデザインが著作権法上の「美術の著作物」として保護されるハードルは一般的には高いと考えられてきた。

ところが，近時，幼児用の椅子「TRIPP TRAPP」の著作物性が争われたTRIPP TRAPP事件[4]では，「応用美術は，装身具等実用品自体であるもの，家具に施された彫刻等実用品と結合されたもの，染色図案等実用品の模様として利用されることを目的とするものなど様々であり…，表現態様も多様であるから，応用美術に一律に適用すべきものとして，高い創作性の有無の判断基準を設定することは相当とはいえず，個別具体的に，作成者の個性が発揮されているか否かを検討すべきである。」として，応用美術に対して一律に「純粋美術と同視し得る程度の美的創作性」という保護基準を適用する従来の考え方とは一線を画する判断を示した。そして，そのうえでTRIPP TRAPPについて「〔1〕『左右一対の部材A』の2本脚であり，かつ，『部材Aの内側』に形成された『溝に沿って部材G（座面）及び部材F（足置き台）』の両方を『はめ込んで固定し』ている点，〔2〕『部材A』が，『部材B』前方の斜めに切断された端面でのみ結合されて直接床面に接している点及び両部材が約66度の鋭い角度を成している点において，作成者…の個性が発揮されており，『創作的』な表現というべきである。」と判断し，その著作物性を肯定した（もっとも，同判決は，侵害製品と被侵害製品では，脚部の本数という椅子の基本的構造について大きな相違があり，これはその余の点に係る共通点を凌駕するということを理由に，両者の類似性を否定し著作

3　仙台高判平成14・7・9判時1813号150頁〔ファービー人形事件〕，大阪高判平成17・7・28判時1928号116頁〔チョコエッグ事件〕等。
4　知財高判平成27・4・14判時2267号91頁。

権侵害自体は否定した)。

　TRIPP TRAPP事件については上告がなされなかったため，本事件に関し，最高裁が応用美術について判断を示す機会はなくなった。そのため，応用美術の著作物性については今後の裁判例の集積が期待されるところであるが，TRIPP TRAPP事件判決の判断基準を前提とする限り，工業用製品のデザインであったとしても，高度な美的創作性は求められず，作者の個性が発揮されたものといえれば「美術の著作物」として保護される余地はあるものと考えられる。

　なお，これらのノウハウが仮に著作権法で保護される著作物に当たるとしても，これらについて著作権侵害を主張するためには，前述のとおり，複製行為，公衆送信行為，翻案行為といった著作権侵害行為を主張立証する必要があるため，ノウハウの複製行為等を伴わない利用方法（例えば，入手した第三者の業務フローの内容を参考に，実際に自社の業務フローを変更する場合等）の場合には，著作権侵害を主張することはできないという点に留意する必要がある。

3．職務著作について

　企業が自らの「営業秘密」について，別途著作権法に基づく法的保護を求める場合には，企業が当該著作物（営業秘密）について著作権または著作者人格権を有している必要がある。

　著作権法では，原則として，著作物を創作した者が，著作者人格権および著作権を原始的に保有することになるが，例外的に職務著作（同法15条）という規定が存在する。この職務著作は，職務の一環として従業員等によって創作された著作物の著作者を，当該従業員ではなく，例外的に当該従業員等の使用者である法人等とすることを定める規定である。その要件は，プログラムの著作物の場合を除き，①法人その他使用者（以下「法人等」という。）の発意に基づくこと，②法人等の業務に従事する者であること，③職務上作成したものであること，④法人等の著作名義で公表するものであること，⑤著作物の作成の時における契約等において別段の定めがないこと，である。なお，プログラムの著作物の場合は，上記④の公表要件以外の4要件が職務著作の要件となる。

　したがって，プログラムやデータベースなどの営業秘密について，企業が著作物としてもその法的保護を求める場合には，上記の職務著作の要件を満たす

かどうか検討しておく必要がある[5]。そして，職務著作の要件を満たさないような場合には，別途，従業員から当該著作物に関する著作権を譲り受けておく必要があり，これがない場合，企業は当該著作物について著作権を有しない以上，著作権法に基づく法的主張をなすことはできないこととなる。また，プログラムやデータベースなどの開発をベンダーなどの第三者に対して委託していたような場合にも，当該プログラムやデータベースなどに関する著作権をその第三者から譲り受けておかなければ，企業は当該著作物に関する権利主張をなすことができないという点にも留意が必要である。

4. 裁判例について

不競法上の「営業秘密」と著作権法上の「著作物」のいずれにも該当することを理由として法的救済を求めた裁判例は少ないが[6]，スピーカ測定器およびそれに付属するソフトウェアが「営業秘密」に当たり，かつ，当該ソフトウェアが著作権法上のプログラムの著作物に当たるとして，不競法違反に基づく請求と著作権法違反に基づく請求を選択的併合として原告ソフトウェアを利用した被告ソフトウェアの製造・販売の差止めおよび損害賠償を求めた事案は参考となる[7]。

同裁判例は，原告が営業秘密として主張する原告ソフトウェアのソースコードに関する部分については，著作権侵害として原告が主張する著作物と全く同

---

5 プログラムやデータベースなどの開発に関与しているのが従業員のみの場合，当該従業員は業務の一環としてこれらの開発に関与している場合がほとんどであると考えられるので，一般に職務著作の要件を満たす場合が多いと考えられる。

6 東京地判平成24・12・18裁判所HPは，不競法上の営業秘密の不正使用行為と著作権侵害が同時に問題となった事案である。原告は，被告の営業秘密である本件ソフトウェアのプログラムの表現上の創作性を有する部分を使用して原告ソフトウェアを製造，販売し，原告の上記製造および販売は，不競法2条1項7号の不正競争行為に該当するという被告の主張について，「そもそも原告ソフトウェアのプログラムが本件ソフトウェアのプログラムを複製又は翻案したものと認めることはできないから，原告が本件ソフトウェアのプログラムの表現上の創作性を有する部分を使用して原告ソフトウェアを製造，販売したものとはいえない」と判断して，不正競争行為の該当性を否定している。なお最近では，設計図やソフトウェアに関して，不競法上の営業秘密の不正使用行為と著作権侵害が同時に問題となる事案もいくつか出てきている（知財高判平成26・6・26裁判所HP，知財高判平成26・8・6裁判所HP等）。

7 東京地判平成21・11・9裁判所HP。

一のものが被侵害利益となっていること，被告ソフトウェアの製造・販売の差止めなどの請求および損害賠償請求については，不競法違反に基づく請求と著作権法違反に基づく請求の選択的併合とされていることなどを理由に，「仮に，原告ソフトウェアのソースコードに関する部分が営業秘密であるとして不競法違反が認められる場合であっても，差止めの範囲及び損害賠償の範囲は，著作権法違反が認められる場合とすべて同一になると解するのが相当」と判断し，著作権侵害に関する主張を先に判断して認定し，不競法違反に関する主張については判断しなかった。

かかる裁判例を前提とすると，営業秘密不正利用行為と著作権侵害行為との双方の主張が可能な事案において，差止めおよび損害賠償請求について選択的併合という法的構成をとった場合，その被侵害利益が同一であるとしていずれかのみの判断がなされる可能性が高い。他方で，選択的併合ではなく，不競法違反と著作権法違反をそれぞれ別個独立に主張した場合，裁判所がどのような判断をなすのかは明らかではない。理論的には不競法，著作権法がそれぞれ保護する法的利益は異なっている以上，損害賠償についてはそれぞれの法律違反に基づく損害を観念することは可能ではないかと考えられるが，双方の被侵害利益は実質的に共通する部分が多いと考えられる。

5. リバースエンジニアリングと著作権について

最後に，いわゆるリバースエンジニアリングと著作権との関係について簡単に触れておくことにする。一般に，リバースエンジニアリングで解析可能な情報を取得する行為は，基本的に不正競争行為に該当しないと考えられている（Q18「リバースエンジニアリングの禁止」参照）。

他方で，我が国の著作権法の下では，プログラムの調査・解析を行う場合には複製または翻案に当たる可能性があると考えられている。現行著作権法では，プログラムに関する権利制限規定として47条の3があり，同条に基づき一定程度のプログラムの調査・解析は可能な場合があると考えられるが，同条は自らがプログラムをコンピュータにおいて利用するために必要な限度に限って，プログラムの著作物の複製または翻案を認めるという規定であるため，プログラムの実行に必要な限度を超えた複製や翻案については同条では救済されないこ

ととなる。

　そこで，かかるリバースエンジニアリングに関する権利制限規定を設けるか否かなどについて平成20年度の文化審議会著作権分科会法制問題小委員会にて検討されたが，最終的に，相互運用性の確保や障害の発見等の一定の目的のための調査・解析について権利制限を早期に措置する必要があることについてはおおむね意見の一致が見られたものの，その他の場合については，引き続き検討を行う必要があるという結論にとどまった[8]。しかしながら，本書執筆時点では，著作権法において，相互運用性の確保や障害の発見等の目的のためのリバースエンジニアリングを適法とする旨の権利制限規定は設けられていない。

　したがって，リバースエンジニアリングについて様々な議論があるものの[9・10]，現時点では，リバースエンジニアリングの過程においてプログラムの著作物の複製または翻案行為が存在する場合には，形式的には著作権侵害に当たる可能性は否定できないと考えられる。

6. 設問についての考え方

　以上のとおり，営業秘密も別途，「著作物」としての要件を満たせば著作権法に基づく保護を受けることになり，企業が当該著作物（営業秘密）について著作権を有しており，かつ，その著作物について著作権侵害行為が存在する場合には，不競法に基づく法的主張に加えて著作権法に基づく法的主張を別個独立になし得るものと考えられる。

　もっとも，不競法違反と著作権侵害の双方が問題となる場合，上述の東京地判平成21・11・9は，選択的併合とされた事案であるが，原告の主張する双方の被侵害利益は全く同一であると指摘し，その趣旨は必ずしも明らかではないが，それぞれの被侵害利益は実質的に共通する部分が大きいとも考えられる。

8　文化審議会著作権分科会「文化審議会著作権分科会報告書」（2009年）67頁～73頁（http://www.bunka.go.jp/chosakuken/singikai/pdf/shingi_hokokusho_2101.pdf）。
9　学説上は，プログラムの中身を知るための解析過程で生じる複製・翻案については，著作権法の規範的解釈により，法上の複製・翻案と解すべきではないという説（中山信弘『著作権法』（有斐閣，2007年）103頁～105頁）もある。
10　経済産業省「情報セキュリティ関連法令の要求事項集」（2011年）149頁～151頁（http://www.meti.go.jp/policy/netsecurity/docs/secgov/2010_JohoSecurityKanrenHoreiRequirements.pdf）。

Q37　一般不法行為の成否

営業秘密侵害が成立しない場合に，民法の一般不法行為が成立するか。

1. 営業秘密侵害と不法行為責任の関係

　不法行為とは，故意または過失によって他人の権利又は法律上保護される利益を侵害する行為をいう（民法709条）。不競法は不法行為の特別法であって，事業者間の公正な競争を阻害する不法行為を類型的に立法化したものである。

　一般論としては，規律対象を同じくする利益について，原則として一般不法行為は成立しないとの考え方が示されている[1]。著作権侵害に関する事案ではあるが，北朝鮮事件（最判平成23・12・8民集65巻9号3275頁）でも，同様の趣旨から，著作権侵害が成立しない場合についての不法行為の成立が否定されている。このような考え方からすれば，一般論としては，営業秘密侵害が成立しないような情報漏えい事案においては，民法上の不法行為も成立し得ないことになろう。一方で，このような場合において，常に不法行為の成立が否定されるわけではなく，別途の観点からの権利・法益が観念できるのであれば，不法行為責任が認められる余地がある[2]。

1　例えば，潮見佳男『不法行為法Ⅰ〔第2版〕』（信山社出版，2009年）91頁〜94頁は，特別法において，「何が不法行為構成要件を構成する行為かという態度決定をするにあたり，特別法上の規律対象とする分野で，不法行為となる行為類型と，不法行為とならない行為類型とを，利害関係のある当事者各層の権利・利益および公共の利益等をも考慮に入れて判断をしている」のであり，「特別法上で不法行為責任の成否を判断した結果と矛盾する結果が，民法上の一般不法行為責任に関する規律によって招来され，特別法による規整目的が換骨奪胎されることになる」「要するに，特別法のもとで不法行為類型の完結的な選択・決定がされている以上，『規律の欠缺』はなく，したがって，この選択・決定と矛盾する一般不法行為法による『補充』は認められない」とする。宮坂昌利「商品形態の模倣等の不法行為」中山信弘ほか編『商標・意匠・不正競争判例百選』（有斐閣，2007年）225頁では，「知的財産権法がその保護範囲に関する準則を設定した類型に関するかぎり，これに従って，禁止されるべき違法な行為と，自由な営業活動として許容される行為との区分が画され，それを前提とする競業秩序が形成されて」おり，「不正競争防止法の適用とは別に不法行為が成立する余地を一般論として認めつつ，認容例が極めて少な」く，「主位的に不正競争行為が，予備的に一般不法行為が漫然と主張されているにすぎない事件も散見されるが，そのようなものについて一般不法行為の保護が与えられる余地はないように思われる」との見解が示されている。

2　潮見・前掲（注1）では，一般不法行為責任に関する規律が妥当するのは「別途の観

ただし，不法行為が成立するためには，不法行為における相関関係説の影響の下，権利の薄弱な営業の利益に関しては，侵害行為あるいは侵害者の主観的状況の反社会性，公序良俗性といった要素が要求されるとの理解が一般的とされる[3]。

この点，多くの裁判例では，不競法が定める類型に当てはまらない行為について不法行為が成立するか否かは，「自由競争を逸脱したか」否かによって判断がされている。もっとも，営業秘密侵害の請求に際して，不法行為も同時に主張されるが営業秘密侵害が否定されたにもかかわらず不法行為が認められた事例は多くない[4]。

2．裁判例

以下に列挙する事例は，情報成果物の不正使用について一般不法行為責任が認められた事案である。これらの事案の多くは，営業秘密侵害が争われたものではない。ただし，これらの事案で保護の対象となった情報（データベース，技術情報，ソフトウェア，文書情報，設計図，顧客情報，文書情報等）は，いずれも秘密として管理されることで営業秘密になり得る情報である。

(1) データベース

データベースについては，「情報の選択又は体系的な構成によって創作性を

点から権利・法益を観念することができる場合」「当該特別法秩序が形成された時点では想定していなかった事態がその後に登場したため，当該特別法秩序において当該事態に対する『規律の欠缺』が存在するに至ったという場合」「当該特別法秩序が形成された際には問題の事態が意識されていて，特別法上で評価の対象とされたのであるが，その後に社会・経済事情の変化や市民の意識の変化等が生じ，新たな権利・法益保護の枠組みが必要とされたときに，旧来の特別法秩序を実質的に変更するために，民法による規範形成がおこなわれる場合」に限られるべきとしている。不競法による営業秘密侵害が認められなかった場合でも，限定的な場合には不法行為が認められる可能性があることについては，渋谷達紀「財産的成果の模倣盗用行為と判例理論」判時1430号148頁以下を参照されたい。
3　宮坂・前掲（注1）225頁。
4　なお，不競法の営業秘密侵害の要件を満たさない行為に伴って別の行為（窃盗，不正アクセス，不当な引抜き行為等）の自由競争を逸脱する行為があった場合には，かかる行為について独立して不法行為が成立することは当然である。また，営業秘密として主張された情報に著作権等の知的財産権が認められる場合には，営業秘密侵害の成否とは別個独立して不法行為の一種である知的財産権侵害が成立する（著作権につきQ36参照）。

有するもの」（著作権法12条の2第2項）に限って著作物として著作権法で保護されているところである。一方で，実験データや顧客データ等のビジネス活動の過程で蓄積されてノウハウとして有用性を持つデータの中には，必ずしも情報の選択や体系的な構成によって創作性を有しているとはいえないものもある。このようなデータベースは原則として著作権では保護されないことになるが，翼システム事件（東京地中間判決平成13・5・25判時1774号132頁〔翼システム事件（中間）〕，終局判決平成14・3・28判時1793号133頁〔翼システム事件（最終）〕）では，このような創作性を有しないデータベースについてもその財産的価値を認めて不法行為の成立を認めている。

(2) 技術情報

　ア　ノウハウや技術情報について営業秘密としての保護が認められない場合であっても，冒用行為が悪質である場合には，不法行為の成立が認められる余地がある。例えば，ミーリングチャック事件（大阪地判平成16・11・9判時1897号103頁）では，酷似した工作機械の取り付け具を製造し，紛らわしいカタログを使用して販売する行為について，「競業秩序を破壊する不正ないし不公正な行為は，必ずしも不正競争防止法の規定する各類型の不正競争行為に限られるわけではない。同法の規定する不正競争行為に該当しなくても，業者の行う一連の営業活動行為の態様が，全体として，公正な競争秩序を破壊する著しく不公正な方法で行われ，行為者に害意が存在するような場合には，かかる営業活動行為が全体として違法と評価され，民法上の不法行為を構成することもあり得るものと解するのが相当である。」として不法行為性を認めている。

　イ　また，キングピンキット事件（大阪地判平成17・8・25判時1931号92頁）では，営業秘密とはいえない製作図および原価表に記載された情報等について，財産的価値があり，同情報等を不正な手段により入手し，これを利用した製品を製造販売する行為は，原告の営業上の利益に対する違法な侵害になるというべきである，として不法行為責任を認めている。

　ウ　また，東京地判平成24・6・11判時2204号106頁では，著作権法による保護および不競法による営業秘密としての保護が否定された上で，原告が

所有していた印刷用フィルムを流用して受注を勝ち取った被告の行為について，自由競争の範囲を超えるものとして不法行為責任が認められている。

(3) ソフトウェア

ソフトウェアについては著作権として保護される余地がある（Q36参照）。また，著作権として保護されないプログラムについても，大阪地判平成14・7・25裁判所HPでは，「民法709条にいう不法行為の成立要件としての権利侵害は，必ずしも厳密な法律上の具体的権利の侵害であることを要せず，法的保護に値する利益の侵害をもって足りるというべきである」とした上で，作成者が「試行錯誤を重ね，相当の労力及び費用をかけて作成した」部分をコピーして，「作成者の販売地域と競合する地域で無償頒布する行為は，他人の労力及び資本投下により作成された商品の価値を低下させ，投下資本等の回収を困難ならしめるものであり，著しく不公正な手段を用いて他人の法的保護に値する営業活動上の利益を侵害するものとして，不法行為を構成するというべきである」とし損害賠償責任を認めた（差止請求は否定した。）。

(4) 設計図

工業製品の設計図について，大阪地判平成10・3・26判時1680号97頁では，著作権，営業秘密としての保護を否定した上で，設計図について「たとえ著作物に該当せず，営業秘密にも当たらないとしても，一から作成するとすれば相当の時間と費用がかかると推認され，一定の財産的価値を有することが明らか」とした上で，それらをほぼそのまま利用する行為は，「社会通念上許容される正当な事業活動の範囲を逸脱し，公正な競争秩序を著しく破壊し，原告に不当に損害を被らせたものというべき」として不法行為責任を認めた。

(5) 顧客情報

東京高判平成12・4・27裁判所HPでは，不競法の「示された」の要件を欠き，営業秘密侵害が成立しない場合であるにもかかわらず，「本件で控訴人らの責任の根拠とされているのは，顧客情報の不正使用のみではなく，これを一部として含む一連の違法な行為であるから，控訴人らが用いた顧客情報の中に

控訴人らの主張する意味で『示された』ものでないものが含まれていたとしても，そのことをもって，控訴人らの責任を否定する根拠とすることはできない」として，顧客情報の利用を含む一連の行為について，不法行為責任を認めた。

(6) 引抜き・顧客奪取行為

引抜きその他の方法で顧客を奪取する行為については，不競法の営業秘密侵害の成立が否定される場合であっても，行為態様が社会的相当性を欠く場合や，社会通念上の自由競争の範囲を逸脱するときなどには，不法行為が成立する場合がある（大阪高判平成19・12・20裁判所HP，東京地判平成22・3・4 TKC25442017，東京地判平成23・10・21裁判所HP，知財高判平成24・6・14裁判所HP等）。

(7) 文書

書籍についての事案ではあるが，知財高判平成18・3・15裁判所HPでは，既存の法律書に依拠して類似する内容の法律書を執筆・発行した行為について，著作権侵害は否定しつつも不法行為の成立を認めて，損害賠償請求が認められた。

3．設問についての考え方

不競法は，不法行為の特則としての位置付けを有するといえ，一般論としては，規律対象を同じくする利益について，原則として一般不法行為は成立しない。

もっとも，別途の観点からの権利・法益が観念できるのであれば，不法行為責任が認められるといえ，不競法の営業秘密侵害が成立しない場合でも「自由競争の逸脱」が認められる場合には不法行為が成立する可能性はある。

ただし，その範囲は限定的であり，裁判例の多くで営業秘密侵害の主張と共に不法行為の主張がされているものの，営業秘密侵害の主張を否定して別途不法行為が認められた事例は多くはないといえる。

第5章

営業秘密と裁判

1 民事裁判

Q38 民事裁判による請求

不競法の営業秘密侵害行為に対して民事裁判でどのような請求ができるか。

1．営業秘密侵害行為に対する民事上の請求について

不競法は，営業秘密の不正利用行為（同法2条1項4号ないし10号）に対する民事上の救済手段として，差止請求（同法3条），損害賠償請求（同法4条）及び信用回復措置請求（同法14条）を認めている。

2．差止請求
(1) 差止請求の具体的内容

ア 不競法3条は，営業秘密の不正利用行為に対する差止請求について以下のとおり定める。

① 不正競争によって営業上の利益を侵害され，または侵害されるおそれがある者は，その営業上の利益を侵害する者または侵害するおそれがある者に対し，その侵害の停止または予防を請求することができる（1項）

② 不正競争によって営業上の利益を侵害され，または侵害されるおそれがある者は，前項の規定による請求をするに際し，侵害の行為を組成した物（侵害の行為により生じた物を含む。5条1項において同じ。）の廃棄，侵害の行為に供した設備の除却その他の侵害の停止または予防に必要な行為を請求することができる（2項）

イ そして，上記条項に基づき，不正競争によって営業上の利益を侵害され，または侵害されるおそれがある者は，具体的には以下のような差止請求を行うことができるとされている。

① 営業秘密にかかる侵害の停止または予防（3条1項）

現に反復継続している侵害行為自体の差止めと将来の侵害行為の禁止を意味する。所有権に基づく妨害排除請求と将来の妨害予防請求と同様の関係にあるといえる。

② 侵害行為組成物の廃棄（3条2項）

「侵害行為組成物」とは，他人の商品等表示の付された看板，営業秘密を化体した媒体（書類，CD-R等）を意味する[1]。

③ 侵害行為生成物の廃棄（3条2項）

「侵害行為生成物」とは，営業秘密を用いて製造された製品等をいう[2]。

④ 侵害行為供用設備の廃棄（3条2項）

「侵害行為供用設備」とは他人の商品形態を模倣するための製造機械や営業秘密を使用するための装置等をいう[3]。

⑤ その他の侵害の停止または予防に必要な行為（3条2項）

将来，侵害行為を行わない保証として担保を提供させること等をいう[4]。

⑥ 営業自体の差止めの可否

営業秘密の使用行為に対する差止めについては，不正に取得した営業秘密に基づく営業行為自体に対する差止めまで認められるか等の差止請求の範囲についての問題があり，Q41も参照いただきたい。

(2) 請求権者

営業秘密の不正利用行為に対して，差止請求を行うことができるのは「不正競争によって営業上の利益を侵害され，または侵害されるおそれがある者」である。「侵害されるおそれ」があればよいとされているため，現実に営業上の利益が侵害されることまでは必要ではない。

不競法上の「営業」とは「経済的対価を得ることを目的とする」と同時に，それだけで足りる[5]，「広く経済上その収支計算の上に立って行われるべき事業」

---

1 逐条23・24年改正版110頁。
2 同上。
3 同上。
4 同上。
5 小野・新・注解（下）888頁。

も含まれる[6]等とされており，営利法人に限らず，公益法人や特定非営利活動法人等の公益事業や非営利事業を目的とする法人であっても，請求主体性が認められる[7]などとされているが，判例は，不競法の適用は競争秩序を維持すべき分野に広く認める必要があり，社会通念上営利事業といえないから当然に同法の適用を免れるものではないものの，そもそも取引社会における事業活動と評価することができないものについてまでは同法の規律が及ぶものではないとした上で，「営業」の意義は，取引社会における競争関係を前提として解釈されるべきであるとして，宗教法人の本来的な宗教活動およびこれと密接不可分の関係にある事業を含まないとしている[8]。

なお，「営業上の利益」の要件は，訴訟要件ではなく実体的要件であると解されており，全ての不正競争行為に共通なものというよりは，不正競争行為の類型ごとに検討すべきであり[9]，例えば営業秘密侵害の請求主体については，「不正利用の対象となる営業秘密の管理をなしている者」などとされ[10]，いわゆる営業秘密の帰属の議論とも関連する（Q28参照）。なお，営業秘密のライセンシーから不正取得等した者等に対しては，ライセンサーも請求権者となり得ると考えられる[11・12]。

3. 損害賠償請求

不競法は，「故意又は過失により不正競争を行って他人の営業上の利益を侵害した者は，これによって生じた損害を賠償する責めに任ずる。」と定める（4条）。同条は，不正競争による営業上の利益の侵害が民法709条に定める不法行

---

[6] 東京地判昭和37・11・28等。
[7] 逐条23・24年改正版109頁。
[8] 最判平成18・1・20民集60巻1号137頁〔天理教事件〕。
[9] 髙部眞規子「不正競争防止法の守備範囲」中山信弘ほか編『知的財産─法理と提言─牧野利秋先生傘寿記念論文集』（青林書院，2013年）902頁以下。
[10] 旧法1条3項では「営業秘密…を保有する事業者」が請求権者である旨定められていた。田村367頁。
[11] 田村368頁以下。
[12] 「営業上の利益」の要件は必ずしも狭く解するべきではないとされており，営業秘密侵害に関して営業上の利益の侵害されるおそれを否定した裁判例（東京高判平成13・11・8 TKC28072692）があるが，同事案はそもそも営業秘密が抽象的に特定されていたことに起因するところが大きいという指摘がある（田村337頁）。

為の要件を充足することを確認した規定と解されている。したがって，本条に基づく損害賠償請求の要件としては，一般不法行為と同様に，①故意又は過失，②営業秘密の不正利用行為，③損害，④因果関係が必要となる。

これらの要件について立証責任を負うのは営業秘密を不正に利用された被害者たる請求者ということになるが，実際には，加害者による営業秘密の不正利用行為に起因してどれだけの損害を被ったのかということを立証することは非常に困難であることが少なくない。そこで，こうした立証の負担の軽減・緩和のため，不競法5条1項ないし3項は，以下のような損害額の推定規定を設けている。なお，これらの各推定規定の趣旨や要件等の詳細は，Q40を参照いただきたい。

(1) 逸失利益の推定（5条1項。ただし，技術上の秘密に関するものに限る。）
(2) 侵害者利益額の推定（5条2項）
(3) 使用許諾料相当額の賠償（5条3項）

4．信用回復措置請求

不正競争行為によって営業上の信用を害された者は，損害賠償請求と選択的に，又は，損害賠償請求と共に，営業上の信用を回復するための措置を請求することができる（14条）。名誉毀損を行った者に対する名誉回復処分を定めた民法723条と類似する規定である。

信用回復措置の典型例としては，新聞等への謝罪広告が挙げられる。実務上，謝罪広告は，不競法2条1項14号（信用毀損）のケースに見られるが，一般に広く認められるものとはいえず，営業秘密侵害の場合に認められることがあるとしても限定的であると考えられる。

5．設問についての考え方

営業秘密侵害事件における民事裁判においては，主として，差止請求，損害賠償請求を行うことができる。なお，当該請求を行うためには，「営業上の利益」を害された（またはそのおそれがある）ことが要件とされており，「営業上の利益」の解釈については事案によっては議論があり得るが，限定的に解されるべきではないと考えられる。

Q39 営業秘密侵害の立証

営業秘密侵害を立証するためには，どのような事実を立証すればよいのか。

1．侵害事実の立証

不競法上の営業秘密侵害行為に該当するとして，営業秘密侵害訴訟を提起するに当たり，そのいずれの行為類型においても，営業秘密侵害の成立を立証するためには，①営業秘密性（秘密管理性，非公知性および有用性），②侵害行為（不正取得行為，不正使用行為または不正開示行為）の主張立証が必要となる。

2．立証事実

(1) **営業秘密性**

営業秘密とは，①秘密として管理されている（秘密管理性），②生産方法，販売方法その他の事業活動に有用な技術上または営業上の情報であって（有用性），③公然と知られていないもの（非公知性），と定義されている（不競法2条6項）。原則として，保護したい情報が営業秘密に該当することを立証するためには，これら3要件の全てを立証する必要がある。なお，裁判上は，①秘密管理性の要件該当性が争点となることが多い。

ア　秘密管理性の立証

秘密管理性は，①情報へのアクセス制限等があって，②情報へアクセスした者における秘密情報との認識可能性があるといえる場合であって，マル秘表示，ID・パスワード設定，施錠管理，情報管理規定等諸般の事情から判断される（秘密管理性の判断要素等については，Q3・4を参照）。

原告としては，情報の管理状況は，通常，自社内の情報であることから入手が困難というものではないが，侵害時点の管理状況を立証するためには，その当時の管理状況に関する証拠の獲得が必要であり，この場合には証拠の収集が困難となる場合がある。また，就業規則や誓約書等については記録が保全されていると考えられるが，社員教育を行ったことやその内容，実際の具体的な取

扱い実態等々証拠として残りにくい場合もある。したがって，社員教育内容の記録・保存，情報管理システムの管理体制についての記録の保全がなされている体制を事前に構築していることが望ましいといえる。

　イ　非公知性の立証

　非公知性とは，当該情報が保有者の管理下以外では一般に入手することができない状態にあることをいう（非公知性の判断要素等についてはQ7参照）。非公知性についても原告が立証する必要があるが，実務上，秘密管理により一般に入手することが困難であることを原告が合理的に立証した場合には，被告から積極的な反証がなされない限り，非公知性は事実上推認されるものと考えられる。したがって，基本的には，非公知性の立証のための証拠は秘密管理性の証拠と重複する。ただし，特に技術情報などにおいて，被告が，公知情報との同一性や公知情報の組み合わせ等により非公知性を争うとき等には，場合によっては，原告において当該情報に関する鑑定報告書等を提出することもあり得ると考えられる。

　ウ　有用性の立証

　有用性とは，客観的に事業活動に有用であることをいう（有用性の判断要素等についてはQ6参照）。通常，秘密管理された非公知情報であれば，有用性が推認されることが多いと考えられるが，特に技術情報等について，被告が，例えば，当業者が通常の創意工夫の範囲内で検討する設計的事項にすぎないものと認められる等として有用性を争う場合には，当該情報に関する鑑定報告書等を提出することもあり得ると考えられる。

(2)　**侵害行為**

　営業秘密侵害となるためには，営業秘密の「取得」，「使用」または「開示」行為が行われたことを，原告が立証しなければならない（その態様等については侵害類型ごとに異なる。）。さらに，各行為類型に応じて，図利加害目的（不競法2条1項7号）や悪意または重過失（同5号，6号，8号および9号）の立証となる場合もある。特に裁判で争点となるのは営業秘密の「取得」と「使用」である。営業秘密の使用は営業秘密の取得が前提となるため，両者は密接な関係にあり，営業秘密の取得事実は営業秘密の使用事実を立証するための重要な間接事実と

なるし，一方で，営業秘密の使用事実は営業秘密の取得事実を立証するための重要な間接事実となる。

営業秘密の取得や使用は通常は秘密裏に行われるため，被侵害者側がかかる事実を立証することは容易ではない。そこで，関連する間接事実を積み重ねることによって使用事実や取得事実が立証されることになる。もっとも，不競法に係る訴訟においては，原告が主張する侵害行為を組成する物または方法を被告が否認する場合には，自分の行為の具体的態様を明らかにしなければならないとされている（不競法6条）。そこで，営業秘密侵害訴訟においても，原告が特定の製品について営業秘密を使用して製造したものであるとの主張を行った場合には，被告側も営業秘密を使用した製品ではないことを積極的に反証する必要があろう。この点，平成27年改正では，物の生産方法等の使用に関する営業秘密侵害訴訟において，証拠が被告企業の内部領域に偏在し，その立証が極めて困難であること等に鑑みて，立証責任の負担を公平に分担する観点から，原告側が被告による不正取得や原告の営業秘密である技術情報によって生産できる物を生産していること等を立証した場合には，被告による営業秘密の使用行為を推定し，不使用の事実の立証責任が被告側に転換されることとなった。

　ア　取得の立証

裁判例では，営業秘密の取得の事実を立証するには，以下のような事実が考慮されている。

- 営業秘密と一致する情報を被告が保有していること
- PCのデータベースへのアクセスの事実，回数（被告が退職者の場合等）
- 記録媒体への複製の作成をしたこと
- 一般的に入手し得ない情報であること（秘密管理性・非公知性）
- 営業秘密（保有者・関係者）へのアクセス
- 営業秘密に関連する資料の授受
- 営業秘密を実際に使用していると認められること等

　イ　使用の立証

営業秘密の「使用」とは，当該営業秘密の本来の使用目的に沿って行われ，当該営業秘密に基づいて行われる行為として具体的に特定できる行為をいう。例えば，裁判例では，以下のような事実が営業秘密の使用を推認する際に考慮

されている。

　(ア)　使用事実を認定する際に考慮される事情
　①　情報の不自然な一致の存在
　　営業秘密となる情報と相手方の使用している情報に残存的記憶や独自開発では説明できないような不自然な一致が認められることは営業秘密の使用を認定する事情として考慮され得る。例えば，裁判例では，限られた企業グループ内でしか保有しない設計図面が多くの点で一致していること，設計技術上，自由設計が許される部分を含めて一致しておりその一致が原告の元従業員が経験と記憶のみで再現できる範囲を超えていること，といった事実が考慮されている[1]。
　②　情報が他のルートからは入手困難であること
　　相手方が使用している情報が通常の経路では入手困難であることは，原告の営業秘密の使用を認定する事情として考慮され得る。例えば，裁判例では，当該情報が限られた企業によって保有されるもので一般的に入手し得るものではないこと，といった事実が考慮されている[2]。
　③　情報の複製が容易であること
　　情報が容易に複製可能な性質であることは，相手方による営業秘密の取得や使用を認定する事情として考慮され得る。例えば，裁判例では，情報の複製物を短時間で作成できること，情報が電子データで保存されていること，といった事実が考慮されている[3]。
　④　情報にアクセスできる環境にあったこと
　　情報への接触や複製行為があることは営業秘密の取得や使用を認定する事情として考慮され得る。例えば，裁判例では，原告の元従業員であった被告が退職後も原告の工場に出入りしていたこと，といった事実が考慮されている[4]。

---

[1]　知財高判平成23・9・27裁判所HP，名古屋地判平成20・3・13判時2030号107頁，大阪地判平成15・2・27裁判所HP，東京地判平成12・10・31判時1768号107頁，東京地判平成11・7・23判時1694号138頁等。
[2]　知財高判平成23・9・27裁判所HP等。
[3]　大阪地判平成15・2・27裁判所HP等。

⑤ 関係者間で接触があること

情報を開示した者と情報を取得した者との間で接触があることは営業秘密の取得や使用を認定する事情として考慮され得る。例えば，裁判例では，被告が原告側とメールをやりとりするなどコンタクトをとっていたこと，といった事実が考慮されている[5]。

⑥ 短期間で成果を上げていること

不自然に短期間に成果を上げていることは営業秘密の使用を認定する事情として考慮され得る。例えば，裁判例では以下のような事実が考慮されている[6]。

- 営業秘密とは別個の技術を考案して原告と同程度の品質の製品を製造できる程度の技術的レベルに達するのは，短期間には困難なこと
- 通常の設計期間より大幅に少ない日数で設計が行われていること
- 被告会社に元従業員が転職した数か月内に被告会社が原告の顧客を新規に取引先としていること

一方，以下のような事実は，裁判例において，営業秘密の使用の事実を否定する際に考慮されている。

(イ) 使用事実を否定する際に考慮される事情

① 因果関係の不存在

営業秘密と被告の成果・利益とに因果関係が認められないことは，営業秘密の使用を否定する事情として考慮され得る。例えば，裁判例では，情報漏えい時において特に被告の業績が上がった事実が認められないこと，自助努力による成果であると認められること，といった事実が考慮されている[7]。

② 独立入手の容易性

営業秘密と同内容の情報を独立して入手可能なことは，営業秘密の使用を

---

4 知財高判平成23・9・27裁判所HP，東京地判平成22・4・28判タ1396号331頁，東京地判平成11・7・23判時1694号138頁，東京地判平成12・11・13判時1736号118頁等。
5 前掲（注2）知財高判平成23・9・27，福岡地判平成14・12・24判タ1156号225頁等。
6 大阪地判平成10・12・22知的裁集30巻4号1000頁，大阪地判平成20・7・18裁判所HP，前掲（注3）大阪地判平成15・2・27等。
7 知財高判平成22・4・27裁判所HP，東京地判平成12・9・28判時1764号104頁等。

否定する事情として考慮され得る。例えば，裁判例では，別の経路から入手容易な情報であること，情報を独自に作出することが可能であること，といった事実が考慮されている[8]。

③　情報の不一致

営業秘密との不一致があることまたは一致がわずかであることは，営業秘密の使用を否定する事情として考慮され得る。例えば，裁判例では以下のような事実が考慮されている[9]。

- 製品の重要部分において顕著な差異があること
- 原告製品と被告製品の物質の同一性や製造方法の同一性が認められないこと
- 被告製品と原告製品が構造上・設計上も大きな違いがあること
- 顧客名簿の一部にしか一致がみられないこと

(ウ)　独自開発の抗弁

独自開発の抗弁とは，被告側において，被告の使用した情報は，被告自ら独自に開発した情報であって原告の情報ではないという主張であり，法律上は「抗弁」ではなく，原告の営業秘密の「取得」や「使用」に関する事実に対する「理由付き否認」といえる（不競法6条参照）。独自開発の抗弁の主張に際しては，被告側は情報の開発や入手のプロセスを立証していくことになる。一方で，独自開発の抗弁が主張された場合，原告側は，例えば以下のような事実を立証して，独自開発の抗弁に反論をしていくことになる。

- 原告の情報と被告の情報が，不必要な箇所まで一致していること
- 被告側において当該情報に関する研究開発を行った形跡が認められないこと
- 当該情報の開発には高度な経験が必要とされるところ，被告側にそのような経験のある者がいないこと，その他被告側に客観的に開発能力がないこと

---

[8]　前掲（注7）知財高判平成22・4・27，知的高判平成20・6・24裁判所HP，前掲（注1）東京地判平成11・7・23等。

[9]　前掲（注4）東京地判平成22・4・28，東京高判平成17・3・22TKC28100671，大阪地判平成11・9・14裁判所HP，前掲（注1）東京地判平成11・7・23，東京地判平成8・1・31TKC28031046等。

- 被告側の主張する当該情報の独自開発に要した期間が短く，当該期間で被告が独自開発することは不可能であること

(エ) 取引による権限内使用の抗弁

不競法19条1項6号は，「取引によって営業秘密を取得した者（その取得したときにその営業秘密について不正開示行為であること又はその営業秘密について不正取得行為若しくは不正開示行為が介在したことを知らず，かつ，知らないことにつき重大な過失がない者に限る。）がその取引によって取得した権限の範囲内においてその営業秘密を使用し，または開示する行為」については，適用除外とする旨を定めている。つまり，取引に際して営業秘密侵害行為の存在について善意無重過失で営業秘密を取得した場合には，後で営業秘密侵害行為の介在を認識したとしても，従前どおり，営業秘密を使用し続けることができることになる[10]。

(3) 図利加害目的，悪意・重過失の立証

営業秘密を示された者による使用・開示行為は，図利加害目的（不競法2条1項7号の「不正の利益を図る目的で，又はその保有者に損害を加える目的で」をいう。）がある場合に初めて不正競争行為となる。また，営業秘密を間接的に取得した者による使用・開示行為が不正競争行為となるには，その取得に関して，営業秘密の不正な使用や開示であること（あるいはそれが介在したこと）について悪意または重過失があることが必要である（5, 6, 8および9号）。

これらの主観的要件の詳細についてはQ31, 32のとおりであるが，その立証については，情報の性質・内容や，当該行為者の事前および事後の行為，およびその取得時の行為態様に関する事実（競業他社に情報を提供した，それに際して対価を受領した等〔図利加害目的〕，明らかに秘匿情報と考えられる顧客情報の有償での提供を持ちかけられてこれを買い取った等〔悪意・重過失〕）を積み上げて立証していくこととなるが，例えば退職者が退職に際して，示された顧客情報を持ち出し，起業して当該顧客情報を使用したような場合（7号）には，特段の事情がない限り，その事実関係から図利加害目的が認められるのが通常である。

---

10 本号の適用が争点となった裁判例は見当たらない。

3. 設問についての考え方

　営業秘密侵害事件においては，原則として，営業侵害行為の立証責任は原告が負うが，被告による侵害行為の立証は困難な場合があり，間接事実の積み上げによる侵害行為の立証が行われることになる。この点，平成27年法改正により一定の場合に立証責任の転換が認められることになり，今後の活用が期待される。

Q40 損害賠償額

営業秘密侵害事件において，損害賠償額はどのように算定するのか。

1．損害賠償額の算定
(1) 損害の範囲

　営業秘密侵害に基づく損害賠償請求権は，不競法4条により定められているところ，同条については，同法上の不正競争による営業上の利益の侵害が民法709条に定める不法行為の要件を充足することを確認した規定と解されている。したがって，賠償の対象たる損害の範囲についても，不法行為の一般原則により判断すべきであり，不正競争と相当因果関係にある一切の損害がこれに含まれることになると考えられる。

　営業秘密侵害事件に係る裁判例において損害として認められたものとしては，将来の売上げの減少，被害者の商品の価額の低下等はもちろんであるが，名誉・信用に対する損害，いわば「無形損害」なども含まれ得る（東京地判昭和59・1・18判時1101号109頁等）。また，不正競争行為を制止するために要した費用，被害者が正当に顧客等に警告するために要した費用，不正競争行為を発見確定するために要した費用（東京地判昭和56・12・21無体集14巻1号41頁，東京地判昭和59・3・12判タ519号258頁等）といったものも認められている。権利の主張に必要な額の弁護士費用，調査費用（前掲東京地判昭和59・3・12）を認めた例もある。

(2) 損害額の算定方法

　上記(1)により「損害」の範囲は定まるとしても，損害賠償は金銭をもって行うため，例えば，「将来の売上げ減少」，「被侵害者の商品の価額低下」といった「損害」を一定の金額に評価し，換算する必要がある。しかし，実際にどの程度の「将来の売上げ減少」が生じているのか，その額が何円になるのかを厳密に立証することは非常に困難であることが少なくない。こうした立証の負担の緩和・軽減のために，例えば，侵害者が販売した侵害品の価格または利益をもって被害者の消極的損害とする考え方，被害者における侵害行為前後の状況

を比較してその差額を消極的損害とする考え方などがあるが，これらの考え方による場合も，因果関係の立証は必ずしも容易ではない。それゆえに後述2のとおり，推定規定等（不競法5条）が設けられている。なお，不競法5条1項各号によらずに損害額を算定した裁判例も少なくなく，例えば大阪地判平成2・10・9TKC27816096，東京地判平成6・1・28TKC28021777，東京地判平成14・7・25裁判所HP，東京地判平成15・3・6裁判所HPなどがある。

(3) **不競法4条ただし書について**

営業秘密侵害に基づく損害賠償請求については，不競法4条ただし書により，営業秘密侵害に対する差止請求権が同法15条に基づき消滅（3年の消滅時効・20年の除斥期間）した後の損害については，賠償請求できないとされているほか，別途民法724条による時効消滅にかかる点に，留意を要する。もっとも，不競法4条ただし書については，営業秘密侵害行為が同法上の不正競争行為のみならず民法上の一般不法行為にも該当する場合には，別途民法に基づく損害賠償請求が可能であると考えられる。

2．損害額の推定等

(1) **不競法5条1項：逸失利益の立証容易化**

不競法5条1項は，「侵害品がなければ，その代わりに被害者の商品が売れていたはず」との経験則に基づき，立証の負担を軽減するための規定である[1]。

具体的には，技術に関する営業秘密に係る不正競争である場合に，侵害者に

---

1 なお，営業秘密は，技術に係るものであっても，特許権とは異なり，対世的に独占権が確保されるわけではないことから，侵害品と被害者商品との間に補完関係がないのではないかとの疑義も生じ得るところであるが，少なくとも，不正競争が行われた当事者間では，一方（原告）が他方（被告）を排して独占していた技術ノウハウということになり得ると捉えて差し支えないと考えられる。

また，本項では，損害（額）を「推定する」との文言ではなく「損害の額とすることができる」との文言が用いられている。この点については，被害者が不正競争に係る要件事実を立証した場合は一応その損害額の損害が発生したものとした上で，侵害者が，損害額が減る方向に認定される事実（推定規定における，推定を覆滅する事実）を立証した場合には，発生したものとされた損害額全体が認められなくなる（推定が覆滅される）のではなく，その侵害者の立証した限りで損害額が減額される，との運用を促す趣旨であるとの考え方がある。

よって侵害組成物（侵害品）の譲渡がなされている場合には，「侵害品の譲渡数量×被害者商品の利益単価」を損害額とすることができる。

　上記の侵害品の「譲渡」は，無償であってもよい。無償で譲渡しなければ，その分被害者商品が売れていたと言い得る以上，上記の経験則が妥当するからである（貸渡しやサービスの提供でも，上記の経験則が妥当すると言えるのであれば，類推適用等によって同様の算定を行ってよいとも考え得るところである。）。

　なお，被害者商品の「利益」の額の算定方法については，粗利益とするか，純利益とするか，議論のあるところであるが，特許法の解釈としては，売上げからその商品数の製造に要する費用（限界費用）を控除した「限界利益」とする考え方（限界利益説。後述も参照）が有力である（かかる見解に立つ裁判例として，東京高判平成11・6・15判時1697号96頁等）。

　不競法5条1項ただし書は，「譲渡数量の全部又は一部に相当する数量を被侵害者が販売することができないとする事情があるときは，当該事情に相当する数量に応じた額を控除する」としている。つまり，上記の算定は，被害者の供給能力の範囲内で限られるということになる。「侵害品がなければ，その代わりに被害者の商品が売れていたはず」との経験則が妥当しないケースについては，上記ただし書により調整される可能性がある。例えば，高級ブランド品を低価格で販売していた場合には，需要者層が大きく異なるため，上記の経験則が妥当しないと言える。その他，侵害者における営業努力等により多数の侵害品が売れたようなケース，他の技術や顧客誘引力等も関係しており，侵害に係る営業秘密の寄与度が問題となるようなケース，代替技術や競合製品があるために，侵害に係る営業秘密につき必ずしも排他性があるとはいえないケース等についても，上記「事情」として解釈される可能性がある。もっとも，裁判例においては，上記「事情」につき狭く解すべきとの考え方に立っていると考えられるもの（東京地判平成14・3・19判時1803号78頁等）がある[2]。

---

[2] ただし書の「事情」としてどの範囲まで主張可能かについては，議論のあるところである。本項本文について，侵害品と被害者商品との間の補完関係を擬制したものとの前提に立てば，ただし書の「事情」は当該擬制によってもなお問題となる事情（例えば，侵害者による販売時期が限定されていた，侵害者による販売量は被害者の供給余力を超えていたなど）に限定されることになる。他方で，本項について，裁判所の合理的な心証形成による認定を認めたものと解せば，ただし書の「事情」には広く様々な事情が含まれ得るで

このただし書により控除された分については，別途，同条3項のライセンス料相当額を請求し得る余地がある（東京地判平成19・12・26裁判所HP）。

(2) 不競法5条2項：損害額の推定

　不競法5条2項は，侵害者の受けた利益額を損害額と推定することで，立証の負担を軽減するための規定である。「利益額」の算定方法については，粗利益説（「売上」－「製造・仕入原価」），純利益説（「粗利益」－「営業経費（人件費，地代，宣伝広告費，運送費等）」）のほか，限界利益説（東京地判平成9・2・21判時1617号120頁，大阪地判平成10・9・10判時1659号105頁，東京地判平成12・11・13判時1736号118頁等）がある。

　上記規定はあくまで「推定」であり，この推定を覆す事情があれば，適用されない。具体的には，現実の損害がより少ない，因果関係がない，といった事情が立証されてしまえば，推定が覆滅されることになる。なお，他の営業標識・意匠，キャラクター，他の技術のほか，業界での地位，商品流通の状況，使用態様などが，侵害品の売上げに寄与している場合には，いわゆる「寄与度」ないし「寄与率」が問題となり，寄与度ないし寄与率に応じた割合で損害賠償が認められることになる（名古屋高判昭和56・7・17判時1022号69頁，東京地判昭和57・10・22無体集14巻3号732頁等）。

(3) 不競法5条3項：使用許諾料相当額の請求

　不競法5条3項は，ライセンス料相当額を損害額として請求し得るものとすることで，実効的な救済を図るための規定である。営業秘密については実際のライセンス例がない場合が多いと思われるが，特許法等に係る裁判例では，業界における一般的な実施料を参照するもの，製品全体に占める寄与率を考慮するもの，他の貢献要因を考慮するもの，市場性や他の技術による代替可能性等を斟酌するもの等があり，営業秘密についても同様に斟酌される可能性があろう。文言上，営業秘密の「使用」行為が行われた場合に限られるようにも思われるが，「開示」行為が行われた場合についても，そのようなライセンスを行

あろう。

う可能性があれば適用もあり得るのではないかとも考えられる。また,「使用」(または「開示」)に向けた「取得」行為が行われた場合についても,当該「使用」(または「開示」)に対するライセンス料相当額により算定することが考えられ得るところである。

　なお,不競法5条4項前段により,ライセンス料相当額を超える損害の請求が妨げられないこと,同項後段により,その場合において侵害者に故意または重大な過失がなかったときは裁判所がこれを参酌することができることがそれぞれ定められている。本項は,平成5年改正により新設された規定であるが,同改正後に,営業秘密侵害でライセンス料相当額の請求を認めた裁判例はいまだ数が少ないが,大阪地判平成20・6・12裁判所HP,知財高判平成23・9・27裁判所HP(ポリカーボネート樹脂製造装置に関する図面等の不正開示事案であり,他社へのライセンス料を基準として損害額が認定された。)等がある(改正前のものとしては,浦和地判昭和58・6・24判タ509号177頁,大阪高判昭和58・3・3判時1084号122頁がある。)。営業秘密は,その不安定さ,範囲の不明確さ等から,特許に比べてライセンスされるケースが少ないことによるものと考えられる。今後の裁判例等の積み重ねを待つ必要があろう。

3. その他損害の認定に関する規定

　以上のほか,不競法7条において,裁判所が,当事者の申立てにより,当事者に対し,損害の計算をするため必要な書類の提出を命じることができる制度が定められている。なお,これを命じた場合でも,その量・内容から,損害額の認定が容易でない場合があることを踏まえ,同法8条において,計算鑑定人を選任して報告させる制度が定められている。

　また,「損害の性質上その額を立証することが極めて困難」な場合には,裁判所が相当な損害額の認定をすることができるが(民訴法248条),外的要因(景気変動など)により計算が困難となる場合には,「損害の性質上その額を立証することが極めて困難」とは言えない場合もあり得る。そこで,かかる事態に対応するため,不競法9条において,「損害額を立証するために必要な事実を立証することが当該事実の性質上極めて困難であるときは,裁判所は,口頭弁論の全趣旨及び証拠調べの結果に基づき,相当な損害額を認定することができ

る。」とされている[3]。

4. 設問についての考え方

　以上のとおり，営業秘密侵害に係る損害賠償額の算定に関しては，損害およびその額の立証責任は請求権者（被害者）側にあるとの原則を踏まえつつ，営業秘密に関する不正行為によってもたらされる営業上の利益の侵害に係る損害（額）の立証は容易でないことが少なくないことから，その負担軽減のための規定が用意され，被害者の保護が図られている。

---

[3] 本条に基づいて「相当な損害額」を認定した裁判例として，東京地判平成22・3・30裁判所HPがある。

Q41 差止請求の範囲

営業秘密侵害行為差止請求事件においては，どのような行為を差し止めることができるのか。

1. 営業秘密侵害行為の差止めの対象・範囲
(1) 不競法3条

不競法3条1項は，「不正競争によって営業上の利益が侵害され，又は侵害されるおそれがある者は，…その侵害の停止又は予防を請求することができる。」と定め，同条2項は，「不正競争によって営業上の利益が侵害され，又は侵害されるおそれがある者は，前項の規定による請求をするに際し，侵害の行為を組成した物（侵害の行為により生じた物を含む。…）の廃棄，侵害の行為に供した設備の除却その他の侵害の停止又は予防に必要な行為を請求することができる。」と定める[1]。

この点，いかなる行為（またはその禁止）が「その侵害の停止又は予防」や「侵害の停止又は予防に必要な行為」に該当するのか，といった問題があるところ，前者については，営業秘密の不正取得・使用・開示がこれに当たると解され，それぞれの解釈が問題となり，後者については，それを踏まえた上で，その「予防に必要な行為」の解釈が問題となるが，いずれにせよ，単に侵害があり得るというだけでは足らず，侵害の蓋然性が必要ということになろう。

(2) 侵害の停止・予防請求

ア 取得行為の差止め

営業秘密に関する不正競争行為に係る差止請求の対象となる行為は，基本的に営業秘密の使用行為であると考えられる。しかし，不競法3条においては

---

[1] なお，営業秘密に関する不正競争のうち，営業秘密の使用行為については，これに対する侵害の停止・予防請求権は，当該行為が継続する場合において，その事実およびその行為者を知った時から3年間行使しないときは時効消滅するものとされ，当該行為の開始時から20年を経過したときも同様とされている（不競法15条）。

「その侵害の停止」などとされているのみであって，差止めの対象から，取得という行為態様による不正競争は排除されておらず，これらの差止めを認める必要がある場合も想定し得る。

この点，同条の立法経緯として，産業構造審議会財産的情報部会報告書「財産的情報に関する不正競争行為についての救済制度のあり方について」があり，その中でも，産業スパイ等の例を挙げつつ，不正な取得を差止めの対象から積極的に排除する必要はなく，その対象とすることに不都合もないとして，取得行為に対する停止請求権を認めるものとしている。これを踏まえると，営業秘密の不正な取得行為も，差止めの対象となると考えられる。

イ　使用行為の差止め

営業秘密の使用行為に対する差止めについては，不正に取得した営業秘密に基づく製品の製造・販売行為，営業行為に対する差止めまで認められるかという問題がある。立案担当者は，「営業秘密を使用する行為」とは，「製品の製造・事業活動等の実施のために営業秘密を直接使用する行為及び研究開発・事業活動等の実施のために営業秘密を参考とする行為のように，『営業秘密の本来の使用目的に沿って行われ，当該営業秘密に基づいて行われる行為として具体的に特定できる』行為を意味するもの」とした上で，「営業秘密を使用して製造された製品を販売する行為等は，営業秘密の使用行為には該当しないことから，使用行為の差止請求の範囲外である」としていた[2]。

(ア)　不正に取得した営業秘密を使用して製造された製品の販売行為

不正に取得した営業秘密を使用して製造された製品の販売行為が，それ自体として「使用」に当たるとするのは難しいようにも考えられるが，後述のとおり，裁判例は，かかる製品の販売行為も「使用」に含まれるものと解しているとも評価され得るところである。なお，平成27年改正により，不競法2条1項4号～9号に掲げる行為（技術上の秘密を使用する行為に限る。）によって生じた物を譲渡等する行為それ自体が「不正競争」とされることとなった（同項10号）。なお，いずれにせよ，かかる製品は，営業秘密の使用という侵害行為（製造行為）により生じた物であり，ゆえに「侵害生成物」に該当するため，これら

2　営業秘密－逐条解説75頁，76頁。

「侵害生成物」の販売行為の禁止を命じることは，差止請求の実効性確保の観点から「侵害の停止又は予防に必要な行為」として認められることになると考えられる。

　裁判例においても，営業秘密を使用した製品の製造，販売の差止めを認めるものがあり[3]，不正取得行為によって取得した営業秘密により作成した石膏型を使用した商品の製造，販売，販売のための展示の差止めを認めるものがある[4・5]。

(イ)　不正に取得した営業秘密に基づく営業行為

　不正に取得した営業秘密に基づく営業行為の差止めが問題となる典型例は，営業秘密が顧客名簿である事案である。しかし，営業行為といっても多種多様なものが含まれるから，当該顧客名簿に基づく営業と言えるものとそうでないものとの切り分けが容易ではないケースも考えられる。例えば，顧客名簿上の顧客に対する営業行為全てを一律に差し止めるとすると，本来許されるべき行為（例えば，その顧客名簿を知らなかったとしても行われていたであろう営業行為など）まで過大に禁止することになり得る。そのため，顧客名簿等の媒体の廃棄請求等については認めた上で，その使用行為については損害賠償の問題として処理するかたちとせざるを得ないとする考え方もあり得るが，後述のとおり，裁判例では，（特殊な業態であること等の事情はあるものの）いわゆる"受け身"の場合の営業活動まで禁止する内容の差止めを認めるものもある。

(3)　除却請求

　侵害の行為を組成した「侵害組成物」とは，営業秘密を化体した媒体等を，侵害の行為により生じた「侵害生成物」とは，営業秘密を使用して製造された製品等を，侵害の行為に供した「侵害供用設備」とは，営業秘密を使用するための設備等をいい，侵害行為を差し止める「侵害行為の停止」だけでは，十分な差止めの実現が図れない場合に，それらの除却請求が認められる。

---

[3]　大阪地判平成15・2・27裁判所HP等。
[4]　仙台地判平成20・1・31判タ1299号283頁。
[5]　この点は，平成27年改正によっても，技術上の秘密の使用により製造された商品が「侵害生成物」から除外されるわけではなく，営業秘密の不正使用に係る「不正競争」によって生じた物である限り，なお「侵害生成物」に（も）該当する，ということになろう。

2．判決主文例
(1) 侵害の停止又は予防の請求（不競法3条1項）
ア　技術情報の使用の差止め
- 「被告は，別紙営業秘密目録記載の電子データを使用してはならない。」
- 「被告は，別紙営業秘密目録記載の技術情報を使用して，○○機を製造し，販売してはならない。」（※大阪地判平成10・12・22知的裁集30巻4号1000頁等参照）
- 「被告は，別紙図面を用いて，○○機を製造販売してはならない。」
- 「被告は，別紙営業秘密目録記載の営業秘密を使用した別紙物件目録記載の○○用金型を製造し，販売し，若しくは頒布し，または第三者をして製造させ，販売させ，若しくは頒布させてはならない。」（※福岡地判平成14・12・24判タ1156号225頁参照）

技術情報については，その内容によって特定の仕方が変わってくる。例えば，単なる数値（の集まり）や図面であれば，別紙で当該数値を書き出したり，図面を貼付したりすれば足る（図面の量が膨大になる場合は，当事者間や執行機関でも特定に足りるのであれば，図面上で特定された製品・部品名や図面番号等までは記載せず，その一覧表を添付することがある。）。

他方，経時的な要素も含むような製造方法であれば，製造の手順等（時間的順序に従って，作業手順，原材料，機器，製造条件等）について，別紙で，文章・製造工程表・図面などを用いつつ特定する必要があろう。

差止めの範囲も，広く「○○（※営業秘密）を使用してはならない」とするもののほか，「○○（※営業秘密）を使用して○○してはならない」というように，使用する態様等を指定するもの，さらに，営業秘密を使用して製造等された物品についての行為を禁ずるもの等がある。実際に行われた違反行為がどのような行為であるか，単純に営業秘密に係る情報の使用を禁じた場合において非侵害行為が含まれてしまうか否か，その場合の被告側の不利益の程度等を考慮して，判断されることになろう。

イ　営業情報の使用の差止め
- 「被告は，別紙目録記載の顧客名簿を，営業活動に使用し，又は第三者に開示・使用させてはならない。」

- 「被告は，別紙顧客目録記載の者に対し，面会を求め，電話をし，又は郵便物を送付するなどして，○○の請負若しくは売買契約の締結，締結方の勧誘又は同契約に付随する営業行為をしてはならない。」（※大阪地判平成8・4・16判時1588号139頁等参照）
- 「被告は，○○の請負若しくは売買契約の締結をしようとし，又は同契約に付随するサービスの提供を求めて被告宛てに来店若しくは電話連絡してくる別紙顧客目録記載の者に対し，○○の請負若しくは売買契約の締結，締結方の勧誘又は同契約に付随する営業行為をしてはならない。」（※前掲大阪地判平成8・4・16参照）

　営業情報については，顧客名簿などの書面上の字面そのものに意義があることが多いため，別紙でその内容を掲げれば足ることが多いであろう。
　差止めの範囲については，大阪地判平成25・4・11判時2210号94頁は，原告が，原告の顧客情報が営業秘密に当たるとして，当該顧客情報の使用の差止めを求めるに当たり，使用自体の差止めだけでなく，当該顧客情報に記載された顧客らに対して営業を行うことの禁止を求めた事案で，「本件顧客情報が原告の営業秘密であって高い有用性が認められること，本件における被告らの不正競争の態様の悪質性，結果の重大性からすれば，被告らによる不正競争を差止める必要性は高い。そして，本件顧客情報の取得経緯や，開示，使用の状況…に照らすと，本件顧客情報を記録した磁気媒体，紙媒体の使用のみを禁止したのでは，その差止めの目的を達することは困難である。したがって，上記顧客らが自ら日本国内において中古車の買付行為を行うなど，本件顧客情報に含まれる個々の顧客らに関する情報について営業秘密性が失われるまでは，差止めの必要性は存続する」として，被告らが，当該顧客情報記載の者らに対して，面会を求め，電話をし，郵便物を送付しまたは電子メールを送信するなどして，自動車，自動車部品その他自動車に関する商品の売買契約を締結し，同契約の締結を勧誘しまたは同契約に付随する営業行為をすることの差止めを認めている。
　また，前掲大阪地判平成8・4・16において，問題の顧客名簿記載の顧客に対する営業行為に加え，被告に来店または電話連絡してくる同顧客に対する営

業行為の差止め，つまり，いわゆる"受け身"の場合の営業活動まで禁止する内容の差止めまで認められている。ただし，この事案は，男性用かつらの販売業者に係るものであって，そのように商品役務の性質等に関して特殊な事情がない限り，"受け身"の営業行為については差止めの必要性が認められないとされる可能性が高いと考えられる。例えば，東京地判平成15・11・13裁判所HPも，「積極的に被告らとの取引を求めて自発的に来訪等してくる第三者に対して，被告らが対応することの差止めを求める請求は，そもそもそれ自体過大な請求として差止めの必要性を欠くものであり，理由がない」とする。

(2) 侵害組成物の廃棄請求，侵害供用設備の除却請求等（不競法3条2項）
　ア　技術情報に係る営業秘密侵害に関するもの
- 「被告は，別紙営業秘密目録記載の技術情報を使用して製造した○○機を廃棄せよ。」（※前掲大阪地判平成15・2・27等参照）
- 「被告は，別紙営業秘密目録記載の設計図を使用して作成した設計図並びに同設計図の電子データが含まれたハードディスク，磁気テープその他一切の外部記憶装置を廃棄せよ。」（※福岡地判平成14・12・24判タ1156号225頁参照）

　イ　営業情報に係る営業秘密侵害に関するもの
- 「被告は，別紙営業秘密目録記載の原告顧客名簿の写しを廃棄せよ。」
- 「被告らは，別紙顧客目録記載の住所及び氏名のデータを記録したフロッピーディスク及びコンピュータのファイル等の磁気媒体並びにこれらを印字した紙媒体を廃棄せよ。」（※東京地判平成16・5・14裁判所HP参照）

　除却請求は，停止・予防請求と併せてのみ行うことができるものであり，いわば，停止・予防に向けた具体的措置といえる。
　その強制執行の場面を踏まえると，本来，廃棄対象たる物品を特定する必要があるが，差止請求を認めた趣旨を没却することのないよう，厳密に一個一個限定列挙させるようなレベルまでは不要と解すべきであろう。

3. 設問についての考え方
　理論上は侵害行為を差し止めるには，不正競争行為に該当する侵害行為それ

自体を禁止すれば足ることになるが，いかなる行為を侵害行為として捉えることができるかにより，その範囲は異なってくる。また，実際には侵害行為のみを禁じても実効的に侵害の停止または予防が実現されないことが多く，「侵害組成物」，「侵害生成物」，「侵害供用設備」の除却等も含めて請求内容を検討する必要がある。

　この点，平成27年改正により，技術上の秘密については，営業秘密に係る不正競争行為によって生じた物を譲渡等する行為それ自体が「不正競争」とされることとなったため，一定程度の予測可能性が確保されたと言えるが，営業上の秘密については，当該営業秘密の性質，行為態様の悪質性，結果の重大性，差止判決により被告側が被る不利益等も踏まえつつ差止めの範囲が定められることになるため，個別具体的な事案ごとの判断となる。

Q42 訴訟手続における営業秘密の保護

裁判所に提出される書面または証拠等に営業秘密が含まれる場合にはどのような措置をとることができるのか。

1. 裁判の公開と営業秘密

　営業秘密侵害訴訟に限らず，訴訟上，自己の主張・立証あるいは相手方の主張に対する反論として，自己の営業秘密を書面ないし証拠として提出せざるを得ない場合があり，また，場合によっては，相手方から自己の営業秘密が提出される場合もある。

　ところが，裁判の公開原則（憲法82条1項）の趣旨に基づき，民事訴訟手続において，口頭弁論手続は国民一般が傍聴できる状態で行うものとされ（公開主義），また，民訴法上，原則として，誰でも，裁判所書記官に対して，訴訟記録の閲覧を請求することができると規定されている（91条1項）。

　しかしながら，裁判において，自己の提出し（あるいは相手方が提出した）自己の営業秘密について何らの保護がなされないとすれば，当該営業秘密は，一般に知れるところとなって，いわゆる非公知性を失ってしまうこととなる。ここで，それを躊躇して営業秘密についての主張・立証がなされないとすれば，真実の発見（ないし権利の実現）が図られないことにもなる。

　もちろん，憲法82条2項は，「公の秩序又は善良の風俗を害する虞」がある場合等，一定の場合には対審を公開しないで行うことができるものとしているが，その要件は厳重であり，民訴法および不競法を含む知的財産法等は，営業秘密の保護と真実の発見とを図るために，各種の訴訟上の営業秘密の保護規定を設け，それぞれの事案において，最も適切で必要な保護規定を選ぶことで，充実した審理が望まれている。

2. 第三者との関係における営業秘密保護措置
(1) 公開停止措置

　営業秘密が，一般人との関係で公にならないための措置として，当事者尋問

等の公開停止措置がある。

　すなわち,「不正競争による営業上の利益の侵害に係る訴訟」における当事者（法人の場合はその代表者）,その代理人（訴訟代理人および補佐人を除く。）,使用人その他の従業者（以下,併せて「当事者等」という。）が,不正競争による営業上の利益の侵害の有無についての判断の基礎となる事項であって当事者の保有する営業秘密に該当するものについて,当事者本人もしくは法定代理人または証人として尋問を受ける場合において,裁判所は,裁判官の全員一致により,①その当事者等が公開の法廷で当該事項について陳述をすることにより当該営業秘密に基づく当事者の事業活動に著しい支障を生ずることが明らかであることから当該事項について十分な陳述をすることができず,かつ,②当該陳述を欠くことにより他の証拠のみによっては当該事項を判断の基礎とすべき不正競争による営業上の利益の侵害の有無についての適正な裁判をすることができないと認めるときは,決定で,当該事項の尋問を公開しないで行うことができるという措置である（不競法13条[1]）。

　この場合,裁判所は,あらかじめ当事者等の意見を聴かなければならず,また,必要があると認めるときは,当事者等にその陳述すべき事項の要領を記載した書面の提示をさせることができ,この場合,何人も,その提示された書面の開示を求めることはできない（インカメラ審理）。ただし,裁判所が,提示された書面を開示して意見を聴く必要があると認めるときに相手方の当事者等,訴訟代理人または補佐人に対してその書面が開示されてしまう可能性があるが,この書面の開示の際には,秘密保持命令（下記3参照）を申し立てることができることになっている。

　かかる当事者尋問等の公開停止措置は,憲法82条2項が,公開停止される場合として定める「公の秩序又は善良の風俗を害する虞」がある場合の範囲内で要件および手続を明確に規定するものであって,営業秘密が類型的に問題となる場面について設けられたものである。したがって,上述のとおり,本措置は不正競争による営業上の利益の「侵害の有無」についての判断にのみ適用され,損害額の立証については適用がない。こうした損害額の立証やその他の場面に

---

[1] 同趣旨の規定として,特許法105条の7,実用新案法30条。

おいて公開を停止するかどうか等については，憲法82条および裁判所法70条の一般規定に基づくこととなる[2]。

(2) 閲覧等制限の申立て

また，営業秘密が，一般人との関係で公にならないための措置として，閲覧等制限の申立て（民訴法92条1項）が挙げられる。

すなわち，裁判所に提出される書面または証拠に当事者が保有する営業秘密が記載されている場合，裁判所は，当事者の申立てにより，当該記載部分の閲覧もしくは謄写等の請求をすることができる者を当事者に限定することができる（民訴法92条1項2号）というものであり，詳細についてはQ45を参照されたい。

3. 相手方当事者との関係における営業秘密保護措置

以上の第三者との関係における営業秘密保護措置に加えて，相手方当事者との関係で営業秘密を保護する措置として秘密保持命令の申立てがある。すなわち，裁判所は，当事者の申立てにより，「不正競争による営業上の利益の侵害に係る訴訟」において，その当事者が保有する営業秘密について，①すでに提出されもしくは提出されるべき準備書面に当事者の保有する営業秘密が記載され，またはすでに取り調べられもしくは取り調べられるべき証拠の内容に当事者の保有する営業秘密が含まれること，②営業秘密が当該訴訟の追行の目的以外の目的で使用されまたは当該営業秘密が開示されることにより，当該営業秘密に基づく当事者の事業活動に支障を生ずるおそれがあり，これを防止するため当該営業秘密の使用または開示を制限する必要があることにつき疎明があった場合には，当事者，使用人その他の従業者，訴訟代理人または補佐人に対し，当該営業秘密を当該訴訟の追行の目的以外の目的で使用し，または命令を受けた者以外の者に開示してはならない旨を命ずることができる（不競法10条1項[3]）というものであり，詳細についてはQ43を参照されたい。

---

[2] 近藤昌昭＝齊藤友嘉ほか編著「司法制度改革概説第2巻　知的財産関係二法／労働審判法」（商事法務，2004年）102頁～104頁参照。

[3] 同趣旨の規定として特許法105条の4，実用新案法30条，意匠法41条，商標法39条および著作権法114条の6。

4. 設問についての考え方

　訴訟上，営業秘密が公になってしまうことを保護するための措置として，公開停止措置，閲覧等制限の申立て，秘密保持命令等の措置が設けられている。

　これらは，誰との関係で営業秘密を保護するものか，どのような局面で営業秘密を保護するものか，どのように営業秘密を保護するか等について異なった制度であり，場合に応じて使い分け，あるいは組み合わせていく必要がある。

Q43 秘密保持命令

秘密保持命令とはどのような命令か。その要件は何か。

1 秘密保持命令とは

　秘密保持命令は、裁判所が、当事者の申立てにより、一方当事者が訴訟に提出する訴訟記録に営業秘密が含まれる場合に、相手方の当事者や代理人等に対して、当該営業秘密を当該訴訟の追行の目的以外の目的で使用してはならず、かつ、秘密保持命令を受けた者以外の者に開示してはならない旨を命ずることができる制度である[1]。

　不正競争による営業上の利益の侵害に係る訴訟（不競法10条）のほか、特許法（同法105条の4）、実用新案法（同法30条）、意匠法（同法41条）、商標法（同法39条）および著作権法（同法114条の6）においても同様な規定が設けられ、または準用されている[2]。

　従来、訴訟に提出された準備書面または証拠等に営業秘密が含まれる場合、民訴法91条により第三者の閲覧や謄写を制限することはでき、また、従前から訴訟上営業秘密を開示する際に秘密保持契約を締結することが行われてきたが、当事者や訴訟関係者に対する明確な制限規定がなかったため、平成16年の法改正により導入された制度である。

　秘密保持命令の認容決定に対しては、不服申立てをすることができないが、秘密保持命令の発令の要件がなくなった場合、秘密保持命令の取消しの申立てをすることができる（不競法11条）[3]。他方、却下決定については、申立人から即

1　秘密保持命令に関する詳細については、中山＝小泉・新・注解1876頁以下および小野・新・注解（下）1119頁以下を、秘密保持命令申立事件の最近までの運用の実情については、小田真治「秘密保持命令の運用の実情」L&T59号3頁、その他本稿の注釈記載の文献を参照のこと。

2　最決平成21・1・27民集63巻1号271頁において、特許権又は専用実施権の侵害差止めを求める仮処分事件は特許法105条の4第1項柱書本文に規定する「特許権または専用実施権の侵害に係る訴訟」に該当し当該仮処分事件において秘密保持命令の申立てをすることが許されると判断されており、不競法、実用新案法、意匠法、商標法および著作権法でも、同様に解釈されるものと考えられる。

3　実際に秘密保持命令が取り消された事案として、大阪地決平成20・12・25判時2035号

時抗告をすることができる（不競法10条5項）。

また，秘密保持命令に違反した者に対しては，5年以下の懲役または500万円以下の罰金またはこれらが併科されるほか，両罰規定（3億円以下の罰金）を伴う刑事罰の規定が置かれている（不競法21条2項6号，22条1項3号等）。

このような制度は，従前，刑事罰の制裁を伴う制度であるためか，実務ではあまり積極的には利用されておらず，むしろ，当事者間において秘密保持契約を締結することを主体とする運用が行われてきたのが実情であったが，上記のような従前の実務に代えて，裁判所では，例えば，ある程度柔軟に秘密保持命令を出した上で相手方から取消しの申立てがあればそこで取り消すなど，秘密保持命令制度を弾力的に活用する方向へと向かっていく可能性がある[4]。

なお，秘密保持命令は，当該命令の名宛人において当該営業秘密の開示等が禁止されるだけであって，当該準備書面や証拠の開示にすぎず，当該準備書面や証拠が訴訟記録を構成した後に第三者が閲覧，謄写することを阻止することはできない。したがって，営業秘密性を保持するためには，民訴法92条の閲覧等制限を申し立てる必要がある。

2．秘密保持命令の要件とは

(1) 概要

裁判所から秘密保持命令が発令されるためには，当事者が申立てにより，一定の訴訟において，①すでに提出されもしくは提出されるべき準備書面に当事者の保有する営業秘密が記載され，またはすでに取り調べられもしくは取り調

136頁。また，同事件の申立人による論説として，牧野知彦「秘密保持命令及び秘密保持命令取消決定の実務上の問題点～名宛人となった経験から～」A.I.P.P.I. Vol.55 No.9 6頁参照。

[4] 清水節ほか「東京地裁知財部と日弁連知的財産制度委員会との意見交換会（平成20年度）」判タ1301号83頁。ただし，飯村敏明ほか「裁判所と日弁連知的財産センターとの意見交換会 平成23年度」判タ1374号22頁では，東京地方裁判所の裁判官が秘密保持命令申立事件の処理についておおむね順調に運用されているのではないかと思われると述べている一方，知財高裁では秘密保持命令の事件の係属がないとされ，また，「大阪地方裁判所第21・26民事部と大阪弁護士会知的財産委員会との協議会 平成25年度」L&T64号3頁では，大阪地方裁判所の裁判官の発言として「秘密保持命令については，制度化された直後に1件申立て，発令があったと聞いておりますが，少なくともこの数年の間，申立て，発令はありません。」と記載されているなど，どの程度の事件があるかという全体的傾向は必ずしも明らかではない。

べられるべき証拠の内容に当事者の保有する営業秘密が含まれること，および，②当該営業秘密が当該訴訟の追行の目的以外の目的で使用され，または，当該営業秘密が開示されることにより，当該営業秘密に基づく当事者の事業活動に支障を生ずるおそれがあり，これを防止するため当該営業秘密の使用または開示を制限する必要があることにつき疎明を行う必要がある（不競法10条1項）。

ただし，秘密保持命令の申立ての時までに，すでに相手方が営業秘密が記載された書面の閲読等の方法以外の方法で当該営業秘密を取得，保有していた場合には発令されないとされている（同柱書ただし書）。

(2) 柱書ただし書について

営業秘密の不正使用等差止請求訴訟では，当該基本事件において，原告は，相手方が不正に原告の営業秘密を取得・使用していること等を主張することになると考えられる。すなわち，当該不正使用等の差止めの対象となる営業秘密については，相手方は，営業秘密が記載された書面の閲読等の方法以外の方法で当該営業秘密を取得，保有していたと原告は自ら主張していることとなり，当該原告において，秘密保持命令の申立てを行うことはできないものと考えられる。

このように不正使用等差止請求訴訟を基本事件として，当該不正使用等の差止めの対象である営業秘密について秘密保持命令が認められないことは，当該秘密保持命令による秘密保持が刑事罰でも担保されるものであって，その発令自体で，基本事件で勝訴した場合より強力な差止効果を与えてしまう結果となるからと説明されている。

次に，それ以外の場面において，提出証拠に含まれる営業秘密について秘密保持命令の申立てを行う場合等において，申立ての相手方が，たまたま独自に開発して当該情報を保有していた場合には，当該ただし書に該当して発令が許されないこととなるが，相手方としては，発令後に開示を受けるまではどのような情報が秘密保持命令の対象となっているかわからないことから，申立ての時点ではこの要件の充足性を審理できず，もっぱら発令後，相手方からの取消申立ての審理で問題となるとされる[5]。

(3) (1)①の事由について
　ア　営業秘密性
　秘密保持命令の対象が営業秘密であることを疎明する必要がある。営業秘密とは，有用性，秘密管理性および非公知性の3要件を充足する情報である（不競法2条6項)[6]。下記3で記載するとおり，秘密保持命令が刑事罰で担保されていることに鑑みると，疎明の立証レベルは，相当程度厳格な認定となると考えられている[7]。

　イ　保有
　当事者が正当な権限によって保有している営業秘密であれば，全て含まれると考えられている。

　ウ　媒体要件
　㈦　「提出されるべき準備書面」または「取り調べられるべき証拠」
　　秘密保持命令の対象となる営業秘密は訴状に記載されたものは除かれている（答弁書は含む。）ので留意する必要がある。これは，送達された訴状を被告側の誰が現実に受領するのか予めわからないため秘密保持命令を発令するのが困難であり，また，訴状を受領した被告が代理人等に相談できなくなって応訴態勢を整えることができなくなってしまうからである[8]。したがって，秘密保持命令の申立てを行う予定の営業秘密は訴状には記載しないほうがよいと考えられる。

　　営業秘密が記載されている証拠としては，製造工程表，工場の装置レイアウト図，設計図，製造指図書，成分配合表，顧客名簿，データベース，ソースコード等が記載された書証が想定されている。このような準備書面や書証は未だ提出されていないものが対象であるが，基本事件の訴訟手続上の営業秘密の存在箇所，存在形式を明確にする上で，準備書面や証拠の体裁に整えられている必要があると考えられており，申立てに当たっての正式な添付資料ではないが，裁判所が審理を行うのに必要であるため，当該準備書面や当

5　小野・新・注解（下）1140頁，1146頁。
6　営業秘密の3要件については，Q3，6，7等参照のこと。
7　なお，後発医薬品の輸入承認申請書に添付した資料のうち一部が，営業秘密に該当すると判断した事例として，東京地決平成18・9・15判時1973号300頁が参考になる。
8　知的財産裁判実務研究会編「知的財産訴訟の実務」（法曹会，2010年）219頁。

該証拠を事実上提出することになる[9]。

(イ) 「既に提出された準備書面」または「既に取り調べられた証拠」

すでに営業秘密について秘密保持命令が発令されている場合に，新たな名宛人に対して追加発令を求める場合を想定した規定である。すなわち，準備書面が提出された後または証拠の内容に含まれていた営業秘密について，秘密保持命令の申立てを行うことは許されない[10]。なぜなら，準備書面や証拠が提出された後に秘密保持命令の申立てがあると，秘密保持命令の申立てはないと考えていた相手方側の多くの関係者が営業秘密に接してしまっていた場合など相手方の意表を突くような事態を生じさせてしまうほか，発令の要件の認定のほか，秘密保持命令の違反の認定も困難となる[11]。したがって，準備書面または証拠の提出前に，秘密保持命令の申立てを行う必要がある[12]。

(4) 上記(1)②の事由について

訴訟目的外使用や秘密保持命令の名宛人以外に開示がなされることにより，申立当事者の当該営業秘密に基づく事業活動に支障が生じるおそれがあり，これを防止するため当該営業秘密の使用または開示を制限する必要があることである。ただし，上記(1)①の要件で申立当事者の営業秘密であることが認定されるなら，それが目的外使用されたり名宛人以外に開示されたりすれば，営業秘密としての価値を流用，毀損され，申立当事者の事業活動に支障が生じると推認されると解される[13]。

他方，相手方当事者が守秘を確約し，その旨の書面を差し入れることや当事者間で秘密保持契約を締結することに同意しているような場合には，秘密保持命令をもって制限するまでの必要性はないと判断されることも考えられる。

---

[9] 髙部眞規子「秘密保持命令Q&A」知財ぷりずむVol.4 No.40 24頁。
[10] 三村量一＝山田知司「知的財産権訴訟における秘密保持命令の運用について」判タ1170号5頁。
[11] 知的財産裁判実務研究会「知的財産訴訟の実務」(法曹会，2010年) 220頁。
[12] 事前に秘密保持命令の申立てもせずに営業秘密を記載した準備書面やそれが含まれる証拠を提出した場合，その段階で営業秘密の要件の1つである秘密管理性等が失われ，発令要件が欠けてしまうとしたものとして大阪地決平成20・12・25判時2035号136頁等がある。
[13] これに対しては，営業秘密の漏洩によりどの程度の事業活動に支障が生じる恐れがあるのか，訴訟記録の閲覧等の制限等では十分な保護が図られないかどうかに関して検討すべきであるという指摘がある（中山＝小泉・新・注解1896頁）。

(5) 実務運用について

　東京地方裁判所においては，秘密保持命令の名宛人の特定等のために，まずは裁判所に秘密保持命令を得た上で準備書面等を提出したい旨を伝える。そして，裁判所が指定した進行協議期日において相手方当事者や名宛人候補者と協議を行い，営業秘密や名宛人を特定した上で，営業秘密の内容自体は記載しないで，営業秘密の記載箇所を記載した申立書を提出する。この申立書の副本が相手方当事者に送付され，求意見や必要な審尋等を経て，要件が認められる場合に認容決定が下される。裁判所から事前に当該命令の発令時期が連絡されるので，それと同時期に，営業秘密が記載された準備書面等を裁判所へ提出し，裁判所は相手方を呼び出して秘密保持命令の決定正本を交付送達するとともに当該準備書面の副本を交付する（なお，書記官から命令についての説明がなされる。）[14]。

3. 秘密保持命令の要件について，どの程度の立証をすればよいのか

　秘密保持命令の要件については「疎明」であるが，秘密保持命令違反に対しては刑事罰が用意されていることから営業秘密性の認定は相当厳格なものでなければならず，訴訟記録の閲覧等の制限決定の発令要件の1つである営業秘密の疎明よりも立証のレベルは相当高いと考えられ，不競法の営業秘密関連訴訟における営業秘密性の立証レベルである「証明」よりは立証のレベルは低いものの，証明の立証レベルに近い疎明が求められていると考えられている[15]。

　もっとも，疎明の方法は，即時に取り調べることができる証拠によってしなければならないと規定されている（民訴法188条）ので，基本的には書証によって立証が行われることになる。そして，大阪地決平成20・4・18判時2035号131頁および前掲大阪地決平成20・12・25に関する判タ1287号220頁〜224頁の囲み記事では，営業秘密性に関する立証について，「秘密保持命令の発令の際の審理においては，相手方（名宛人）の審尋等，相手方の反論を聴取する機会を設けることが予定されていないため（相手方の反論を聴取するためには申立人において当該営業秘密を開示しなければならないが，その時点では秘密保持義務を負わない相手方に当該営業秘密を開示すれば，その時点で非公知性が失われ，営業秘密性を喪失してしま

14　前掲（注4）の判タ1374号21頁参照。
15　小野・新・注解（下）1141頁。

う。)、申立人から提出される疎明資料によってのみ判断せざるを得ず、相手方の反論・反証にさらされることがない。そのため、営業秘密性の認定は、その性質上、ある程度精度の粗いものにならざるを得ず、その意味で緩やかに運用せざるを得ない面があると思われる。」とされているとおり、秘密保持命令における手続の性質上、その判断は一定程度緩やかにならざるを得ないと考えられる[16]。

4. 設問についての考え方

　秘密保持命令は、訴訟の相手方との関係において、営業秘密を保護する制度であって、いったん発令されると、その名宛人は、刑事罰をもって、秘密を保持する義務を負わされることとなる。したがって、秘密保持命令は、営業秘密性のほか、事業活動への支障のおそれや必要性等の要件が定められており、また、その認定についてはある程度厳格なものと考えられている。

16　なお、裁判所におけるこのような運用に対する否定的な見解として、牧野・前掲（注3）6頁がある。

Q44 秘密保持命令以外の保護

秘密保持命令以外に，訴訟手続の過程で営業秘密の開示を受けた者に対して秘密保持義務を負わせることができるか。

1．閲覧等制限決定ないし私法上の義務とその限界

訴訟記録中に当事者の私生活上の重大な秘密や当事者が保有する営業秘密等が記載または記録されている場合，訴訟当事者は，裁判所に対して閲覧等制限の申立てを行い，当該訴訟記録の部分の閲覧もしくは謄写，その正本，謄本もしくは抄本の交付またはその複製の請求をすることができる者を，訴訟の当事者だけに限ることを求めることができる（民訴法92条1項）。

このような申立てに対し，裁判所から閲覧等制限決定を発令された場合，訴訟の相手方当事者は，訴訟追行のために特別に当該秘密を知り得たのであるから，当該知り得た秘密を保持し，訴訟追行以外の目的に無断で使用してはならないという私法上の義務を負い，相手方当事者が閲覧等によって知り得た秘密を第三者に漏らした場合には，不法行為として損害賠償義務を負う可能性があるほか，一定の場合には不競法に基づく差止請求や損害賠償の対象になり得ると解されている[1・2]。

ただし，閲覧等制限決定に基づいて生じるこのような秘密保持義務の具体的な内容，当該義務を負担する者の範囲，当該義務にどのように違反した場合にどのような請求が可能であるのかは必ずしも明確ではない。

2．訴訟当事者間における秘密保持契約

(1) 秘密保持契約とその限界

訴訟の相手方当事者に営業秘密の保持を求める際に，訴訟実務上，訴訟当事

---

[1] 法務省民事局参事官室編『一問一答新民事訴訟法』（商事法務研究会，1996年）98頁。
[2] なお，営業秘密管理指針14頁は，その射程範囲等が明らかでないものの，営業秘密に基づく別法人に対する差止請求として，相手方に対して，自社の秘密管理意思が明確に示されている必要があり，口頭や書面で自社の営業秘密管理意思を通知することでも足りるとしている。

者間で秘密保持契約を締結し，契約上の秘密保持義務を相手方当事者に課するという対応があり得る[3]。

　この点，秘密保持契約を締結し，その内容に実効性をもたらすためには，秘密保持義務の違反行為に対する強力な制裁条項のほか，秘密保持義務を負う者の範囲を訴訟の相手方当事者だけでなく，その役員，使用者または従業員まで拡大する条項などを規定する必要がある[4]。

　しかし，秘密保持契約の内容やその締結は，当事者間の自由に任されており，訴訟の相手方当事者に強制することができる制度はない。したがって，例えば，秘密保持義務に違反した当事者が支払うべき違約金条項またはその金額が合意に至らず，訴訟の相手方当事者が秘密保持契約の締結自体を拒絶してしまった場合，秘密保持契約による秘密保持義務を負わせることはできない。そのような意味で，秘密保持契約を締結することにより訴訟の相手方当事者に秘密保持義務を負わせることにも一定の限界がある。

(2)　**秘密保持命令と秘密保持契約**

　平成16年の裁判所法等の一部を改正する法律（平成16年法律120号）により，不正競争による営業上の利益の侵害に係る訴訟（不競法10条）のほか，特許法（同法105条の4），実用新案法（同法30条），意匠法（同法41条），商標法（同法39条）および著作権法（同法114条の6）において秘密保持命令制度が導入された後，訴訟当事者間で秘密保持契約により訴訟の相手方当事者との間で秘密保持契約を締結しやすい状況が生まれていると考えられる[5]。

　すなわち，秘密保持命令制度[6]は，裁判所のみならず訴訟当事者の手続的な負担が大きく，秘密保持命令の発令に関して厳格に運用されていることから，実務上の取扱いとしては，裁判所の訴訟指揮のもと，いきなり秘密保持命令の

---

[3]　井﨑康孝ほか「大阪地方裁判所第21・26部民事部と大阪弁護士会知的財産委員会との協議会 2012年度」判タ1390号57頁において，技術資料に記載された営業秘密を相手方に開示される事態を防ぐ方法の1つとして，秘密保持命令による場合のほか，秘密保持契約を締結して開示する方法も挙げられている。

[4]　中山＝小泉・新・注解1881頁～1884頁に記載されている秘密保持に関する合意書の一例を参照のこと。

[5]　髙部眞規子「知的財産権訴訟　今後の課題（下）」NBL860号45頁も参照。

[6]　秘密保持命令に関する詳細については，Q43参照。

発令の申立てをするのではなく，まずは訴訟当事者間で秘密保持契約を締結することで営業秘密の保護が図れないかどうかを検討した上で，秘密保持命令の申立てに進むべきかどうかを判断するという運用もなされている[7]。

　もちろん，前述と同様に秘密保持義務に違反した場合の違約金条項の内容の定め方の問題は残り[8]，また，秘密保持命令制度についても弾力的な運用がなされていく可能性があるものの，当該秘密保持契約の交渉が破綻した場合には秘密保持命令が発令される可能性がある，という前提のもとでは，より柔軟な手法としての秘密保持契約の締結が行われることは少なくないものと考えられる[9]。

3. 設問についての考え方

　閲覧等制限決定を求めて非公知になることを避けつつ，当該措置等に起因して，営業秘密の開示を受けた相手方が，不正に当該営業秘密を使用等した場合に，これに対する差止請求ないし損害賠償請求等を行うことが考えられないわけではない。

　しかしながら，その実効性等については不透明なところがあり，営業秘密を開示した相手方における秘密保持をより実効的にするためには，秘密保持契約の締結が考えられる。この点，秘密保持契約は当事者の任意の契約であることから限界がある反面，秘密保持命令制度がひかえている中にあっては，当該契約は，ある程度はスムーズに締結できることが多いものとも考えられる。

7　中山＝小泉・新・注解1880頁〜1881頁。
8　岡本岳ほか「裁判所と日弁連知的財産センターとの意見交換会（平成22年度）」判タ1348号14頁参照。
9　伊原友己「秘密保持命令制度の功罪」『知的財産権侵害訴訟の今日的課題―村林隆一先生傘寿記念』（青林書院，2011年）47頁，井上泰人「営業秘密の特定と閲覧制限」L＆T59号32頁。

Q45 閲覧等制限の申立て

閲覧等制限の申立ての要件は何か。どの程度の立証をすればよいのか。

1. 閲覧等制限の要件および手続

(1) 裁判の公開と訴訟記録の閲覧等制限

　裁判は公開が原則であり（憲法82条1項），誰でも訴訟記録の閲覧等を請求することができる（民訴法91条1項）。したがって，訴状や準備書面，証拠等に営業秘密が含まれていたとしても，その訴訟記録について誰でも閲覧等ができるというのが原則となる。もっとも，これでは，当該営業秘密の内容が一般人に公開されてしまうという事態が生じてしまうし，営業秘密の公開をおそれて十分な立証活動ができないおそれがある。そこで，かかる事態に対応すべく，民訴法92条1項は，閲覧等制限について定めている。

　訴訟記録の閲覧等制限とは，訴訟記録中，秘密が記載されまたは記録された部分の閲覧，謄写，その正本等の交付または複製の請求をすることができるものを当事者に限ることをいい，その要件については，民訴法92条1項が定めている。閲覧等制限が認められるためには，以下のいずれかの事項について「疎明」する必要がある。

① 訴訟記録中に当事者の私生活についての重大な秘密が記載され，または記録されており，かつ，第三者が秘密記載部分の閲覧等を行うことにより，その当事者が社会生活を営むのに著しい支障を生ずるおそれがあること。
② 訴訟記録中に当事者が保有する営業秘密（不競法2条6項に規定する営業秘密をいう。）が記載され，または記録されていること。

(2) 「疎明」，申立ての時期等

　ここで，「疎明」とは，証拠等による裏付けが証明の程度には至らないで，一応確からしいとの推測を裁判官が行ってよい状態，またはそのような状態に達するように証拠を提出する当事者の行為をいうとされている[1]。そして，疎明の証拠方法は，即時に取り調べ得る証拠でなければならないとされており（民

訴法188条），実際の裁判実務においては陳述書等が疎明資料として提出される場合が多い。具体的にどの程度の資料が必要であるかは事案によるものと考えられるが，実務上，ある程度緩やかに認められているものと考えられる[2]。

前述のとおり，訴訟記録は公開が原則であるため，裁判所に提出する主張書面や証拠等に営業秘密が含まれている場合には，その提出と同時にあるいは提出後速やかに別途閲覧等制限の申立てを行う必要がある。特に社会の注目を集めている事件の場合には，閲覧等制限の申立てが遅れてしまった場合，訴訟記録の提出から閲覧等制限の申立ての間に不特定多数の者が当該訴訟記録を閲覧等する可能性も否定できず，実際に，多数の者がその営業秘密を閲覧してしまった場合には，「営業秘密」の要件である非公知性の要件を欠くことにもなってしまいかねないので，注意が必要である。

この点，いかなる時点までに閲覧等制限の申立てが必要かに関して，口頭弁論期日については，「問題とされる口頭弁論期日の実情を踏まえて，当該期日の終了後で当日中に閲覧等制限の申立てがされたような場合には，なお秘密管理性および非公知性が失われていないと取り扱うのが穏当であろう」とし，弁論準備手続期日については，口頭弁論において陳述された場合よりも緩やかに解する余地があるとしつつ「特段の事情がない限り，…当該期日の終了から1週間以上経過してからされた閲覧制限の申立ては，却下されるものと解される」とするものがある[3]点には留意が必要である（なお，相手方提出の準備書面等における営業秘密については，直送を受けてから速やかに申立てをする必要がある。）。

なお，閲覧等制限の申立てがあったときは，その申立てについての裁判が確定するまで，第三者は，秘密記載部分の閲覧等の請求をすることができないこととなる（民訴法92条2項）。

1　新堂幸司『新民事訴訟法（第5版）』（弘文堂，2011年）575頁。
2　もっとも，包括的な特定や疎明が十分でない事例が散見され，訴訟記録は閲覧等ができるのが原則であることに鑑みて，ある程度はしっかりした疎明が必要という趣旨の意見もある（田中俊次ほか「大阪地方裁判所第21・26民事部と大阪弁護士会知的財産委員会との協議会（2009年度）」判タ1322号16頁参照）。
3　井上泰人「営業秘密の特定と閲覧制限」L&T59号33頁以下。

2. 閲覧等制限の範囲，特定

閲覧等制限の申立ては，「書面で，かつ，訴訟記録中の秘密記載部分を特定してしなければならない」とされている（民訴法規則34条1項）。

そのため，閲覧等制限の申立ては，書面にて，例えば「第○準備書面の○頁○行目『・・・』の後から○頁○行目『・・・』の前まで」というように単語単位で特定することとなる[4]。もっとも，文書の一部にのみ営業秘密に関する事実が記載されている場合であっても，その他の記載と相まって，文書全体が営業秘密に該当するといえるような場合や，文書の存在自体が営業秘密に該当する場合には，文書全体を閲覧等制限の対象とすることは可能であると考えられている[5]。

また，訴訟において対象となっている営業秘密以外の営業秘密についても閲覧等制限の対象として申立てをすることができるかどうかが問題となるが，差止めや損害賠償等の原因となっている営業秘密ではなくても，当事者が保有する情報であって，不競法2条6項所定の営業秘密に該当すれば閲覧等制限の範囲に含め得ると考えられている[6]。

3. 設問についての考え方

訴訟記録は，一般人が閲覧等できるのが原則であり，営業秘密に関しては，訴訟記録中に営業秘密（秘密管理性，有用性，非公知性を備えた情報）が記載されていることについて，当該情報を特定した上で，その営業秘密性についての疎明が必要である。疎明は，一応確からしいという推測であって，相当程度緩やかに認められる場合もあるが，事案ごとに必要な資料を提出する必要が生じ得ると考えられる。

---

[4] 飯村敏明ほか「裁判所と日弁連知的財産センターとの意見交換会　平成23年度」判タ1374号21頁では，特定の方法として「製品Aの原料がBであること」と具体的に書く特定方法もあるが，「仮に閲覧等の制限や秘密保持命令の申立てが却下されますと，第三者が閲覧したり，相手方が秘密保持義務を負うことなく営業秘密の内容を知ったりしてしまいますので」「営業秘密又はこれが記載され若しくは記録された部分の位置を記載して特定する方法を採用することとしております」と述べられている。

[5] 前掲（注4）飯村ほか21頁。

[6] 前掲（注4）飯村ほか21頁。

実務上は，可及的速やかに閲覧等制限の申立てをする必要がある点に特に留意が必要であると考えられる。

Q46 判決に含まれる営業秘密

判決に営業秘密が含まれる場合には，どのような措置をとることができるのか。

1．判決書に対する閲覧等制限の申立ての必要性

Q45において説明したとおり，裁判は公開が原則であり，誰でも訴状，準備書面，証拠等の訴訟記録を閲覧等することができる。そのため，これらの訴訟記録中に保護を求める営業秘密が含まれている場合には，当該秘密情報の開示・漏えいを防止するために，閲覧等制限を別途申し立てる必要がある。この閲覧等制限の申立ては，「訴訟記録中の秘密記載部分を特定してしなければならない」とされている（民訴法規則34条1項）。

したがって，閲覧等制限の決定は，どこの訴訟記録のどこの記載部分の閲覧等を制限するのかということについての判断ということになる。そのため，ある営業秘密が記載された準備書面や書証について一度閲覧等制限の決定が出たからといって，その後に提出される別の準備書面や書証における同じ内容の営業秘密に対してその閲覧等制限の効力が及ぶわけでなく，これらについても同様に閲覧等制限を掛けたいのであれば，改めて閲覧等制限の申立てを行う必要がある。このことは，判決書に営業秘密が含まれる場合でも同様である。

すなわち，判決の言渡しとして，公開の法廷で朗読されるのは，原則として主文に限られる（民訴法規則155条1項・2項）。したがって，通常は朗読の対象とならない限り，営業秘密が公開の法廷で直接述べられることはない。

しかしながら，「判決書」は，訴訟記録となり，判決書中に営業秘密が含まれる場合には，たとえこれまでの訴訟活動の中でその営業秘密に関する閲覧等制限の決定が出ていたとしても，別途，判決書についても閲覧等制限の申立てを行わなければ，閲覧等の対象となってしまうのである。

2．判決に対する閲覧等制限の申立ての時期等

裁判所は，適式な閲覧等制限の申立てがなされるより前に，閲覧請求がなさ

れれば，「訴訟記録の保存又は裁判所の執務に支障があるとき」（民訴法91条5項）に当たらない限り，閲覧を認めるのが原則である。一方，閲覧等制限の申立ては，上記のとおり，「書面で，かつ，訴訟記録中の秘密記載部分を特定してしなければならない」ため，秘密記載部分を特定して申し立てなければ適式な閲覧等制限の申立てにならない。そのため，判決に記載された営業秘密の漏えい防止を徹底するためには，判決言渡し直後に，秘密記載部分を特定して書面で閲覧等制限を申し立てる必要があるところ，（当然のことながら）判決書について，当事者は事前にその内容を知ることができないため，判決言渡し直後に，秘密記載部分を全て具体的に特定して適式な閲覧等制限の申立てを行うことには困難が伴うことになる。

この点について，大阪地方裁判所の知財部では，便宜的な扱いとして，以下のとおりの運用をしているとのことであり，実務上参考となる[1]。

① 判決言渡し日に一応判決書全体について秘密部分を特定しないで閲覧等制限の申立てをしてもらう。

② その後「一定期間内」に秘密部分を特定してもらう。

③ 「一定期間内」とは，判決言渡し後1週間を原則とする。

④ ただし，秘密の特定に1週間以上の期間を要する場合には，その点具体的な理由の説明について疎明して延長の申出をしてもらう。

他方，知財高裁の判事（当時）の執筆によれば，「判決書に営業秘密に係る情報が記載されている場合，判決言渡期日の当日中に概括的な閲覧制限の申立てをする必要があり，その上で，たとえば3日以内に具体的な秘密記載部分の特定を追完することが期待され」，「言渡しからたとえば1週間以上経過してからされた閲覧制限の申立ては，当該請求をした当事者に対する判決正本の送達が何らかの事故により遅延したなどの特段の事情がない限り，却下されるものと解される」としている[2]。

なお，大阪地方裁判所の知財部によれば，裁判所のウェブサイトにおける判決書のインターネット公開について，かかるインターネット公開は法律の根拠

---

[1] 田中俊次ほか「大阪地方裁判所第21・26民事部と大阪弁護士会知的財産委員会との協議会（2009年度）」判タ1322号12頁。

[2] 井上泰人「営業秘密の特定と閲覧制限」L&T59号34頁。

に基づくものではなく，ユーザーの要望に応え，いわば国民の共有財産としての役割を果たすものと位置付けられるが，原則として知的財産権に関する事件はほぼ全件自動的に公開され，閲覧等制限がかかっていない部分については基本的に公開するが，厳密な意味では営業秘密でなくとも個別の相談に応じて例外的に対処すること，などが述べられており実務上参考となる[3]。

実務的には，判決の言渡期日前に，判決に記載されるであろう営業秘密の内容をある程度予測し，閲覧等制限の申立書をドラフトしておき，判決を受領したら直ちに閲覧等制限を申し立てるべき箇所を詳細に検討し，その内容を盛り込んだ閲覧等制限の申立てを行うのが望ましい。もっとも，判決が大部なものであり，判決言渡し当日中にそこまでの作業を行うことができないような場合には，大阪地方裁判所の知財部の運用に則り，早急な追完を前提に，ある程度概括的な申立てを行うということもあり得よう（なお，個別の運用については当該事件が係属している民事部によって異なる可能性もあるため，判決に営業秘密が記載される可能性がある場合には，あらかじめ係属部に相談しておくことが望ましい。）。

閲覧等制限の申立てがあったときは，その申立てについての裁判が確定するまで，第三者は，秘密記載部分の閲覧等の請求をすることができないため（民訴法92条2項），判決中に営業秘密が含まれる可能性が高い場合には，閲覧等制限の申立ては可及的速やかに行う必要がある。そのためには，事前の申立書のドラフト等の入念な準備作業や裁判所との緊密な連絡等が欠かせないと考えられる。

3．憲法上の裁判の公開原則との関係について

「訴訟記録の閲覧制限については，判決書の一部についても決定されるケースがあり，憲法82条の裁判の公開の原則との関係も問題となり得る」としつつ，判決書への閲覧等制限を一切認めない場合の不都合性等にも言及して，「憲法82条との関係を問題意識としては持ちながらも，実務上は，判決書についても閲覧制限を認める運用を行ってきた。今後の課題として，その憲法上の論点について検討しておく必要があろう。」という指摘[4]があり，閲覧等制限の特定や

---

3 前掲（注1）13頁。
4 髙部眞規子「知的財産権訴訟 今後の課題（下）」NBL860号44頁以下。

範囲等には一定の留意をする必要が生じる場合もあると考えられる。

4. 設問についての考え方
　判決書も訴訟記録となり，閲覧等の対象となることから，準備書面等と同様に別途，閲覧等制限の申立てを行うことができ，営業秘密の保護のためには，これを行う必要がある。

　もっとも，判決書については，事前にいかなる営業秘密がどのように記載されるか等が不明である反面，言渡し後に閲覧等の対象となってしまうことから，実務上，包括的な閲覧等制限の申立てを行った上で，可及的速やかに秘密部分の特定を行うという運用がなされている。

2　刑事裁判

Q47　刑事訴訟手続と被害企業の役割

営業秘密侵害罪の刑事訴訟手続と被害企業の役割とは。

1. 被害企業による告訴等

(1) 告訴

従来，営業秘密侵害罪は親告罪とされ，告訴がなければ公訴を提起することができなかった（平成27年改正前の不競法21条3項）。その趣旨としては，これまで刑事裁判の公開原則から，営業秘密侵害罪の被害者が公判審理の過程で営業秘密が公になり二重の被害を被りかねないことへの配慮という点が特に指摘されていた[1]。

しかし，平成27年改正により非親告罪化され，告訴は不要となった。ただし，通常，捜査機関はその事実を知り得ないことが多いと考えられることから，事実上，警察に対して，被害届等が行われると考えられる。なお，親告罪でないからといって告訴ができないわけではなく，告訴を行うと捜査機関側は送致義務等の法的義務が生じることなどもあり，単なる被害届ではなく，捜査機関側に対して処罰を求める意思を明確にする告訴が選ばれることは少なくない。

(2) 事前相談

実務上は，正式な告訴の前に，警察との間で事前相談が行われることが多い。事前相談においては，例えば，担当課の担当者との面談等の形式で事案を報告し，立件へ向けた相談を行う。複雑な事案においては，裏付け資料の提出等が

---

[1] 平成23年改正によって営業秘密侵害罪の訴訟手続において営業秘密が不必要に公にならないための措置が導入されたが，その際も，非親告罪とした場合には，捜査機関による刑事手続の発動が加害企業を刺激するおそれや，上記措置が導入されたとはいえ被害企業に対してその協力義務が生じてしまうことなどの要因から，親告罪は維持された。

求められ，面談は複数回行われることもある。実務的には，告訴が正式に受理されるには，通常，犯罪事実の申告が十分に行われる必要があり，事案によっては，正式に受理されるために困難が生じる場合もある。

2．捜査機関による捜査および起訴・不起訴の決定

告訴や被害届によって，捜査機関が事件の端緒を得ると，捜査機関の判断により，捜査が開始される。刑事手続における捜査には任意捜査と強制捜査とがあるが，被害者側については，通常，任意で証拠を提出することを促される。特に，営業秘密侵害罪における，営業秘密の内容や秘密管理性の要件の立証は，被害企業の内部の事実関係によるものであるから，被害企業による積極的な協力が必要となる場合が多いと考えられる。なお，任意提出等によって提出した証拠物は，還付請求の手続によって返却を求めることができるが，留置の必要があると認められる場合には，事件の終結まで還付されない。PCやサーバー上の情報などに関しては，業務に著しい支障を生じさせる場合もあり，事案により，必要な情報を他の記録媒体にコピーして当該媒体を提出（差押え）する方法などもとられている。

他方，相手方（被疑者側）に対しては，逮捕，家宅捜索，差押え等の強制捜査が行われる。

そして，検察官は，捜査を経て起訴・不起訴を決定する。不起訴処分に対しては，起訴すべき旨を求める検察審査会への申立ての制度があるが，検察審査会によって起訴相当とされる事案は極めて少ない。

3．公訴提起および訴訟手続

公訴提起後の刑事訴訟の一般的な流れは次頁の図のとおりである。

ただし，即決裁判手続（刑事訴訟法350条の2以下）や略式手続（同法461条以下）といった，より簡易な手続もあり，営業秘密侵害罪の事案でも，実際に略式手続が用いられた例がある。

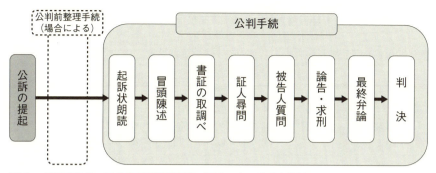

(出典：経済産業省・旧営業秘密管理指針（平成23年12月改訂版））

　この点，特に営業秘密侵害罪においては，営業秘密の内容が公開法廷において明らかになってしまうことを防ぐために，秘匿措置制度が設けられている（不競法23条以下）。この制度によって，被害企業は，公訴事実に係る営業秘密を構成する情報を特定させることとなる事項を公開の法廷で明らかにされたくない旨を検察官に対して申し出ることができる。
　この制度を利用した営業秘密侵害罪に係る刑事訴訟の手続の流れは次頁の図のとおりである。

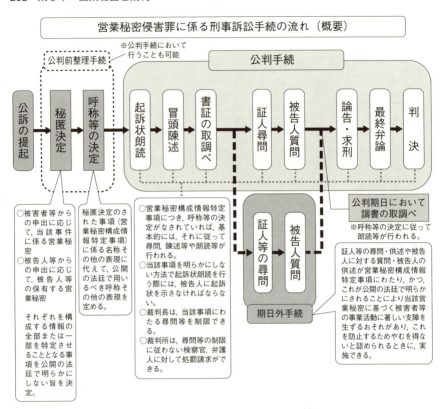

(出典：経済産業省・旧営業秘密管理指針（平成23年12月改訂版））

　刑事訴訟事件は，一般には，3か月で終結するのが通常とされるが，被告人が犯罪事実を認めているか否か，事案の複雑性，争点等によって様々であり，かなりの長期間となる場合もある。実際の営業秘密侵害罪の事案において，上記の秘匿措置制度が利用された事件において，逮捕から第1審の判決まで2年以上かかったものがある。

4．判決と執行等

　判決に対しては，高等裁判所に対して上訴，高等裁判所の判決に対しては，最高裁判所への上告・上告受理申立てをすることが可能であり，量刑が変更される場合は少なくないが，事実認定が覆る可能性は，極めて低いといえる。

　確定した判決の執行は，検察官の指揮によって行われる（刑事訴訟法472条）。

例えば，罰金刑について，所定の期間内に検察庁に納付されない場合には，検察官の命令によって強制執行が行われる（同法490条）。なお，納付された罰金は確定申告において控除の対象とはならない。

5．刑事手続と被害者

　刑事手続における被害企業は，基本的には，訴訟当事者ではなく，第三者的立場であるが，刑事訴訟法上，犯罪被害者保護の観点から，様々な施策が行われ，現在，犯罪被害者保護に関して，公判記録の閲覧・謄写，被害者参加，刑事和解，損害賠償命令などの制度が設けられるに至っている（刑事訴訟法，犯罪被害者等の権利利益の保護を図るための刑事手続に付随する措置に関する法律等）。

　ただし，例えば「被害者参加」（被害者が証人尋問等刑事事件への一定の参加を認める制度）や「損害賠償命令」（刑事事件の有罪の言渡し後に被害者から被告人への損害賠償請求について審理・決定ができる制度）は，故意に人を死傷させた場合等一定の罪に関する事件に限定されており，営業秘密侵害罪等には適用されないが，「公判記録の閲覧・謄写」や「刑事和解」については，適用可能と解される。

6．設問についての考え方

　営業秘密侵害罪事件の刑事手続も，他の一般的な刑法犯に係る手続と基本的には同様であるが，一方，営業秘密侵害罪事件においては，営業秘密の内容そのものはもちろん，営業秘密性の立証，刑事訴訟手続の特例（不競法23条以下）の適用およびその適切かつ円滑な運用のために，被害企業の協力は必要不可欠であり，被害企業においては，積極的な関与が期待されるところである。

Q48 刑事裁判の非公開

営業秘密侵害罪の刑事裁判で営業秘密が一般に開示されないためには、どのような方法があるか。

1. 不競法上の刑事訴訟手続の特例（平成23年改正）

(1) 法改正の背景

　従来、不競法上の営業秘密侵害罪は、親告罪とされていたが（平成27年改正前の21条3項および22条2項）[1]、同罪に係る刑事裁判の手続において審理が一般に公開されることにより営業秘密の内容が公になるとの懸念から、営業秘密の侵害を受けた被害者が告訴を躊躇しているという問題が従前から指摘されていた。

　なお、それまでは、刑事訴訟手続において、こうした情報の秘密を保持しつつ、その進行を図るには、裁判所による訴訟指揮や、検察官によるいわゆる「外形立証」といった手法により、実務的な対応がなされてきたと言われている。しかし、対応の不確実性のほか、実効性の問題などがあることに加え、営業秘密侵害罪については、そもそも営業秘密という保護すべき情報それ自体が、いわゆる「罪体」（客観的な犯罪事実）、つまり立証命題の中に含まれるため、かかる対応には限界があると考えられるところであった[2]。

　こうした状況を踏まえて[3]、不競法の平成23年改正がなされた。

1　平成27年改正により、非親告罪化された。
2　憲法および裁判所法に基づく裁判の公開停止措置を講じるとの手段も考えられるところではあるが、裁判公開原則との関係でその要件は厳格に解されるおそれがあり、不確実性の問題がなお払拭できないと考えられるところであった。
3　平成21年改正の際の衆議院および参議院の附帯決議において、営業秘密保護のための特別の刑事訴訟手続の在り方等について、早急に検討を進め、適切な法的措置を講じるべきこととされ、「知的財産推進計画2010」においても、刑事訴訟の過程において営業秘密の内容を保護するために適切な法的措置を講じることが求められた。その後、法務省と経済産業省との共同による「営業秘密保護のための刑事訴訟手続の在り方研究会」（座長：山口厚東京大学大学院法学政治学研究科教授）において、最高裁判所、日本弁護士連合会、検察庁、経済界、労働界、刑事法学者、知的財産法学者等により、営業秘密保護のための刑事訴訟手続の在り方について審議が行われ、結論が取りまとめられた。

(2) 制度の概要

　不競法の平成23年改正においては，営業秘密侵害罪に係る刑事訴訟手続において営業秘密を適切に保護するため，以下の措置等が講じられた。

　すなわち，①裁判所は，被害者等の検察官に対する申出により，営業秘密を構成する情報の全部または一部を特定させることとなる事項（営業秘密構成情報特定事項）を公開の法廷で明らかにしない旨の決定（秘匿決定）をすることができるとともに（不競法23条1項および3項），この秘匿決定をした場合は，営業秘密構成情報特定事項に係る名称その他の表現について，公開の法廷で用いるべき別の表現を定める決定（呼称等の決定）を行うことができる（同法24条）。

　そして，この秘匿決定がなされた場合には，②起訴状や証拠書類の朗読等は営業秘密構成情報特定事項を明らかにしない方法で行うこととなるほか（同法23条4項および28条等），③裁判長は，訴訟関係人の尋問や陳述が不必要に営業秘密構成情報特定事項にわたる場合にこれを制限することができ（同法25条），④裁判所は，一定の要件を満たせば，被告人質問や証人尋問を公判期日外（傍聴人を排した状態）でこれを行うことができる（同法26条）。

　また，⑤検察官または弁護人は，証拠書類等を開示するに当たり，その相手方に対し，営業秘密の内容に関して，被告人を含む関係者に知られないようにすることを求めること（秘匿要請）ができる（同法30条）[4]。そして，⑥秘匿決定や呼称等の決定等は，公判前整理手続および期日間整理手続においてこれを行うことができる（同法29条）。

2．被害企業としての対応

　平成23年改正により営業秘密を秘匿するための制度自体はできたが，実際に

---

[4] なお，第1回公判期日後の訴訟記録については，被害者またはその委託を受けた弁護士等から閲覧または謄写の申出があるときは，裁判所は，検察官および被告人または弁護人の意見を聴き，閲覧または謄写を求める理由が正当でないと認める場合および犯罪の性質，審理の状況その他の事情を考慮して閲覧または謄写をさせることが相当でないと認める場合を除き，申出をした者にその閲覧または謄写をさせることとされている（犯罪被害者等の権利利益の保護を図るための刑事手続に付随する措置に関する法律3条1項）。したがって，被害者等はかかる手続によって訴訟記録の閲覧謄写が可能であるものの，当該記録の中に，被告人の営業秘密が含まれる場合等には，該当部分をマスキングした記録のみの閲覧謄写が許可され，またはその閲覧謄写は許可されないこととなるものと考えられる（同条2項参照）。事件終結後の訴訟記録については，後述2(4)参照。

これを運用していく裁判官や検察官においては，営業秘密の具体的な内容はもとより，法廷でどのような語句が発せられると当該営業秘密が公となってしまうか，当該営業秘密（あるいはそのうちのどの部分）が公開されると被害企業が二次被害を受けるかについて，正確な情報を持っていないことが多い。

つまり，この制度における営業秘密の保護は，単に秘匿決定がなされるだけで足りるわけではなく，具体的な措置（呼称等の決定，尋問等の制限，公判期日外の証人尋問等）が適切に講じられることで，秘匿決定の対象とされた事項（営業秘密構成情報特定事項）の秘匿をいかに図っていくかが重要となる。

そのため，被害企業としては，上記の事項に関し，あらかじめ検察官に対して適切な情報提供を行う必要がある。

(1) **秘匿の申出**

「営業秘密を構成する情報」のうち，いずれの情報について秘匿を求めるかを検討した上で，検察官に対し，原則として書面により，対象となる営業秘密の内容等を明らかにして，秘匿の申出をする。この申出については，捜査段階のうちに検察官に相談しておき，公訴提起後に迅速・円滑に進めることができるよう，検察官と連携し，十分に準備しておくべきである。

(2) **具体的な措置に向けた協力**

具体的な措置（呼称等の決定，尋問等の制限，公判期日外の証人尋問等）が適切に講じられるようにするため，措置被害企業としては，被告人や証人が尋問・陳述・被告人質問（以下「尋問等」という。）において述べようとする事項が営業秘密構成情報特定事項に該当するか否か，どのような内容の主張・立証を行う場合に営業秘密構成情報特定事項にわたる尋問等がなされるおそれがあるかに関して，検察官に広く情報提供しておくべきである。

また，あらかじめ，検察官に対し，言い換えるべき呼称等の候補を積極的に提案することも考えられる。例えば，ある物質の名称について呼称を定める場合において，当該物質が金属であること自体が営業秘密構成情報特定事項に該当するときは，「金属A」といった呼称ではなく「物質A」といった呼称を定める必要があるように，呼称等の定め方は秘匿の実効性に影響を及ぼし得る。

さらに，公判期日外の証人尋問等に関しては，いかなる証人等に対して尋問等が行われる可能性があるか，当該証人等の尋問，供述等が営業秘密構成情報特定事項にわたる可能性があるか等について，適宜，検察官と連携しつつ，必要な情報提供等をすべきである。

　なお，公判期日外の証人尋問等を行うには，「当該営業秘密に基づく被害者，被告人その他の者の事業活動に著しい支障を生ずるおそれ」が要件とされているため，被害企業としては，あらかじめ，検察官に対し，当該営業秘密の要保護性に関する情報・資料等を提供しておくべきである。

(3)　**証拠開示の際の営業秘密の秘匿要請に関する協力**

　秘匿要請については，弁護人に対して義務を適切に課すためには，当該証拠に記載等されている事項のうち，いかなる事項が秘匿要請の対象である「営業秘密を構成する情報の全部又は一部を特定させることとなる事項」となっているのかを明らかにする必要があるところ，証拠開示の際に弁護人に開示される証拠には，公開の法廷で言及されるおそれのある内容よりもさらに詳細かつ広範な内容が記載等されていることが想定される。そのため，被害企業としては，検察官に対し，上記(2)以上に詳細な情報提供が必要となる場合があり得る。

　なお，秘匿要請は，「営業秘密を構成する情報の全部又は一部を特定させることとなる事項」が明らかにされることにより「当該営業秘密に基づく被害者，被告人その他の者の事業活動に著しい支障を生ずるおそれ」がある場合に行うことができるとされているため，この点についても情報提供する必要があるが，上記(2)の協力と併せて，秘匿の申出の際に行っておくことが望ましい。

(4)　**事件終結後の訴訟記録の閲覧等制限に関する情報提供**

　事件終結後の訴訟記録は検察官（保管検察官）により保管されるが，刑事確定訴訟記録法に基づく閲覧請求がなされると，保管検察官がその閲覧等の許否を判断する。その場合，当該記録に営業秘密が記載等されており，その閲覧等によって当該営業秘密に基づく被害企業等の事業活動に著しい支障を生ずるおそれがあると認められるとき等には，該当部分をマスキングした記録のみの閲覧等が許可され，またはその閲覧等を許可しない等の措置がとられるものと考え

られる。

　そこで，被害企業としては，保管検察官の上記判断がより円滑かつ適切になされるよう，当該記録に含まれる公判調書，証拠書類等に，自己の保有する営業秘密の内容が明らかとなるような記載等があり得る場合には，必要な情報提供をしておくべきである（もっとも，当該事件において秘匿決定がなされている場合には，保管検察官において，当該秘匿決定，上記(1)ないし(3)の協力に係る情報提供等の内容を踏まえて，上記判断を適切に行うことができる場合が少なくないと考えられる。）。

3．適用事例

　報道によれば，名古屋地裁に平成24年5月9日に起訴された不競法違反（営業秘密侵害罪）被告事件において，上記の刑事訴訟手続の特例が適用されたとのことであり，同事件が適用事例第1号と見られる。同事件は，工作機械大手の元従業員たる被告人が，同社の工作機械を製造するのに必要な部品の設計，製法に係る情報を複製して領得した（改正前不競法21条1項3号ロ）として起訴された事案であるが，同被告人は起訴事実を否認し，公判前整理手続で秘匿決定がなされた上で，被告人質問が公判期日外で行われたとのことである。なお，同事件では，平成26年8月20日に判決（懲役2年（執行猶予4年）および罰金50万円）が言い渡されている[5]。

　また，報道によれば，東京地裁に平成26年4月3日に起訴された不競法違反被告事件においても，上記の特例が適用されたとのことであり，同事件は，大手電機メーカーを被害者とする事件で，証人尋問および被告人質問の一部が期日外で行われた平成27年3月9日に有罪判決（懲役5年，罰金300万円）が言い渡されている[6]。

4．設問についての考え方

　以上のとおり，刑事裁判の公判で営業秘密が一般に開示されないための措置については，不競法23条以下に刑事訴訟手続の特例が設けられており，これによれば，裁判所は，被害者等からの申出に応じて，営業秘密が公にならない措

---

[5]　名古屋地判平成26・8・20TKC25504719，名古屋高判平成27・7・29TKC25541038。
[6]　東京地判平成27・3・9判時2276号143頁，東京高判平成27・9・4TKC25541281。

置をとることができる（秘匿決定）。そして，この秘匿決定がされた事件では，裁判所は，必要に応じて，公にできない営業秘密について言い換え措置（呼称決定）をとり，裁判長は，事情に応じて，尋問や陳述などにつき営業秘密を公にしない措置（尋問等の制限）をとることができる。さらに，証人尋問等においては，傍聴人のいない公判期日外に尋問等を行うことができる（期日外証人尋問等）。

　ただし，この制度の適切な運用には，被害企業の協力が必要不可欠であり，被害企業としては，刑事手続の初期の段階から，検察官とも連携しつつ，十分に準備を行っておく必要がある。

3 管轄・準拠法

Q49　営業秘密侵害の国際裁判管轄

営業秘密侵害訴訟の国際裁判管轄はどのように定められ，どのような場合に我が国の裁判所に管轄が認められるのか。

1. 国際裁判管轄とは

　国際裁判管轄とは，国際的な争訟について，いずれの国の裁判所が裁判を行うべきかという問題である。例えば，日本の企業の営業秘密が米国において漏えい等された場合に，日本の裁判所が当該営業秘密侵害に関する裁判を行うことができるかという問題である。

　また，国際裁判管轄の問題は，準拠法の問題（Q50）のほか，判決の執行の問題とも関わる。例えば，我が国の裁判所に国際裁判管轄が認められても，準拠法の問題に従って，いずれの国の法律が適用されるべきかが決定され，また，我が国の裁判所が判決を下した場合に，その判決を執行すべき地が外国である場合には，外国における判決の執行の問題が生じる。したがって，紛争の解決という観点からは，国際裁判管轄の問題は，準拠法の問題のほか，判決の執行までを見据えた検討が必要である。

　現在，国際裁判管轄については，各国に統一の世界的なルールは確立しておらず，各国ごとに，国内法または判例等で定められた国際裁判管轄に係るルールが適用されることになる[1]。

2. 日本における国際裁判管轄のルール
(1) 民訴法における国際裁判管轄のルール

　我が国においては，従来国際裁判管轄に係る明文の規定がなく，基本的には国内の土地管轄の規定に依拠しながら，個別の事案に応じて，「特段の事情」

1　なお，不競法27年改正において，営業秘密侵害訴訟に係る国際裁判管轄・準拠法についての立法が見送られたことについてはQ50（注1）参照。

がある場合には日本の裁判管轄を否定するという方法で国際裁判管轄の有無が判断されてきたところである (最判昭和56・10・16民集35巻7号1224頁〔マレーシア航空事件〕等)。

この点，当事者の予測可能性や法的安定性という観点から，国際裁判管轄に関する法整備の必要が謳われ，平成23年の民訴法改正[2]により国際裁判管轄に係る規定が設けられた (民訴法3条の2〜12)。

(2) 営業秘密侵害訴訟と国際裁判管轄

ア 一般的な管轄原因

営業秘密侵害訴訟においても，一般的な国際裁判管轄の管轄原因として，例えば，被告の住所，法人等の主たる事務所等が日本国内にある場合 (民訴法3条の2)，被告の日本国内の事務所または営業所における業務に関し，または被告が日本において行っている事業の業務に関する場合 (同法3条の3第4号・5号)，被告に対して損害賠償請求する場合に，差し押さえることができる被告の財産が日本国内にある場合 (同法3条の3第3号[3]。) などにおいて日本の裁判所の管轄が認められると考えられる。

イ 「不法行為に関する訴え」

以上のほか，民訴法には，知的財産権侵害訴訟に関する国際裁判管轄についての特別の規定が設けられていないが，民訴法3条の3第8号の「不法行為に関する訴え」には，「法令に関する違法行為に基づく損害賠償請求に関する訴えを含み，例えば知的財産権の侵害に基づく損害賠償請求及び差止請求もこれに含まれる」と考えられている[4]。

また，最判平成26・4・24は，米国カリフォルニア州の裁判所においてなされた同州法上の営業秘密侵害行為に基づく差止判決の，日本における執行に関

---

2 平成25年4月1日施行の「民事訴訟法及び民事保全法の一部を改正する法律」(平成23年法律36号) による「民事訴訟法 第2章 第1節 日本の裁判所の管轄権」。
3 清水節「特許侵害訴訟における国際裁判管轄について」L&T50号50頁参照。
4 佐藤達文＝小林康彦編著『一問一答 平成23年民事訴訟法等改正』(商事法務，2012年) 69頁。なお，旧法下の国内管轄における「不法行為」に関する最決平成16・4・8民集58巻4号825頁は，「不正競争防止法3条1項の規定に基づく不正競争による侵害の停止等の差止めを求める訴え及び差止請求権の不存在確認を求める訴えは，いずれも民訴法5条9号所定の訴え (不法行為に関する訴え；筆者注) に該当する」と判示している。

する間接管轄（民訴法118条1号）が問題となった事案において，「…管轄間接の有無については，基本的に我が国の民訴法の定める国際裁判管轄に関する規定に準拠しつつ，個々の事案における具体的事情に即して，外国執行裁判所の判決を我が国が承認するのが適当か否かという観点から，条理に照らして判断すべきと解するのが相当である」とした上で，「民訴法3条の3第8号の『不法行為に関する訴え』は，民訴法5条9号の『不法行為に関する訴え』と同じく，民法所定の不法行為に基づく訴えに限られるものではなく，違法行為により権利利益を侵害され，又は侵害されるおそれがある者が提起する差止請求に関する訴えをも含むものと解される…。そして，このような差止請求に関する訴えについては，違法行為により権利利益を侵害されるおそれがあるにすぎない者も提起することができる以上は，民訴法3条の3第8号の『不法行為があった地』は，違法行為が行われるおそれのある地や，権利利益を侵害されるおそれのある地をも含むものと解するのが相当である。」と判示している[5]。

　以上を踏まえると，営業秘密侵害訴訟も，民訴法3条の3第8号により「不法行為に関する訴え」として，日本の裁判所に裁判管轄が認められ得るものと考えられる。

　つぎに，民訴法3条の3第8号は，「不法行為があった地」が日本国内にあるときに日本の裁判所に裁判管轄を認めるものとしている[6]ところ，この「不法行為があった地」については，「加害行為が行われた地と結果が発生した地の双方が含まれ」[7]，また，前掲最判平成26・4・24に照らすと，それらの「おそれのある地」も含まれると解される。この点，営業秘密侵害行為における加害行為地とは，営業秘密侵害として定められた不正競争行為すなわち不競法2条1項4号〜10号までに定められた各行為を行った地であるといえ，例えば営業秘密を実際に使用した地や，開示した地などが考えられる[8]。他方，営業秘密

5　なお，本判決については，横溝大「差止めを命ずる外国判決の承認と間接管轄」知的財産法政策学研究 Vol.46　387頁，髙部眞規子「営業秘密の保護」知的財産法政策学研究 Vol.47　77頁以下等参照。
6　ただし，「外国で行われた加害行為の結果が日本国内で発生した場合において，日本国内におけるその結果の発生が通常予見することのできないものであったときを除く」とされている。
7　佐藤＝小林・前掲（注4）69頁。なお，前掲最判平成26・4・24参照。
8　もっとも，具体的態様との関係では，なお議論の余地がある（例えば，特許権侵害の

侵害行為における結果発生地とは，営業秘密侵害行為によって営業上の利益が侵害される地を意味するものと考えられる。一国内の企業が同国内でのみ管理，使用している場合には争いが生じにくいと考えられるが，多国籍企業が国際的に営業秘密を使用した活動をしている場合等には，当該営業秘密侵害行為の態様等具体的事案に応じた解決が図られるものと考えられ，その判断基準については裁判例の集積を待つ必要があると考えられる[9]（準拠法に関する通則法における解釈についてQ50参照）。

　ウ　管轄が認められるために証明すべき事項について

　国際裁判管轄の管轄原因が認められるために原告に要求される証明事項および証明の程度について，旧法下の不法行為に基づく国際裁判管轄の事案について，最判平成13・6・8民集55巻4号727頁は，客観的事実証明説を採用した。すなわち，不法行為に基づく国際裁判管轄を肯定するためには，原則として，被告が我が国においてした行為により原告の法益について損害が生じたとの客観的事実関係が証明されれば足りると判示し，その調査官解説[10]では，損害賠償請求の場合であれば，①原告の被侵害利益の存在，②被侵害利益に対する被告の行為，③損害の発生，④上記②と③との事実的因果関係が証明される必要があると指摘している。

　そして，例えば東京地判平成16・2・5裁判所HPは，原告のオーストラリアにおける子会社の元役員であった被告に対して，被告が転職に当たって，転職予定であることを秘して原告を欺罔して原告の営業秘密（開発中の製品情報，

　事案において，日本国内で直接侵害行為を行った者の国外協力者について共同不法行為責任を追及する請求に関し，結論として日本の裁判所に不法行為管轄が否定されたものとして東京地判平成13・5・14判時1754号148頁。なお，木棚照一『国際知的財産法』（日本評論社，2009年）222頁以下参照)。

[9] なお，結果発生地については，二次的・派生的な損害を含むかが問題とされ，この点については，佐藤＝小林・前掲（注4）69頁では「国内土地管轄（第5条第9号）についても考え方が分かれるところであり，違法行為や損害に関する実体法上の解釈とも関連することから，改正法では特段の規定は設けられていません。新法の下では『不法行為があった地』という文言の解釈に委ねられ，事案ごとに判断されることになると考えられます。」とされ，改正前の裁判例として，二次的・派生的に生ずる経済的な損害のみの発生地を含まないとした裁判例として，東京地判平成18・10・31判タ1241号338頁，東京地判昭和59・2・15判時1135号70頁が紹介されている。

[10] 法曹会編『最高裁判所判例解説民事篇平成13年度（下）』（法曹会，2004年，494頁）〔髙部眞規子〕。

顧客情報等）を不正に取得して開示された等として，東京地方裁判所へ訴訟提起した事案において，前掲最高裁平成13年判決を引用して，「本件において，我が国の裁判所の国際裁判管轄が肯定されるためには，…少なくとも，被告が原告の保有する技術上又は営業上の情報で公然と知られていないものを取得し，これが利用されたことにより営業上の損害を生じたという客観的事実関係が証明されることが必要である」とした上，これが証明されていないとして訴えを却下した。

また，前掲最判平成26・4・24は，「ところで，民訴法3条の3第8号の規定に依拠して我が国の国際裁判管轄を肯定するためには，不法行為に基づく損害賠償請求訴訟の場合，原則として，被告が日本国内でした行為により原告の権利利益について損害が生じたか，被告がした行為により原告の権利利益について日本国内で損害が生じたとの客観的事実関係が証明されれば足りる（最判平成13・6・8民集55巻4号727頁参照）。そして，判決国の間接管轄を肯定するためであっても，基本的に民訴法3条の3第8号の規定に準拠する以上は，証明すべき事項につきこれと別異に解するのは相当ではないというべきである。そうすると，違法行為により権利利益を侵害され，又は侵害されるおそれがある者が提起する差止請求に関する訴えの場合は，現実の損害が生じたことは必ずしも請求権発生の要件とされていないのであるから，このような訴えの場合において，民訴法3条の3第8号の『不法行為があった地』が判決国内にあるというためには，仮に被告が原告の権利利益を侵害する行為を判決国内では行っておらず，また原告の権利利益が判決国内では現実に侵害されていないとしても，被告が原告の権利利益を侵害する行為を判決国内で行うおそれがあるか，原告の権利利益が判決国内で侵害されるおそれがあるとの客観的事実関係が証明されれば足りるというべきである。」と判示し，審理不十分として原審を差し戻した。

エ　特別の事情による訴えの却下

民訴法3条の9は，日本の裁判所が管轄権を有することとなる場合であっても，①事案の性質，②応訴による被告の負担の程度，③証拠の所在地，④その他の事情を考慮し，日本の裁判所が審理および裁判をすることが当事者間の衡平を害し，または適正かつ迅速な審理の実現を妨げることとなる特別の事情が

ある場合には訴えを却下することができる旨規定する。

　したがって，営業秘密侵害訴訟について，例えば不法行為を管轄原因として日本の裁判所が管轄権を有することとなる場合においても，上記「特別の事情」が認められる場合には，却下されることとなる。

　この点，前掲佐藤・小林158頁以下によれば，上記「特別の事情」の判断要素である①事案の性質として，「請求の内容，契約地，事故発生等の紛争に関する客観的な事情」を，②応訴による被告の負担の程度として，「応訴により被告に生じる負担，当事者の予測可能性等の当事者に関する事情」を，③証拠の所在地として，「物的証拠の所在や証人の所在地等の証拠に関する事情」を，それぞれ含み，④その他の事情として，「その請求についての外国の裁判所の管轄権の有無，外国の裁判所における同一又は関連事件の係属等の事情」が挙げられている。

　不法行為を管轄原因とする営業秘密侵害訴訟の事案において，「不法行為地」（結果発生地）が問題となる場合などには，「不法行為地」の解釈が一義的には困難であることとの関係で，上述のとおり一定の規範が与えられている本条は，実務的には重要なものであると考えられる。

　なお，近時の裁判例としては，韓国法人から米国裁判所に契約違反，営業秘密侵害等の違法行為により差止め，損害賠償等を求める訴訟を提起された日本法人が，日本の裁判所に当該韓国法人の主張に関する債務の不存在確認等を求めた事案において，日本法人の当該請求について日本の裁判所の管轄権を肯定できず，仮に肯定する余地があるとしても民訴法3条の9の「特別の事情」による却下を免れないとして，却下判決を言い渡した横浜地判平成26・8・6判時2264号62頁がある。当該裁判例は国際的訴訟競合という特有の事情のもとであるが，裁判所は，問題となる不法行為地の多くは米国内にあり，確認請求の内容は本件訴訟に先行するといえる米国の訴訟にもっぱら依存していることなどの事案の性質から，本件紛争の処理は米国の裁判所に委ねるのが適当であること，また，被告が関わる事実関係は米国内に多く存在し，米国の訴訟を提起したのは被告であり，使用される証拠は米国内に存在するのが多いとみるのが自然であること，加えて，米国の訴訟においてディスカバリーの手続で収集された文書が利用されることについては関係者の承諾を得られる見込みがある一

方，本件訴訟においてこれらの文書を証拠として提出することに承諾が得られるか否かは不透明であること等から，「特別の事情」があるとした。

3. 設問についての考え方

以上のとおり，渉外的要素がある営業秘密侵害事件について日本の裁判所が国際裁判管轄を有するかは，応訴管轄が生じる場合等を別として，被告の住所等に係る一般的な国際裁判管轄が認められるか，あるいは，営業秘密の取得行為，使用行為もしくは開示行為（加害行為地）を日本国内で行った（あるいはそのおそれがある）と認められるか，あるいは当該営業秘密侵害行為の結果発生（あるいは権利利益を侵害されるおそれのある）地が日本国内であると認められることが原則として必要であり，原告においてその客観的事実関係についての証明が必要であると考えられる（ただし，別途，特段の事情により，事案によっては却下される場合も否定できない。）。

Q50　営業秘密侵害の準拠法

渉外的要素を含む営業秘密侵害訴訟において，どの国の法律が適用されるのか。

1．渉外的要素を含む営業秘密侵害の準拠法

　渉外的要素を含む営業秘密侵害事件が，裁判において争いとなる場合には，どの国の法律が適用されるべきか，という準拠法の問題が生じる。我が国において，準拠法を定めた法律は，法の適用に関する通則法であるが，通則法は，不法行為の準拠法として，「不法行為によって生ずる債権の成立及び効力は，加害行為の結果が発生した地の法による。ただし，その地における結果の発生が通常予見することのできないものであったときは，加害行為が行われた地の法による。」と定める（同法17条）ほか，生産物の瑕疵によって生ずる不法行為責任に関する特例（同法18条）や，他人の名誉または信用を毀損によって生ずる不法行為責任に関する特例（同法19条）を設けているものの，営業秘密侵害を含む不競法違反に関して特別の規定を設けていない[1]。
　そこで，営業秘密侵害事件における準拠法が問題となる。

2．準拠法の選択

　営業秘密侵害事件における準拠法について直接判断を示した裁判例は見当たらない。不競法で営業秘密侵害行為が不正競争として定められる前に，ノウハ

---

[1] 通則法は平成19年1月1日施行の法律であるが，同法の制定過程における法制審議会において，不正競争行為に関する規定を設けるか否かについて検討が行われたが，現時点において規定を設けることは時期尚早であるとして，解釈にゆだねられることとされた（小出邦夫編著「逐条解説　法の適用に関する通則法」〔増補版〕（商事法務，2014年）229頁以下参照）。また，営業秘密保護強化に係る不競法平成27年改正においても，「訴訟収集手続の強化・多様化，国際裁判管轄・準拠法等については引き続き，民事訴訟法など他の法体系全体との整合性を含め，検討を深めていく。」とされ，営業秘密侵害訴訟に係る国際裁判管轄および準拠法についての立法化は見送られた（「中間とりまとめ」平成27年2月産業構造審議会知的財産分科会営業秘密の保護・活用に関する小委員会15頁）。

ウの無許諾利用行為に対して不法行為に基づく損害賠償請求が行われた事案に関して，旧法（法例）上の不法行為に関する準拠法の規定（法例11条1項[2]）に基づいて，準拠法を判断した事案があるにすぎない[3]。

　もっとも，営業秘密侵害以外の不競法上の不正競争行為については，①旧法（法例）下の事案として，差止請求および損害賠償請求のいずれについても法例11条1項を適用するもの（不競法2条1項15号（平成27年改正後。当時は14号）に関する東京地判平成15・10・16判時1874号23頁）や，通則法のもとにおいても同様に，差止請求および損害賠償請求のいずれについても，通則法上の不法行為に関する規定を適用すると判示するもの（不競法2条1項15号（当時は14号）に関する知財高決平成21・12・15裁判所HP[4]）がある一方で，②損害賠償請求と差止請求とを分けて，損害賠償請求については法例11条1項を適用し，差止請求については同項は適用せずに，条理によって決すると判示するもの（知財高決平成17・12・27裁判所HP）もある。

　この点，特許権侵害に基づく請求の準拠法に関しては，損害賠償請求については法例11条を適用し，差止請求については条理によるとして登録国法によると判示する最判平成14・9・26民集56巻7号1551頁〔カードリーダー事件〕，著作権侵害に基づく請求の準拠法については，損害賠償請求については通則法17条を適用し，差止請求についてはベルヌ条約を根拠として保護国法を準拠法とする裁判例（東京地判平成25・3・25裁判所HP）等もあるなど，議論の余地も考えられるところである。しかしながら，不法行為の特則ともされる不競法においては，差止請求についても通則法上の不法行為に関する規定を適用する上記①の考え方を採る傾向が強いものと見受けられる（近時の裁判例として知財高判平成26・3・27裁判所HP[5]など）。そして以上の裁判例はいずれも営業秘密侵害行為に係る

2　通則法以前の法例11条は，不法行為等の準拠法について以下のとおり規定していた。
　第11条　事務管理，不当利得又ハ不法行為ニ因リテ生スル債権ノ成立及ヒ効力ハ其原因タル事実ノ発生シタル地ノ法律ニ依ル
　　2　前項ノ規定ハ不法行為ニ付テハ外国ニ於テ発生シタル事実カ日本ノ法律ニ依レハ不法ナラサルトキハ之ヲ適用セス
　　3　外国ニ於テ発生シタル事実カ日本ノ法律ニ依リテ不法ナルトキト雖モ被害者ハ日本ノ法律カ認メタル損害賠償其他ノ処分ニ非サレハ之ヲ請求スルコトヲ得ス
3　東京地判平成3・9・24判時1429号80頁。
4　ただし，同事案において通則法20条（後述参照）が適用されている。
5　ただし，同事案において後述のとおり，通則法21条本文（後述参照）が適用されている。

準拠法に関する裁判例ではないものの，営業秘密侵害に係る準拠法を考える上で参考になるものと考えられる。

3. 結果発生地

営業秘密侵害行為に関する準拠法について，不法行為の準拠法を定めた通則法17条が適用されるとした場合，同条の「加害行為の結果が発生した地」（以下「結果発生地」という。）をいかに解すべきかという問題が次に生じることになる。

結果発生地とは[6]，加害行為によって「直接の法益侵害の結果が現実に発生した地のことであり，基本的には，加害行為によって直接に侵害された権利が侵害発生地に所在した地を意味する」が，「債権や無体財産権等，侵害時点における所在地が一義的に明確ではない権利に対する侵害の場合には，結果発生地を画一的に明確化することは困難であり，被侵害法益の種類・性質等に照らし，解釈によって結果発生地を確定する必要がある」とされている[7]。もっとも，かかる考え方に照らしても営業秘密侵害の結果発生地がどこであるのかは一義的には明らかにならない。例えば，極端な仮想事例ではあるが，A国の企業Xが，B国において管理し，C国の事業に使用し（または使用しようとし）ている営業秘密について，D国でYに対して秘密保持を課した上で開示したところ，Yが図利加害目的をもって，E国で第三者Zに対して開示し，開示を受けたZがF国で使用した場合，YやZに対する営業秘密侵害に基づく請求について，どの地が結果発生地になるかは明らかではない。

そして，この問題については，結論として，①営業秘密が管理されている地（B国），②営業秘密が侵害された地（E国，F国），③営業秘密の市場地ないしX社が事業上の利益を喪失する地（C国），④X社の主たる営業所の所在地（A国），など異なる考え方があり得る[8]。

もっとも，それぞれの考え方については，仮想事例の前提自体にかかわるも

---

6 ただし，結果発生地の意義自体に議論があるところである。
7 小出・前掲（注1）193頁。法例研究会『法例の見直しに関する諸問題2』（商事法務，2003年）54頁以下も参照。
8 飯塚卓也「営業秘密の国際的侵害行為に関する適用準拠法」高林龍ほか編集代表『現代知的財産法講座Ⅱ 知的財産法の実務的発展』（日本評論社，2012年）387頁以下等参照。

のの，①営業秘密が管理されている地や③営業秘密の市場地等をどのように考えるか，②侵害行為が行われたということのみで判断するのが適切か，④主たる営業所の所在地についても少なくとも当該営業秘密との関連性を検討しなければならない場合があるのではないかなど，議論があり得るところである。

この問題については，営業秘密の特性から，管理地については，特にインターネット上における管理等の場合の管理地をどのように考えるか，市場地等については，未だ事業化されていない営業秘密や，複数の国において事業化されている商品等に係る営業秘密についてどのように考えるかといった点も問題となりえ，一義的な基準の定立は容易ではないと考えられる。したがって，通則法17条が，予見可能性を担保しつつ，被害者保護の観点から，結果発生地を原則とし，ただし書きによって，その地における結果発生が通常予見することのできないものであったときには加害行為地法を準拠法としている趣旨に鑑みつつ，個別事案において，複合的な要素を勘案しつつ，実質的に判断する必要があるものと考えられる[9]。

特許法や著作権法等の他の知的財産法における議論との（それぞれの権利の性質を踏まえた）兼ね合いや，国際的な議論[10]も考慮しつつさらなる議論を要するところと考えられるが，実務的には17条ただし書や，後述する通則法20条，21条の適用なども重要な意義を有するものと考えられる。

4．通則法のその他の規定について

通則法17条を適用することを前提としても，以下のとおりその結果発生地について議論があるほか，通則法には以下のような特別規定が存在する。

---

[9] なお，平成27年改正法21条6項は，刑事罰である営業秘密侵害罪の場所的適用範囲について，従前，「日本国内において管理されていた営業秘密」の国外での使用・開示について処罰対象としていたのに対し，これを「日本国内において事業を行う保有者の営業秘密について」海外での取得・領得を含めて処罰対象とすることとしている。

[10] 国会の審議においては，個別の規定が設けられなかったことに関して，議論の成熟と世界各国共通の理解を得る必要があること，今後WIPO，世界知的所有権機関等の専門機関において検討される可能性があることから，諸外国の立法動向，我が国の判例，学説の積み重ねを待って対処していく旨述べられている（小出・前掲（注1）230頁以下）。

(1) 明らかに他により密接な関係がある地がある場合の例外（通則法20条）

　通則法20条は，「不法行為によって生ずる債権の成立及び効力は，不法行為の当時において当事者が法を同じくする地に常居所を有していたこと，当事者間の契約に基づく義務に違反して不法行為が行われたことその他の事情に照らして，明らかに前三条の規定により適用すべき法の属する地よりも密接な関係がある他の地があるときは，当該他の地の法による。」と規定する。

　本条は，個別・具体的な事案における柔軟な解決を可能とするための規定であって，「不法行為の当時において当事者が法を同じくする地に常居所を有していたこと」や「当事者間の契約に基づく義務に違反して不法行為が行われたこと」などは，例示列挙であり，これらに該当するからといって必ずしも本条の適用があるわけではなく，他方でこれらに該当しない場合であっても，本条の適用の余地がある。

　この点，例えば秘密保持契約違反を通じて営業秘密侵害行為が行われた場合において，当該契約違反者に対する営業秘密侵害に基づく請求については，「当事者間の契約に基づく義務に違反して不法行為が行われたこと」に該当し得ると考えられる。そしてその場合には，当該秘密保持契約の準拠法が当該営業秘密侵害に基づく請求における「密接な関係がある地」の有力な候補となり得ると考えられる。

(2) 当事者による準拠法の変更（通則法21条）

　通則法21条は，「不法行為の当事者は，不法行為の後において，不法行為によって生ずる債権の成立および効力について適用すべき法を変更することができる。ただし，第三者の権利を害することとなるときは，その変更を第三者に対抗することができない。」と規定しており，例えば前掲知財高判平成26・3・27も，不競法2条1項15号（平成27年改正後。当時は14号）に係る請求に関し，「準拠法を日本法とすることにつき当事者間に争いがないので，同法21条本文により日本法が準拠法となる。」と判示している。

(3) 不法行為についての公序による制限（通則法22条）

　通則法22条は，1項において「不法行為について外国法によるべき場合にお

いて，当該外国法を適用すべき事実が日本法によれば不法とならないときは，当該外国法に基づく損害賠償その他の処分の請求は，することができない。」とし，2項において，「不法行為について外国法によるべき場合において，当該外国法を適用すべき事実が当該外国法及び日本法により不法となるときであっても，被害者は，日本法により認められる損害賠償その他の処分でなければ請求することができない。」と規定する。

　これは，不法行為に関する規範が公の秩序に関するものである側面を有することに基づき，1項は不法行為の成立について，2項はその効果について，それぞれ日本法を累積的に適用することとしたものとされている[11]。本条は，旧法（法例）の規定を維持したものであるが，旧法下において本条2項に相当する条項（法例11条2項）が適用された事案として，米国法による懲罰的賠償の適用を否定した最判平成14・9・26民集56巻7号1551頁がある。

　そこで，営業秘密侵害事件について，準拠法として外国法が適用される場合であっても，日本法が累積的にこれが適用される場合があり得る。

5．設問についての考え方

　渉外的要素を含む営業秘密侵害訴訟において，どの国の法律が適用されるかという準拠法の問題については，確立した裁判例がない。ただし，通則法17条の不法行為に関する規定が適用される可能性があると考えられる。

　もっとも，通則法17条の不法行為に関する規定の適用に当たっても，その結果発生地の解釈には，議論があるところであり，個別事案に応じて，通則法の趣旨にも鑑みた解決が図られるものと考えられるとともに，通則法17条の特則等にも留意すべきであると考えられる。

11　小出邦夫編著『一問一答　新しい国際私法』（商事法務，2006年）122頁等。

事項索引

欧文

TRIPS協定 …………………………… 3

あ

アクセス制限 ………………… 14, 31, 129
安全配慮義務 …………………………… 155
違約金 ………………………………… 71, 125
営業上の利益 …………………… 2, 233, 234
営業秘密管理指針 ……… 13, 31, 36, 45, 48, 52, 63, 69, 72
営業秘密構成情報特定事項 …… 282, 285
営業秘密侵害罪 ………… 2, 5, 10, 173, 181, 182, 187, 199, 279, 284
営業秘密侵害品 ……………… 7, 10, 180, 188
営業秘密の帰属 …………………… 162, 168
閲覧等制限 …… 259, 261, 268, 271, 275, 287

か

海外重課 ……………………………… 10, 199
過失の推定 …………………………………… 208
課徴金 …………………………………… 78, 100
勧告 ……………………………………………… 79
期日外手続 ……………………………………… 282
偽装請負 ……………………………………… 154
競業禁止 ……………………………………… 145
競業避止 ………… 56, 62, 73, 85, 91, 112, 116, 123, 134
共同研究開発 ………………………… 91, 92
共同研究開発に関する独占禁止法上の指針 …………………………………… 90, 93
具体的態様の明示義務 ……………… 8, 208
刑事訴訟手続における刑事訴訟法の特則 ‥ 5
刑事訴訟手続の特例 ………… 2, 11, 283, 284
公正取引委員会 ……………… 79, 87, 100
公正取引委員会の下請代金支払遅延等防止法に関する運用基準 …………… 81
拘束条件 ………… 78, 85, 87, 88, 90, 108
公判期日外の証人尋問等 ……………… 286
国外犯 ………………………………… 5, 201
国外犯処罰 …………………………… 10, 199
国際裁判管轄 ……………………… 290, 291
呼称等の決定 …………………… 282, 285, 286
雇用契約 ………………………… 120, 182, 195
雇用契約書 ……………………………………… 145

さ

裁判の公開 …………… 257, 271, 277, 279
差止請求 ……… 2, 173, 178, 181, 182, 187, 208, 218, 232, 250, 298
差止請求権 ……………………………………… 74
事業者団体の活動に関する独占禁止法上の指針 ……………………………………… 99
下請法 ………………………………… 77, 78
私的独占 ……………………………… 85, 86, 88
示された ………… 163, 170, 171, 177, 183
重過失 ………… 189, 192, 195, 197, 237, 242
就業規則 …………… 56, 109, 110, 115, 120, 128, 135, 145, 150, 182
準拠法 ……………………………… 290, 297
証拠書類開示 ……………………………… 285
証人尋問公判期日外 ……………………… 285
情報セキュリティ関連法令の要求事項集 …………………………………… 135, 158
私用メール禁止 …………………………… 131
消滅時効 ……………………………………… 9
除却請求 …………………………… 252, 255
職業安定法 ………………………………… 154
職業選択の自由 … 62, 113, 116, 123, 135, 136
職務著作 ……………………………………… 221

職務発明 …………………… 162, 168
所持品検査 …………………… 130
除斥期間 ……………………… 9
侵害（行為）組成物 ………… 233, 252, 255
侵害の停止・予防請求 ………… 250
侵害の停止又は予防の請求 …… 253
親告罪 ………………… 11, 279, 284
尋問（等の）制限 ……… 282, 285, 286
信用回復措置請求 …… 173, 181, 182, 187, 235
是正勧告 ……………………… 155
相当な損害額の認定 …………… 208, 248
ソースコード ………………… 104, 180
損害額の推定 ……………… 208, 245, 247
損害計算のための鑑定 …………… 208
損害賠償請求 …… 2, 173, 181, 182, 187, 208, 218, 234, 298
損害賠償請求権 ……………… 244
損害賠償の予定 ……………… 71

た

退職金 ………………………… 150
退職後の秘密保持義務 …… 59, 61, 73, 112, 118, 119, 123
退職者処罰 …………………… 5
知的財産の利用に関する独占禁止法上の指針 …………………… 89, 90
著作物 ………………… 105, 168, 218
データベース ………………… 219, 226
適用除外 ……………………… 242
電子商取引及び情報財取引等に関する準則 …………………… 105
転職の自由 …………………… 139, 144
転得者処罰 …………………… 9, 199
当事者尋問等における公開停止 ……… 5
当事者尋問等の公開停止措置 ……… 2, 257
特許 ………………… 43, 162, 168, 208, 213
独禁法 ……………… 77, 78, 85, 88, 92, 106

図利加害目的 ……………… 237, 242

な

認識可能性 ……………… 14, 31, 37
ネガティブ・インフォメーション ……… 40

は

廃棄・除却請求 …… 173, 181, 182, 187, 255
排除措置命令 ………………… 79, 100
パスポートの管理 …………… 133
パリ条約 ……………………… 3
犯罪収益の没収 ……… 11, 199, 205
犯罪被害者等の権利利益の保護を図るための刑事手続に付随する措置に関する法律 …………………… 285
引抜き ………………… 141, 145, 229
非公知性 ………… 2, 43, 45, 52, 236, 237
非親告罪 …………… 11, 199, 201, 279
秘匿決定 ……………………… 282, 285
秘匿要請 ……………………… 285, 287
秘密管理意思 ………………… 31, 37
秘密管理性 ……… 2, 13, 15, 31, 56, 236
秘密管理措置 …………… 14, 31, 37
秘密情報の保護ハンドブック～企業価値向上に向けて～ ……………… 37
秘密保持期間 ………………… 68
秘密保持休暇（ガーデンリーブ） ……… 145
秘密保持契約 …… 56, 62, 68, 71, 74, 77, 115, 120, 124, 145, 151, 268
秘密保持命令 …… 2, 208, 258, 261, 269
不公正な取引方法 ………… 85, 87, 107
不正アクセス …… 5, 173-175, 180, 206
不当な取引制限 ……………… 86, 93, 98
不法行為 …… 83, 88, 100, 173, 182, 225, 244, 302
プライバシー ………………… 41, 132
法の適用に関する通則法 ……… 297

ま

未遂処罰 ················· 10, 199
未遂犯 ······················ 201
モニタリング ················ 131

や

優越的地位の濫用 ············ 77, 78
優越的地位の濫用に関する独占禁止法上の
　考え方 ······················ 80
有用性 ··············· 2, 39, 236, 237
輸出入差止め ··················· 10

ら

立証責任の転換 ················· 8

リバースエンジニアリング ····· 48, 53, 104, 174, 223
流通・取引慣行に関する独占禁止法上の指針 ························ 87
領得 ··················· 5, 10, 200
労働基準法 ······· 73, 124, 125, 150, 152, 153
労働契約 ············ 109, 127, 134, 150
労働契約法 ·········· 110, 141, 146, 148, 150
労働者派遣事業関係業務取扱要領 ····· 156
労働者派遣事業と請負により行われる事業
　との区分に関する基準を定める告示 ·· 156
労働者派遣法 ················ 154, 156

判例索引

大審院・最高裁判所

大判明治40・2・2民集13巻36頁 72
大判大正11・7・26民集1巻431頁 72
最判昭和40・3・26刑集19巻2号83頁 202
最判昭和43・8・2民集22巻8号1603頁 131
最判昭和43・12・25民集22巻13号3459頁
〔秋北バス事件〕 110
最判昭和52・6・20民集31巻4号449頁 83
最判昭和52・8・9集民121号225頁 151, 152
最判昭和52・8・9労経速958号25頁
〔三晃社事件〕 125
最判昭和56・10・16民集35巻7号1224頁
〔マレーシア航空事件〕 291
最判昭和61・3・13民集40巻2号258頁 127, 128, 147
最判平成3・11・28判時1404号35頁
〔日立製作所事件〕 110
最判平成5・2・16判時1456号150頁 216
最判平成8・2・23労判690号12頁 127
最判平成10・12・18判時1664号14頁 89
最判平成13・6・8民集55巻4号727頁 293
最判平成14・9・26民集56巻7号1551頁
〔カードリーダー事件〕 298, 302
最判平成15・10・10労判861号5頁
〔フジ興産事件〕 110
最判平成18・1・20民集60巻1号137頁
〔天理教事件〕 234
最決平成21・1・27集民63巻1号271頁 261
最判平成21・12・18労判993号5頁 155
最判平成23・12・8民集65巻9号3275頁 .. 225
最判平成26・4・24 291
最決平成27・9・17TKC25542089 198

高等裁判所

東京高判昭和28・12・7判時19号11頁 86
東京高決昭和41・9・5下民集17巻9＝10号709頁
〔ワウケシヤ事件〕 4
東京高判昭和55・2・18労民集31巻1号49頁
〔古河鉱業足尾製作所高崎工場事件〕 109, 111
名古屋高判昭和56・7・17判時1022号69頁
.... 247
大阪高判昭和58・3・3判1084号122頁 ... 248
大阪高判昭和59・11・29労判453号156頁 .. 151
大阪高判平成6・12・26判時1553号133頁 .. 59, 61
東京高判平成7・9・25判タ906号136頁
〔東芝ケミカル事件〕 99
大阪高判平成10・6・17判時1665号73頁 ... 73
東京高判平成11・6・15判時1697号96頁 .. 246
東京高判平成12・4・27裁判所HP 228
東京高判平成13・6・20裁判所HP 176
大阪高判平成13・7・31裁判所HP 48
東京高判平成13・11・8 TKC28072692 ... 234
東京高判平成14・5・29判時1795号138頁 .. 50, 58
仙台高判平成14・7・9時1813号150頁
〔ファービー人形事件〕 220
東京高判平成15・12・25裁判所HP 47
東京高判平成16・9・29判タ1173号68頁 .. 58, 170
大阪高判平成17・2・17裁判所HP 59
東京高判平成17・3・22TKC28100671 241
大阪高判平成17・7・28判時1928号116頁
〔チョコエッグ事件〕 220
知財高決平成17・12・27裁判所HP 298
知財高判平成18・1・25裁判所HP 59
知財高判平成18・3・15裁判所HP 229

大阪高判平成19・12・20裁判所HP ········· 229
大阪高判平成20・4・25労判960号5頁 ····· 155
知的高判平成20・6・24裁判所HP ········· 241
大阪高判平成20・7・18裁判所HP ····· 29, 41
東京高判平成21・5・27裁判所HP
　〔トータルサービス事件〕················ 117
知財高決平成21・12・15裁判所HP ····· 75, 298
大阪高判平成22・2・24裁判所HP ····· 56, 120
知財高判平成22・4・27裁判所HP ····· 240, 241
知財高判平成23・7・21判時2132号118頁 ····· 54
知財高判平成23・9・27裁判所HP
　〔PCプラント図面不正開示事件〕······· 29, 34,
　179, 196, 239, 240, 248
知財高判平成23・11・28裁判所HP ····· 43, 50
知財高判平成23・11・28判時2030号107頁 ····· 48
知財高判平成24・2・22判時2149号119頁 ····· 48
知財高判平成24・6・14裁判所HP ········· 229
知財高判平成24・7・4裁判所HP
　〔投資用マンション顧客情報事件〕····· 24, 47,
　164, 184, 185
知財高判平成26・3・27裁判所HP ····· 298, 301
知財高判平成26・6・26裁判所HP ····· 43, 222
知財高判平成26・8・6裁判所HP ········· 222
知財高判平成26・8・28裁判所HP ·········· 42
知財高判平成27・2・19裁判所HP ·········· 197
知財高判平成27・4・14判時2267号91頁 ····· 220
名古屋高判平成27・7・29TKC25541038 ··· 288
東京高判平成27・9・4TKC25541281 ····· 205,
　288

地方裁判所

東京地判昭和30・7・5下民集6巻7号1303頁
　···································· 215
東京地判昭和37・11・28等 ················ 234
奈良地判昭和45・10・23下民集21巻9＝10号
　1369頁
　〔フォセコ・ジャパン・リミテッド事件〕·· 117
東京地判昭和51・10・29判時841号102頁 ····· 147
東京地判昭和51・12・22判タ354号290頁

　〔東日本自動車用品事件〕················ 143
福岡地久留米支判昭和56・2・23労判369号74頁
　〔福岡県魚市場事件〕···················· 143
東京地判昭和56・12・21無体集14巻1号41頁
　···································· 244
東京地判昭和57・10・22無体集14巻3号732頁
　···································· 247
浦和地判昭和58・6・24判タ509号177頁 ···· 248
東京地判昭和59・1・18判時1101号109頁 ···· 244
東京地判昭和59・2・15判時1135号70頁 ···· 293
東京地判昭和59・3・12判タ519号258頁 ···· 244
東京地判昭和59・11・28判時1157号129頁
　〔総合行政調査会地方人事調査所事件〕··· 125
名古屋地判昭和61・9・29判時1224号66頁
　〔美濃窯業事件〕························ 111
大阪地判昭和61・10・30判タ634号151頁 ····· 57
東京地判平成2・4・17判時1369号112頁
　〔アーク進学研究会事件〕·········· 113, 136
大阪地判平成2・10・9TKC27816096 ····· 245
東京地判平成3・2・25判1399号69頁
　〔ラクソン事件〕·················· 142, 143
東京地判平成3・9・24判1429号80頁 ···· 298
大阪地判平成3・10・15労判596号21頁
　〔新大阪貿易事件〕······················ 136
東京地判平成6・1・12判1524号56頁 ····· 73
東京地判平成6・1・28TKC28021777 ····· 245
福岡地小倉支判平成6・4・19労働法律旬報
　1360号6頁
　〔西部商事事件〕·················· 118, 136
福岡地小倉支判平成6・4・19労働法律旬報
　1360号6頁
　〔西部商事事件〕······················· 118
札幌地判平成6・7・8判例不正競業法1250ノ
　228ノ16 ······························· 165
東京地決平成7・10・16判時1556号83頁
　〔東京リーガルマインド事件〕······ 113, 139
東京地判平成8・1・31TKC28031046 ····· 241
大阪地判平成8・4・16知的裁集28巻2号300頁
　〔男性用かつら事件〕········· 15, 42, 179

判例索引 309

大阪地判平成8・4・16判時1588号139頁 … 254
大阪地判平成8・12・25労判711号30頁
　〔日本コンベンションサービス事件〕…… 113
東京地判平成8・12・27判時1619号85頁
　〔シーアイシー事件〕………………… 142
東京地判平成9・2・21判時1617号120頁 … 247
大阪地判平成9・8・28TKC28032623 …… 184
大阪地判平成10・3・26判時1680号97頁 … 228
大阪地判平成10・9・10判時1659号105頁 … 247
大阪地判平成10・9・10判時1656号137頁 … 116
東京地判平成10・11・30TKC28041769 …… 48
大阪地判平成10・12・22裁判所HP ………… 165
大阪地判平成10・12・22知の裁集30巻4号1000頁 ……………………… 42, 180, 240, 253
東京地判平成11・2・22判時1685号121頁
　〔ゼンケントップ事件〕…………… 142
東京地判平成11・7・19裁判所HP ………… 42
東京地判平成11・7・23判時1694号138頁 ‥ 176, 191, 193, 239-241
大阪地判平成11・9・14裁判所HP ………… 241
東京地判平成11・9・30判時1724号65頁 …… 73
東京地判平成11・10・29裁判所HP ………… 47
名古屋地判平成11・11・17裁判所HP ……… 33
名古屋地判平成11・11・17裁判所HP
　〔コンベヤーライン事件〕………… 16
東京地判平成12・4・26判時1716号118頁 …… 57
大阪地判平成12・6・19労判791号8頁
　〔キヨウシステム事件〕等 ……… 136, 138
大阪地判平成12・9・22労判794号37頁
　〔ジャクパコーポレーション事件〕……… 124
東京地判平成12・9・28判時1764号104頁 … 240
東京地判平成12・10・31判時1768号107頁 ‥ 176, 239
東京地判平成12・11・13判時1736号118頁 …… 42, 190, 240, 247
東京地判平成12・12・7判時1771号111頁 … 43
東京地判平成12・12・18労判807号32頁
　〔東京貨物社事件〕………………… 113
東京地判平成13・5・14判時1754号148頁 … 293

東京地判平成13・5・25判時1774号132頁
　〔翼システム事件（中間）〕………… 227
京都地判平成13・11・1裁判所HP ………… 41
京都地判平成13・11・1裁判所HP
　〔人工歯事件〕………………………… 17
東京地判平成13・12・3労判826号76頁 …… 132
東京地判平成14・2・14 ………………… 42
東京地判平成14・2・14裁判所HP … 40, 62, 115
東京地判平成14・3・19裁判所HP ………… 48
東京地判平成14・3・19判時1803号78頁 … 246
東京地判平成14・3・28判時1793号133頁
　〔翼システム事件（最終）〕………… 227
大阪地判平成14・7・裁判所HP ………… 228
東京地判平成14・7・25裁判所HP ………… 245
東京地判平成14・7・31裁判所HP ………… 48
東京地判平成14・8・30労判838号32頁
　〔ダイオーズサービシーズ事件〕…… 118, 122, 137, 139
大阪地判平成14・9・11労判840号62頁
　〔フレックスジャパン事件〕………… 142
福岡地判平成14・12・24判タ1156号225頁 … 42, 46, 53, 180, 240, 253, 255
東京地判平成14・12・26裁判所HP
　〔ハンドハンズ事件中間判決〕……… 18
大阪地判平成15・1・22労判846号39頁
　〔新日本科学事件〕………………… 136
大阪地判平成15・2・27 ……………… 240
大阪地判平成15・2・27裁判所HP
　〔セラミックコンデンサー事件〕…… 20, 42, 48, 53, 180, 190, 239, 252, 255
東京地判平成15・3・6裁判所HP ………… 245
東京地判平成15・5・15裁判所HP …… 41, 47, 52, 64
東京地判平成15・9・17労判858号57頁
　〔メリルリンチ・インベストメント・マネージャーズ事件〕……………… 109
東京地判平成15・9・19労判864号53頁
　〔東京コムウェル事件〕…………… 124
東京地判平成15・10・16判時1874号23頁 … 298

東京地判平成15・10・17労経速1861号14頁
　〔消防試験協会事件〕………… 113, 124, 136
東京地判平成15・11・13裁判所HP……… 255
東京地判平成16・2・5裁判所HP……… 293
東京地判平成16・2・13判タ1114号279頁, 判時1802号145頁…………………… 169
東京地判平成16・2・24裁判所HP…… 56, 64
東京地判平成16・4・13判時1862号168頁
　〔ノックスエンタテインメント事件〕…… 21
東京地判平成16・5・14裁判所HP……… 255
東京地決平成16・9・22判時1887号149頁
　〔トーレラザールコミュニケーション事件〕
　……………………………………… 139
大阪地判平成16・11・9判時1897号103頁… 227
東京地判平成17・2・23判タ1182号337頁
　〔アートネイチャー事件〕………… 117, 139
東京地判平成17・2・25判時1897号98頁…… 112
東京地判平成17・3・31労判894号21頁…… 155
東京地判平成17・6・27裁判所HP
　〔中国野菜営業秘密事件〕…………… 138
大阪地判平成17・8・25判時1931号92頁…… 227
東京地判平成17・9・27労判909号56頁
　〔アイメックス事件〕……………… 109, 134
大阪地判平成17・10・27労判908号57頁
　〔特許事務所事件〕………………… 136, 139
東京地判平成18・3・30判タ1242号300頁, 判時1958号115頁……………………… 171
大阪地判平成18・4・27判時1958号155頁…… 90
東京地決平成18・9・15判時1973号300頁… 264
東京地判平成18・10・31判タ1241号338頁… 293
東京地判平成18・12・13裁判所HP……… 58, 61
東京地判平成19・1・26判タ1274号193頁… 56, 60
東京地判平成19・4・24労判942号39頁
　〔ヤマダ電機事件〕………… 138, 151, 152
東京地判平成19・6・29裁判所HP……… 170
東京地判平成19・9・18労判947号23頁…… 131
福岡地判平成19・10・5労判956号1頁
　〔アサヒプリテック事件〕……………… 137

東京地判平成19・10・30裁判所HP………… 47
東京地判平成19・12・26裁判所HP………… 247
仙台地判平成20・1・31判タ1299号283頁… 180, 252
名古屋地判平成20・3・13判時2030号107頁
　〔産業用ロボット設計図面事件〕…… 196, 239
大阪地決平成20・4・18判時2035号131頁… 266
大阪地判平成20・5・20裁判所HP………… 30
大阪地判平成20・6・12裁判所HP… 29, 46, 248
大阪地判平成20・7・18裁判所HP………… 240
大阪地判平成20・7・30裁判所HP………… 29
大阪地判平成20・11・4判時2041号132頁… 49-51
東京地判平成20・11・18判タ1299号216頁
　〔トータルサービス事件〕………… 137, 138
東京地判平成20・11・26判時2040号126頁… 65
東京地判平成20・11・26判タ1293号285頁… 121
東京地判平成20・12・10判時2035号70頁
　〔東京学習協力会事件〕………………… 143
大阪地決平成20・12・25判時2035号136頁… 261, 265, 266
大阪地判平成21・4・14裁判所HP
　〔眉のトリートメント方法事件〕… 56, 75, 117, 120
仙台地判平成21・8・13………………… 203
大阪地決平成21・10・23労判1000号50頁
　〔モリクロ事件〕………………………… 114
東京地判平成21・11・9裁判所HP…… 222, 224
東京地判平成21・11・27判時2072号135頁… 48
東京地判平成22・3・4 TKC25442017…… 229
東京地判平成22・3・4裁判所HP………… 52
東京地判平成22・3・30TKC25442085…… 61
東京地判平成22・3・30裁判所HP………… 249
東京地判平成22・4・28判タ1396号331頁… 152, 240, 241
東京地判平成22・10・15………………… 143
大阪地判平成22・10・21裁判所HP… 29, 30, 165
東京地判平成23・2・3裁判所HP………… 54
東京地判平成23・3・2裁判所HP………… 50

大阪地判平成23・3・4労判1030号46頁
　〔モリクロ事件〕・・・・・・・・・・・・・・・・・ 138
大阪地判平成23・4・28裁判所HP・・・・・・・・・ 29
東京地判平成23・8・19裁判所HP・・・・・・・・・ 48
東京地判平成23・9・29裁判所HP
　〔医療機器顧客名簿事件〕・・・・・・・・・・・・・・ 29
東京地判平成23・10・18・・・・・・・・・・・・・・・ 87
東京地判平成23・10・21裁判所HP・・・・・・・・ 229
東京地判平成23・11・8裁判所HP・・・・・・・・・ 60
東京地判平成23・12・14裁判所HP・・・・・・・・・ 47
東京地判平成24・1・13労判1041号82頁
　〔アメリカン・ライフ・インシュアランス・カンパニー事件〕・・・・・・・・・・・・・・・・・・・・ 137
東京地判平成24・2・21裁判所HP・・・・・・・・・ 60
東京地判平成24・3・13労経速2144号23頁・・・ 66
東京地判平成24・4・26裁判所HP・・・・・・・・・ 58
東京地判平成24・4・26裁判所HP・・・・・・・・・ 34
東京地判平成24・6・11・・・・・・・・・・・・・・・ 29
東京地判平成24・6・11判時2204号106頁
　〔みづほ顧客情報事件〕・・・・・・・・・・・・ 22, 227
横浜地判平成24・9・20・・・・・・・・・・・・・・ 205
名古屋地判平成24・10・11TKC25483225・・・ 204
名古屋地判平成24・11・5・・・・・・・・・・・・・ 205
名古屋地判平成24・11・29・・・・・・・・・・・・ 204
大阪地判平成24・12・6裁判所HP・・・・・・ 53, 106

東京地判平成24・12・18裁判所HP・・・・・・・・ 222
名古屋地判平成24・12・20・・・・・・・・・・・・ 204
名古屋地判平成24・12・26・・・・・・・・・・・・ 205
名古屋地判平成25・1・23・・・・・・・・・・・・・ 205
名古屋地判平成25・3・5・・・・・・・・・・・・・ 205
東京地判平成25・3・25裁判所HP・・・・・・・・ 298
大阪地判平成25・4・11判時2210号94頁
　〔中古車販売顧客名簿事件〕・・・・・・ 25, 179, 254
大阪地判平成25・7・16判時2264号94頁
　〔ソフトウェアCains事件〕・・・・・・・・・ 26, 180
大阪地判平成25・9・27TKC25502050・・・・ 123, 135
大阪地判平成26・3・18裁判所HP
　〔システムプラン事件〕・・・・・・・・・・・・・・ 139
東京地判平成26・3・18裁判所HP・・・・・・・・・ 42
東京地判平成26・4・17裁判所HP
　〔登録モデル情報事件〕・・・・・・・・・・・・・・・ 27
東京地判平成26・4・24裁判所HP
　〔接触角計算プログラム事件〕・・・・・・・・ 28, 30
横浜地判平成26・8・6判時2264号62頁・・・・ 295
名古屋地判平成26・8・20TKC25504719・・・ 205, 288
東京地判平成27・3・9判時2276号143頁・・ 205, 288
東京地判平成27・10・22裁判所HP・・・・・・・・ 118

〔編集〕
TMI総合法律事務所
［東京オフィス］
〒106-6123　東京都港区六本木6-10-1 六本木ヒルズ森タワー23階
http://www.tmi.gr.jp/

〔編集委員〕
五十嵐　敦（いがらし　あつし）　　　　　　　担当：全体監修
1991年　慶應義塾大学法学部法律学科卒業
1995年　弁護士登録
2001年　カリフォルニア大学ロサンゼルス校（UCLA）ロースクール卒業（LL.M.）
2002年　ニューヨーク州弁護士資格取得

波田野　晴朗（はたの　せいろう）　担当：Q9, Q13, Q18, Q33, Q37, Q39
および全体監修
2001年　東京大学法学部第二類卒業
2004年　弁護士登録
2005～2007年　経済産業省知的財産政策室勤務
2011年　ロンドン大学クイーン・メアリー卒業（LL.M.）

佐藤　力哉（さとう　りきや）　担当：Q1, Q5, Q49, Q50および全体監修
2002年　慶應義塾大学法学部法律学科卒業
2005年　弁護士登録
2007～2010年　経済産業省知的財産政策室勤務

海野　圭一朗（うみの　けいいちろう）　担当：Q2, Q27, Q40, Q41, Q47, Q48および全体監修
2004年　東京大学法学部第一類卒業
2006年　東京大学法科大学院修了
2007年　弁護士登録
2010～2011年　経済産業省知的財産政策室勤務

〔執筆者〕

宮澤　昭介（みやざわ　しょうすけ）　　担当：Q36, Q38, Q45, Q46
2001年　慶應義塾大学法学部法律学科卒業
2004年　弁護士登録
2011年　ワシントン大学ロースクール卒業（LL.M., Intellectual Property Law and Policy コース）

大皷　利枝（たいこ　りえ）　　担当：Q22, Q25, Q26
2004年　東京大学法学部第一類卒業
2006年　上智大学法科大学院修了
2007年　弁護士登録

今村　由幾（いまむら　ゆき）　　担当：Q19, Q30, Q31, Q32
1998年　東京大学農学部開発政策・経済学専修卒業
1998〜2005年　株式会社マッキャンエリクソン勤務
2003年　早稲田大学大学院人間科学研究科バイオエシックス専攻修士課程修了
2007年　早稲田大学法科大学院修了
2008年　弁護士登録

近藤　僚子（こんどう　りょうこ）　　担当：Q20, Q21, Q23, Q24
1998年　慶應義塾大学総合政策学部卒業
1998〜2003年　株式会社インテック勤務
2002年　米国公認会計士資格取得
2003〜2004年　SAS Institute Japan株式会社勤務
2007年　慶應義塾大学法科大学院修了
2008年　弁護士登録

小林　央典（こばやし　ひろのり）　　担当：Q3, Q4, Q7, Q8, Q11
2006年　東京大学法学部第一類卒業
2008年　中央大学法科大学院修了
2009年　弁護士登録

尼口　寛美（あまぐち　ひろみ）　　担当：Q6, Q10
2005年　慶應義塾大学法学部政治学科卒業
2008年　慶應義塾大学法科大学院修了
2009年　弁護士登録

藤井　大悟（ふじい　だいご）　　　　　　担当：Q12, Q14, Q15, Q16, Q17
2001年　早稲田大学法学部法律学科卒業
2004～2006年　公正取引委員会勤務
2008年　東京大学法科大学院修了
2009年　弁護士登録

石堂　瑠威（いしどう　るい）　　　　　　担当：Q42, Q43, Q44
2006年　東京大学法学部第一類卒業
2009年　中央大学法科大学院卒業
2010年　弁護士登録

友村　明弘（ともむら　あきひろ）　　　　担当：Q28, Q29, Q34, Q35
2002年　弁理士試験合格
2003年　慶應義塾大学理工学部管理工学科卒業
2003～2004年　日本電気株式会社勤務
2009年　京都大学法科大学院修了
2010年　弁護士登録

Q&A営業秘密をめぐる実務論点

2016年9月20日　第1版第1刷発行

編　者	TMI総合法律事務所
編集委員	五十嵐　　敦
	波田野　晴朗
	佐藤　力哉
	海野　圭一朗
発行者	山本　継
発行所	㈱中央経済社
発売元	㈱中央経済グループパブリッシング

〒101-0051　東京都千代田区神田神保町1-31-2
電話　03（3293）3371（編集代表）
　　　03（3293）3381（営業代表）
http://www.chuokeizai.co.jp/
印刷／昭和情報プロセス㈱
製本／誠　製　本㈱

© 2016
Printed in Japan

＊頁の「欠落」や「順序違い」などがありましたらお取り替えいたしますので発売元までご送付ください。（送料小社負担）

ISBN978-4-502-19241-8　C3032

JCOPY〈出版者著作権管理機構委託出版物〉本書を無断で複写複製（コピー）することは，著作権法上の例外を除き，禁じられています。本書をコピーされる場合は事前に出版者著作権管理機構（JCOPY）の許諾を受けてください。
　JCOPY〈http://www.jcopy.or.jp　eメール：info@jcopy.or.jp　電話：03-3513-6969〉

わが国の知的財産法を牽引する著者の集大成となる論文集

商標法の研究

土肥 一史〔著〕

A5判・上製・384頁・本体価格6,800円＋税
（2016年2月刊）

本書の構成

第1編　市場の透明性と競業法
　第1章　市場の透明性と商標法・不正競争防止法
　第2章　標章を商標たらしめるものはなにか
第2編　商標の登録要件
　第3章　立体商標の登録要件
　第4章　音商標及び色彩商標の識別性と類似性
　第5章　位置商標の識別性と類似性
　第6章　周知商標と無断登録
　第7章　悪意の商標出願
第3編　商標の類似性と混同のおそれ
　第8章　結合商標の類否判断
　第9章　混同のおそれの認定
第4編　商標権の侵害
　第10章　商標的使用と商標権の効力
　第11章　権利侵害と商標の使用－総論と使用主体論を含めて－
　第12章　真正商品の小分け行為と広告表示
　第13章　ブランドイメージの保護
　第14章　商標パロディ
　第15章　著名商標の保護
　第16章　商標権，意匠権と著作権の抵触関係
第5編　インターネットと標識法
　第17章　インターネットにおける商標保護
　第18章　ドメイン名の標識法上の問題
第6編　判例研究
　第19章　立体商標の識別性－ギリアンチョコレート立体商標事件－
　第20章　商標法4条1項15号にいう「混同を生ずるおそれがある商標」－レールデュタン事件－
　第21章　登録商標の類似性－小僧寿し事件－
　第22章　地域団体商標に係る商標権の効力とその制限－博多織事件－
　第23章　真正商品の並行輸入と商標権－フレッド・ペリー・ヒットユニオン事件第1審－
　第24章　商品の加工行為と商標権の効力－ゴルフクラブヘッド加工事件－

知的財産法を体系的に理解できる一冊

土肥一史〔著〕
知的財産法入門
<第15版>

わが国の知的財産法を永く支えてきた著者による体系的入門書。変容する知的財産法制度について，その全領域を，国際状況にも言及しながら，独自の構成の下で解説する。

A5判・ハードカバー・416頁

本書の構成

序　論　知的財産法の概要
Ⅰ　市場の秩序維持法
　第1章　不正競争防止法
　第2章　商標法
Ⅱ　産業上の創作保護法
　第3章　意匠法
　第4章　特許法
　第5章　実用新案法
Ⅲ　学術文化的な創作保護制度
　第6章　著作権法
Ⅳ　知的財産法をめぐる国際的状況
　第7章　国際的知的財産法

中央経済社

会社法・法務省令大改正を収録！

「会社法」法令集 第十一版

中央経済社 編　A5判・688頁　定価3,024円（税込）

◆新規収録改正の概要
◆重要条文ミニ解説　付き
◆改正中間試案ミニ解説

会社法制定以来初めての大改正となった、26年改正会社法と27年改正法務省令を織り込んだ待望の最新版。変更箇所が一目でわかるよう表示。

本書の特徴

◆会社法関連法規を完全収録
☞ 本書は、平成17年7月に公布された「会社法」から同18年2月に公布された3本の法務省令等、会社法に関連するすべての重要な法令を完全収録したものです。

◆好評の「ミニ解説」さらに充実！
☞ 重要条文のポイントを簡潔にまとめたミニ解説。平成26年改正会社法と平成27年改正法務省令を踏まえ大幅な加筆と見直しを行い、ますます充実！

◆引用条文の見出しを表示
☞ 会社法条文中、引用されている条文番号の下に、その条文の見出し（ない場合は適宜工夫）を色刷りで明記。条文の相互関係がすぐにわかり、理解を助けます。

◆政省令探しは簡単！条文中に番号を明記
☞ 法律条文の該当箇所に、政省令（略称＝目次参照）の条文番号を色刷りで表記。意外に手間取る政省令探しもこれでラクラク。

◆改正箇所が一目瞭然！
☞ 平成26年改正会社法、平成27年改正法務省令による条文の変更箇所に色付けをし、どの条文がどう変わったのか、追加や削除された条文は何かなどが一目でわかる！

中央経済社